近代史资料
JINDAISHI ZILIAO
●总117号

近代史资料

中国社会科学院近代史研究所近代史资料编辑部编

中国社会科学出版社

图书在版编目（CIP）数据

近代史资料．总117号/中国社会科学院近代史研究所《近代史资料》编辑部编．－北京：中国社会科学出版社，2008.8
　　ISBN 978-7-5004-7092-2

Ⅰ．近… Ⅱ．中… Ⅲ．中国-近代史-史料
Ⅳ．K250.6

中国版本图书馆 CIP 数据核字（2008）第108226号

主　　编	李学通	
副主编	刘　萍	
责任编辑	刘　萍	
封面设计	毛国宣	
版式设计	刘建光	

出版发行	中国社会科学出版社			
社　　址	北京鼓楼西大街甲158号		邮编	100720
电　　话	010-84029450（邮购）			
网　　址	http://www.csspw.cn			
经　　销	新华书店			
印　　刷	北京新魏印刷厂		装　订	广增装订厂
版　　次	2008年8月第1版		印　次	2008年8月第1次印刷
开　　本	850×1168　1/32			
印　　张	8.625		插　页	2
字　　数	214千字			
定　　价	24.00元			

凡购买中国社会科学出版社图书，如有质量问题请与本社发行部联系调换
版权所有　侵权必究

李鸿章未刊书札四通

程道德 整理

编者按：本篇所录四函，均为李鸿章致其兄李瀚章的私人信函，时间虽不连贯，然于当时政情、军情均有相当反映，亦反映了李鸿章的真实思想。查已刊李鸿章资料，均未收录，今刊出，冀于相关研究有所补益。

一

哥哥大人左右：

连接八月初五、初七日八十五、六号手书，敬悉慈躬强健，阖署顺平为慰。七月初八以前所寄家信已到。八月初一驿递一书，初六、十八交成俞卿、孔戈什各带一函，计亦接收矣。

倭使大久保①抵都月余，与总署往复驳辨，迄无成议。兹将十七、八等日各照会稿抄呈，可知大略。廿五日大久保、柳原②同至总署晤谈，翻来复去，总以番境为无主、野蛮，无中国所设官与兵，确据府志等书，悉不足凭云。拟即日回国。看此情形，决裂恐不能免。柳原催觐，复以展觐为和好，称兵为不和好，必须台事议定，即奏请办理。似大久保之去，是占番

---

① 大久保利通，日本人，1874年以特使身份来华与清政府签订结束日军侵略台湾问题的《中日北京专条》。
② 即柳原前光，1874年为日本第一任驻华公使。

境不退兵之象。柳原若不得觐而去，以我为轻藐其国书，或是全局失和，扰我各口之渐。各国公使皆欲允给兵费为调停之计。昨法使过津，弟告以此层万不能行，允与各使商议。闻英使持之甚力。将来若令伊等转圜，即换名目，其数目仍是兵费行径。总署意极为难，诚未知如何结局耳。前总署函商定购马梯呢后门枪，来往信稿抄呈。枪炮铁船为海防急务，各省既不讲求，武将亦多粗率，良可危惧。兄在鄂虽防务稍松，然军实亦须时时加意也。

又，幼丹抄寄七月廿九日折片及上总署函、复柳原文并抄呈览。幼丹洋务军务渐已入门，志气强劲，洵推一时健者。闻瑞相病已垂危，若能承乏，亦海疆之长城。仲仙来函，决计引退，为周达武饷事所迫。前请匼拨廿万，似难应命，未便相强。内召数公，只沅翁启行有日。厚庵闻以亲老辞，筠仙闻仍引疾，确否？雨生云，俟秋冬之交再出都，人多不谓然，似亦难于位置。秦晋两抚皆将销假，翁玉甫尚无缺眼，沅翁或有入蜀之望耶。子务全军已抵沛宁，月协二万，前据鄂台禀饬裁减，来单核为五千余两，已算宽裕。惟该军自省三统率西征，局面大开，所收闲散员弁过多。子务人太宽厚，颇以裁遣为难。带兵人最不敢刻薄营混。此辈月得数金、十数金，便觉终身之靠，明知养闲虚糜，亦犹持家者，由奢入俭难也。仁山谓与子务商定具禀，自是体卹军情之意。雨棠至扬，能即裁酌会禀否？即添协若干，弟必批令将报效无用员弁逐渐裁减，将来仍收到张秋驻防局面为妥策。尊论鄂台暂缓裁并，亦是稳著。但嫌鄂、扬相去已远，距直更远，前后气脉久不甚贯。兄在鄂一日台留一日，尚可就近招呼。蔗农才分本短，驻关遥制，更属渺茫，不过藉虚名以羁縻之。即仁山才具虽好，圆通活动，官气尤重，亦不甚放心，惟系旧人，情形熟悉，只得将就敷衍。鄂台既暂不裁，扬局报销自应仍旧禀办。雨棠谨守有余，其于各路盈虚亦恐未甚筹画，望时加策励为要。

军兴年久，文武多疲，苶无志气，无长进，文正师所谓暮气是也。可惧可恨。李光昭拟斩监候，已照准。朝论舆评称快，将来须入情实。十次免勾，例得减等。彼已六十八岁，其能久活。洋木奏明作海防炮架，园工已停，无须转解，鄂、湘采办之木似亦应停缓也。圣心未始不稍怜惜，无如国法定例。何劼刚大打秋风，至优仅赏京卿，亦不能候缺当差。弟妇病愈，饮食稍进。楞侄败类已成，闻在沪勾留日久，不知何时抵家。儿辈读书如常。母亲大人曼福。顺问近履、侄儿女均好。弟鸿章谨上。八月廿七夜。①

二

哥哥大人左右：

五月廿八日以前四缄、六月初四交蒯俭浦带去信件计均收到。初八日接五月廿三日一百〇四号手书，敬悉一一。

滇案始末，总署必早抄寄，无待奏请。宋宝华系奉总署文，派令伴送英员赴滇，在沪驻候两月。威使日内方著孟领事转述，因事耽延，甚对不住。写至此，适接宋丞初五日来禀，附呈威使著格维纳至鄂会晤。所议若何？彼启行想亦在即，宋丞自须遵原议一路伴送，到滇后尽可派充随员。宋丞洋务当属明白，胆气颇好，但文理平常，因系琴轩营中旧人，故令前往通气，月给薪资百五十金，所署海防同知，并未开缺，以示体岬。前令格参赞等由川赴滇，缘恐湘黔驿路凋零，易生枝节。蜀东为彼族习游之径，官民可无惊疑。兄今由湖南、贵州行走，较为直捷。格酋等如亦欲改道，即请尊处查照弟原文咨行

---

① 该信无年代，根据内容，应为同治十三年，即1874年。

各省为便。至中国办案，向未准外人会审，天津九年之案为此斫斫辩争，各使不服。今威使原派格酋前往访查观审，断难允其会审。定案时应准其侧坐听观，不发一言。将来望切记酌办，以符体制。蒋亦谢已否回鄂？笔下心思尚细，但洋务无甚阅历。殷象贤不知何如？据诸肖菊云，曾在夔石汉关差委得力，或文笔尚佳耶。此行能请觐堂同往，最为上策；若觐翁老退，不欲任事，就事办案，似亦可了。委员太多，既耗费用，亦恐不甚得力。昨阅廷寄，有酌办通商之说。此节似应推交疆臣与总署筹议，不必作十成死煞语也。威使闻派兄往查，必甚惬意，绝不至遂开边衅。但真正罪人不得，以后口舌方多。调甫出缺，或方谓宜将彦卿调开，内意欲俟由尊处发动。审几度势，究应如何办法，大才当有权衡。七月半后天气稍凉再行，耽迟不耽错，固自无妨。万一岑抚接此信并总署续函，竟肯将李珍国交出听候讯办，似到滇后亦无甚延搁，否则须费周张矣。三、四弟有赴鄂者否？家事如何计议？老人家近年夏秋畏热，严冬畏风，稍不及检即出毛病，此诚极可虑之事，断不可无老成人奉侍左右，主持医药。兄万一有量移之命，或回住皖省，或回李楼，当与诸弟从长妥筹，似皖较肥尤便，酌之。

尊眷回住金陵，似经畬年轻，亦尚未能担当，可暂不可久也。秘鲁来津换约，昨已奏请派雨生承办。幼丹坚辞两江兼吁入都，来书拟先撤回唐军（病疫过甚）十三营再行内渡。辞固不获，或得就商大略。畿境雨水调匀，秋成可望。津署上下均平，匆匆袛叩。（崇朴山赴奉天，奏明随员均给公费。此行辛苦，似应由鄂局提银备用）慈亲大人起居万福。顺颂近祉、侄儿女、侄媳均佳。弟鸿章谨上。六月十一夜。①

---

① 该信无年代，根据内容，应为光绪元年，即1875年。

三

哥哥大人左右：

六月廿八九、七月初一日连次由驿递一百廿六、七、八号函件，计已达到。初三日与威使往来议论节略并致总署函，照抄呈览，可知详细。威公愤愤不平之气固由天骄，亦总署办理此案始终敷衍软懈，有激而成。伊深衔文、沈二相，谓文从前尚好，近则老病糊涂，惟沈言是听。沈不明白事体，又不忠信明使，似当文公跟班。此二人不出军机总署，通商外务日坏，即国家政事日坏云云。所言虽少失实，然评骘人才亦颇允当。此等话不便写出，余则无遗漏矣。其于我兄往滇办案，亦似不相信服，是以格参赞随同赴京，不遂定计。威使于李四大即置不足较，谓腾越镇总兵主持调兵，当如成禄案一样办罪，腾越厅当如天津府县办法。弟谓即使查实是其主谋，自应参革，彼以失察，即应参办，况主使耶。此节亦不便写出，致有滞碍。弟前信谓调兵调团，文武预谋，将来不能不参，亦知彼族话难说也。雨生谓，兄到滇后应先将原派查办不实各员摘顶，树之风声，俟定谳时再分别奏参，是亦津案办法。但欲避汉奸之名，绚官绅之誉，则必办不到，而案亦必不能结，且恐掣动大局，望三思百思而行。看威使愈逼愈紧，中朝何足当之，恐有决裂之一日。相隔万里，审慎操纵而已。觐翁是否能来，丁价汉已否续调，兄定于何日启程，约计何时可到，均深惦系。北方天气酷热，昼夜不得眠食，南省想更难堪。天变人变，决非好事。慈躬如何调养，念念。公私交急。琴轩五月廿一日信抄阅，又自悔前言，老实可笑，亦可悯也。匆匆。敬叩行祺。弟鸿谨上。七月初四日。①

---

① 该信无年代，根据内容，亦应为光绪元年。

四

哥哥大人左右：

廿二日密布一百九十七号书计应达到。旋又传询王道之眷于密室，伊乃将实情吐露，缘（寄谕有人奏，系彼处另得京信云云，敝处别无所闻，想当不错）李小轩侍御廷萧奏参樊口拆坝一案，营勇致伤多命，并坏船多只，沿河沿湖农田多被冲没。刘维桢纵勇殃民，武昌方守因沿湖渔税私利耸惠上司，力主拆坝之说，并添许多耸听话头，拟请派彭杨密查严究等语。先是鄂中京官接家信，谓沿湖数县激成民变，号召远近数万人与拆坝官兵为难，纷纷惊徙，群问计于贺云甫。云甫不肯具疏。小轩由军机章京为侍御，声气较广，乃自参奏。闻枢廷迟疑数日而后发动。既是指派，则非出自上意矣。雪翁素不满意于刘幹臣、方菊人。据王云伊为再三解说，而成见未化。现经微服访查，该处绅民断无不含怨造谤者，若竟据事直书，刘、方皆不免波及，且尊处两次奏办，若指为错谬，处分亦必不轻，深为惦系。（闻雨棠以亲族遇害请回避，改派薛觐翁，确否）四川东乡之案至今未了，不意鄂中又兴此狱。老彭以奉使为荣，讦激为能，为民伸冤，不顾大局，即欲翻案参官，恐后来者亦难永远遵守。王道人尚明白，颇以准令筑坝建闸蓄泄为两全办法，劝雪翁不必苛求，未知肯见听否。弟已将日前咨送拆坝折稿抄令带回。雪翁拟一两月在附近各县查明后仍回金陵。托钱子密缮折或由王道先与子密密商，从旁解劝，请其放重笔用轻笔。王道即日回焦山原营，亦未知果办到否。雪既变服密查，只知百姓一面话，在官案卷全不得见。若论查办定例，未有不行提卷案人证者，彼固懵懂无知者也。鄂中能否有人密讽，以办法否耶？本日又接总署函抄英国传署使武昌教案欲求办法加增节略。该使既不再提参官一层，或者略赔银钱，可以议结。弟前函谓必须由外间设法议给，此事须责令何芝舠设法与领事商办。

威使八月廿八自英起行，封河前必到京。渠为滇案颇怨兄之颠顶，将来必有藉口，早结亦省一小波澜也。闽省英国教堂八月初三被绅民拆毁，小宋春帆甚著慌，弟告以不过拿凶赔钱，速办速结为妙。该使欲重办为首主谋之举人林姓，则恐办不到，亦结不了也。夔石尚关切尊处，或将武昌决坝改为建闸一节（前还津相约有要话可如此办）详叙巅末，专函告知。不言钦使查办，俾得传观各堂，胸有成竹，内意未必有能胜楚督之人，雪翁即有违言，或不遂动。津署长幼平顺。匆匆密布，敬颂起居、闽署均吉。弟鸿谨上。八月廿七日。①

---

① 该信无年代，根据内容，应为光绪四年，即1878年。

俊明两等小学堂章程

张秀玉 整理

说明：俊明小学兴办于停办科举（即1905年）之后，位于江西赣州城区东北部的桥儿口巷。所谓两等小学，是初等五年及高等四年的学制。课程设置涵盖思想、文史、地理、数学、物理、图画、体育等课程，是现代学校教育的雏形。这份学堂章程是传统教育形式向现代教育形式转变的佐证。

原件为竖排铅印，横长幅，存于安徽省图书馆。

奉上谕，停科举，造就人才，舍学堂无由，而起点尤在小学。官立小学无多，不亟为私立以辅翼之，教育安望普及？爰集同志，开办俊明两等小学以佐官立之不足。择定赣城桥儿口徐家园内，以黄君洁吾、石君意轩、黄君仿鲁任中文教员、算学、体操教员，另聘徐君枧钧允任本堂名誉教员兼经理员，黄君禹三、卢君惇武、黄君聘珍允任本堂名誉教员。教法悉遵钦定章程，以德育、智育、体育为宗旨，以修明伦理，不染嚣张为要义。学生拟分高等、初等两级，无论土著、客籍，有志向学皆拟收入。开办之始，报官立案。卒业之后，与官立公立小学堂一体送考，听候给予出身。谨将教科并规则十八条开列于后。特事经初办，缺漏不免，深恐贻误学徒，尚望通人匡所不逮，或面语，或函告，堂本〔本堂〕酌量能行者，随时改良，无不乐于拜受，以臻完美是幸。

初等学生教科表

学科	修身	习经	国文	历史	地舆	算术	格致	图画	体操	计合
第一年	择讲古今嘉言懿行之浅近者，读有益风化之古诗歌，讲读后实验其言语容止、行礼作事、交际出游等项。用积分法与各门科学同记分数。	孝经四书，兼讲其浅近之义。每日诵读一点钟，讲解挑背一点钟。	讲动静虚实各字之区别，兼授以虚字与实字联缀之法。习字，即以所授之字告以写法。	讲中西历史之极浅显明白者。	讲中西地舆之极浅显明白者。	数目之名。实物计数二十以下及百以下之算术、度量衡、货币及时刻之计算。	讲常寻习见动物、植物、矿物，使知其作用及名称。	浅近之单形。	有益之运动及游戏。	
每星期钟点	二	十二	六	二	二	三	一	一	三	三十二
第二年	同上	同上	讲积字成句之法，并令以俗话二三句联贯一气写于纸上。习字同上。	同上	同上	珠算之加减法，笔算之加减法。	同上	同上	有益之运动及游戏，普通体操。	

续表

学科	修身	习经	国文	历史	地舆	算术	格致	图画	体操	计合
每星期钟点	二	十二	六	二	二	三	一	一	三	三十二
第三年	同上	同上	讲积句成段之法,随指事物令联贯俗话七八句写于纸上。习字同上。	同上	同上	珠算之因乘归除,笔算之因乘归除。	讲重要动物、植物、矿物之形象,使观察其生活发育之情状。	简易之形体。	同上	
每星期钟点	二	十二	六	二	二	三	一	一	三	三十二
第四年	同上	礼记节本,讲读同上。	令联贯俗话十余句。习字同上。	讲中国近世史之大要。	讲中国地舆之大要。	同上	同上	各种之形体。	同上	
每星期钟点	二	十二	六	二	二	三	一	一	三	三十二
第五年	同上	同上	教以俗话作日用书信。习字同上。	同上	同上	诸分法。	讲人身生理及卫生之大略。	同上	同上	
每星期钟点	二	十二	六	二	二	三	一	一	三	三十二

高等学生教科表

学科	修身	习经	国文	历史	地舆	算术	格致	图画	体操	合计
第一年	讲四书之切于身心日用要义，读有益风化之古诗歌。讲读后实验其言语容止、行礼作事、交际出游等项。用积分法与各门科学同记分数。	诗经，每日诵读一点钟，讲解挑背一点钟。	读古文，即授以命意遣词之法策，使俗话、缛文话写于纸上。习楷书。	西中历史之大要。	中西地舆之稍详者。	开平方，兼习天元。开立方，开诸乘方。	动物、植物、矿物及自然物之形象。	简明之分图，各种之形体。	有益运动、普通体操及兵式体操。	
每星期钟点	二	十二	六	四	二	三	二	二	三	三十六
第二年	同上	诗经、书经，讲读背同上。	同上	同上	同上	诸比例，借衰盈朒。	授寻常物理、化学之形象。	简明之全图，各种之形体。	同上	
每星期钟点	二	十二	六	四	二	三	二	二	三	三十六
第三年	同上	书经、左传，讲读背同上。	读古文，作短篇记事文。习行书。	补习中西历史前二年所未及讲授者。	补习中西地舆前二年所未及讲授者。	方程兼习代数勾股、三角测量。	原质及化合物，简易器具之构造作用。	详明之分图，各种之形体。	同上	

续表

学科	修身	习经	国文	历史	地舆	算术	格致	图画	体操	合计
每星期钟点	二	十二	六	四	二	三	二	二	三	三十六
第四年	同上	同上	读古文，作短篇记事文、说理文。习字同上。	同上	同上	割圆八线，更面更体。	植物、动物之互相关系及对人生之关系。人身生理卫生之大要。	详明之全图，各种之体形。	同上	
每星期钟点	二	十二	六	四	二	三	二	二	三	三十六

——本堂以每年正月二十日开学，十二月十五日散学。

——本堂开学、散学及朔望、孔子圣诞日应由教习带领学生随班行礼。其开学、散学，学生见教习行一拜礼。各生相见互行一揖礼。

——恭逢圣节、圣诞放假一日，清明、端午、中元、中秋、冬至放假三日。每星期放假一日。暑假一月。然不过停止功课，必须在堂温习，以免荒疏。

——本堂专重考核学生品行，如有品端学勤者，即推为领班生，以资表率。

——学生在课堂时，各宜肃静，研究功课毋许交谈下位，致乱心志。

——教习上课堂时，各生起立致敬。教习坐，然后皆坐。倘有疑问，俟讲毕然后请质，不得越次纷扰。

——本堂初等小学各生资格难免不齐，同学生聚处，务宜和蔼相亲，彼此切磋，不得自逞智能；即有争执，宜告监学或教习处置，不得互相侮辱。

——本堂学生适有万不得已之事请假，必须父兄面陈，或函告均可。所有各科功课应于休沐日补习。

——初来学生尚未知其程度，应由本堂试习后再定。高等、初等照章纳费，不由送入者自定阶级。

——高等学生拟收费十二元，初等收费八元。三节缴收送费。逾额者即作捐助。如捐伯〔百〕元，应永远免学生一人，纳费五十元免半。

——各学生所用书籍应由本堂酌量编定，各人自备。至于本堂所储各种书报，学生均可借阅，倘有污损，应照价赔。如□外亲友借观，尽可来堂查阅，惟不得借出，缘本堂随时需考证。

——本堂学生凡暑假、年假大考一次，各季小考一次，出表评定高下，以觇学识。□则七日内各科分轮命题考试。

——本堂春冬六点钟启门，九点钟锁门，夏秋五点钟启门，九点钟锁门，十点钟一律就寝。

——本堂遇有同志相访，若功课未毕时，应请客房少坐，课毕再会来访。学生者应向监学指名何事，然后得与学生晤谈，但不得过久。

——本堂膳规均有一定时刻。各学生或送膳，或归膳，均听其便，惟不得与定时相悬过久，致妨功课。如愿在堂附膳者，每人每月约先缴银一元八角。

——本堂功课已定时数，宴会过多必致间断。凡各学生家、春茗等宴概不领赴。本堂非遇休沐等日亦概不宴客。

——本堂学生凡周围所种花木蔬菜，以及池塘动物，在散步时尽可随意考究玩赏，切不可摧摘捕钓，违者议罚。

——本堂雇使役一名，专司堂内洒扫、茶水等事，凡学生每人每年应帮茶水役费六角。

附：功过表

——品学兼优毫无习气者	奖银牌
——品行端正文理中平者	奖图书
——学有心得行无疵累者	奖文具
——学业勤敏进步甚速者	奖同前
——志向远到才堪造就者	奖同前
——行止庄重者	奖同前
——记悟颇佳者	奖同前
——文理尚顺者	奖同前

　　右功格

——品污学劣不识伦理者	记大过一次，至三大过立时退学
——不守学规气焰嚣张者	禁假四期
——屡犯过失学反退步者	禁假三期
——志向卑陋难望有成者	禁假二期
——文理可观好勇斗很〔狠〕者	禁假一期
——功课懈怠者	罚同前
——戏侮同学者	罚同前
——言语欺诈者	罚同前

　　右过格

中国海关《十年报告》选译
（1902—1911）
——教育改革史料

郭大松 选译

说明：本篇所译为海关《十年报告》（1902—1911）第15项"教育"部分。该项下集中展示了本期报告十年间各口岸教育现代化进程的概况，除重点介绍这一时期中国政府、社会力量和私人兴办现代教育的情形以外，对外国传教士兴办现代学校教育的情况也作了较为详细的记述。报告内容涉及各级各类学校的创办时间、办学概况、经费来源、师资来源及演变、课程设置、学生入学年龄和资格及待遇、毕业生去向，以及各地各级各类现代学校的数量统计、师生数量统计、教科书情况等等，全方位展示了清末新政时期教育改革的面貌。报告中对教育改革同政府政策的关系、兴办现代教育的动力和阻力及困难、辛亥革命对教育改革进程的影响等，也均有所评述。本期报告由于各口岸之间进行协调，一般每省均有一个主要口岸在介绍其本口情况的同时，也对全省情况作简略概述，而各口岸除介绍其本口情况外，均对该口腹地作较为详细的记述。因此，本篇资料大致反映了清末教育改革的全貌以及外国在华教会学校教育的发展概况。

由于相关中文史料不尽完备，为准确回译各学校的名称、各种课程设置等，尽量减少失误，译者尽可能地查阅现有资料进行核实，凡未能查证的均以（ ）形式抄录英文原文。个别无法回译的小地名,则保留英文原文。为了读者查阅或使用资料方便,本资料迻译时含去了原《十年报告》内容中的项目序号"15"和各口该序号下的"教育"标题,另在各口岸前按原资料所载顺序依次加"1、2、3…"序号标记,并于各口岸名称后以( )形式表明各该口岸资料所在原资料的卷数和页数。如:8. 秦王岛(Vol. 1. P. 185—187),即表明秦王岛口岸资料译自本期《十年报告》第一卷,第185—187页,是原资料第一卷编排顺序中的第8个口岸。页下注释均为译者所注。

北方及长江各口

1. 哈尔滨
(无教育内容——译者)

2. 吉林(Vol. 1. P. 34—35)
上谕饬令自1906年初废除旧教育体制,吉林政府立即采取措施予以落实。

1907年,设立了两所中学,学制5年,开设修身、读经讲经、国文、外国语(包括蒙语)、历史、地理、算学、化学、博物、法制及理财、图画、体操等课程,入学年龄为15—18岁。1908年,设立了3所两等小学,翌年,又增设了7所初等小学和3所高等小学。这些学校均开设修身、读经讲经、国文、算术、中国历史、地理、格致、体操,高等小学加设绘画。初等小学学制4年,高等小学学制5年,学童初始入学年龄为7岁。截至1911年底,这里只开设了这些普通学校,共有学生1681名。

早在1906年,就建立了一所师范学堂,同时教授初等师范和高等师范课程，计有修身、教育学、读经讲经、国文、历史、地理、算学、化学、博物、习字、图画、体操、日语、英语、法制及理财、心理学、生理学、格致、地质学等课程。初等师范课程5年，高等师范3年。

1907年，设立了一所农业中学堂，开创了实业学堂。1910年，加设初等工业学堂和初等商业学堂。1911年，增设了初等农业学堂。

1906年，还开办了法政专门学堂，开设政治学、法制及财经、国际法、宪法、刑法、民法等课程。

1908年，开办了一所女子师范学堂和一所女子初等学堂，开始进行系统女子教育。女子师范学堂开设修身、教育学、国文、历史、地理、算学、格致、图画、家政、剪裁、手工、音乐、体操等课程。学制4年，入学年龄15岁。完成4年学业之后，学生需要教学3年。女子初等学堂分为两级，初级班开设修身、国文、算学、缝纫、绘画、音乐，高级班除开设低级班的全部课程外，加设历史、地理、博物，学制均为4年。初级班入学年龄7岁，高级班入学年龄11岁。

1911年，开办了一所蒙养学堂。

上述各类学校共计24所，目前在校学生2678名，其中女生411名，所有学校均归吉林提学司管辖。除住宿费外，不收学费，但学生必须通过入学考试。

其他唯一一所由政府开办的学校是陆军学堂，1906年创办。该校开设国文、修身、历史、俄语、日语、地理、数学、几何、代数、博物、图画、战术、军训、体操等课程。

由于政府开办的学校因缺乏食宿条件而拒绝大量学生入学，依然有大量私立学校。在私立女子中学，所设课程不受政府监督，而是根据教师的能力和偏好。由于聘不到其他教师，这些私立女子学校的教师大都是旧式私塾先生。结果，这类学校规模很小，各校学生几乎都不到 20 名。

还应提到爱尔兰长老会开办的女子学校，该校开办于 1904 年，是吉林女子学校的先驱。爱尔兰长老会医院的格芮英（Gring）医生，在该校教授医学。

3. 珲春（Vol. 1. P. 66—67）

咸丰元年（1851）以前，这里似乎以没有教育而闻名，或许在某种程度上说有教育的话，那也都是由私人开办的。1851 年，开办了两所公立学堂，教授汉语和满语。光绪 17 年（1891），在城北门里为了纪念孔子建了一座书院，名为"昌明书院"。这座书院一直办到 1900 年俄国人占领了珲春和书院为止。此后直到 1908 年，这里似乎一直没有学校教育。是年，昌明书院重新恢复办学，但却仅用汉语，开办现代教育。这所现代学校两个班，40 名学生。教员包括校长和两名助手。大约与此同时设立了两所县级学堂，一所在高丽城，另一所在马圈子，分别位于珲春城东、西 20 里处。

1909 年，前道台郭宗熙开办了一处工艺传习所，教授编织、木工、箱柜制作等。很不幸，这一有用的机构 1911 年因缺乏经费而关闭。1910 年署理同知（Acting T'ing）梅颐开办的一所女子学堂，也因同一原因关闭了。

为成年人举办的短期讲习所在各地开办起来，由一名教师负责，开设地点计有二道营子、西水湾子、南芹目、泡子沿、桦树底等地，所有这些讲习所均位于珲春城 20 华里以内。每处讲习所约有 30 名学生。

现代男校在农村人那里不是很受欢迎，农村人更喜欢接受旧式教育。虽然不知道有多少真正的理由，但他们倾向于认为至少男孩子在旧教育体制下的旧式学堂里学到了某些东西，而现在无论是新式学堂还是旧式学堂，学不到任何东西。

4. 龙井村
无所陈述。

5. 安东和大东沟 (Vol. 1. P. 104—105)

就教育设施而言，兴凤道①还是不错的，但由于人民贫穷，父母不情愿失去孩子这个帮手，因而上学的不多，估计只有四分之一的孩子入学。1908年以前，兴凤道仅有几所私立学校，为旧式私塾教育。然而，自1910年以来，已经有了显著的进步，这主要应归功于本地自治会官员们的通达干练。

下列比较数字，可作为儿童入学情况改进及当局积极提供求学方便设施的标志：

	1910年	1911年
学校数	16	81
教职员数	42	117
班 数	26	92
学生数	893	2636

地方官员们使用官方经费建造学校，学校开办费用则由这些地区征收的土地税支付，不收取学费。1911年全部学校开销38648元②。

---

① 兴凤道原称"东边道"，驻凤凰厅，1906年移驻安东县，1909年始改称兴凤道，仍驻安东。下设兴京府、凤凰厅、庄河直隶厅和岫岩直隶州。兴京府下设临江、通化、怀仁和辑安四个县；凤凰厅下设宽甸和安东两个县。
② 原文没有注明货币单位，译者认为应该是中国银元，因为1910年清政府通令规定国币单位为元，以银为本位。

兴凤道教育行政区，包括安东、大东沟和 5 个分行政区，1911 年共有学校 81 所，教职员 117 名，分布如下：

	学　校	教职员
安东城	11	24
大东沟	2	4
大东沟周围乡村	15	26
五个分行政区	53	63

安东城不计日本租界共有 11 所学校，具体为一所师范简易科，一所商业中学堂，一所女子小学堂，8 所初等小学堂。这些学校的课程设置情况如下：

师范简易科——学制 4 年，设国文、修身、教育学、物理学、化学、中国历史和地理、算术、图画、体操。

商业中学堂——预备科 2 年，每周 30 学时，主要课程同师范简易科，但以外语替代教育学。正科 2—5 年，设农学、林学、养蚕养鱼学、兽医学。

女子初等小学堂——学程不限，设国文、算术、图画、缝纫、体操。

初等小学堂——设置通常课程，包括体操，有些学校设军训课。

凤凰城有 8 所学校：一所高等小学堂，一所师范学堂，一所实业学堂，5 所初等小学堂。

6. 大连（Vol. 1. P. 130—131）

1904 年，俄国人即在大连为外国人和中国人分别各设了一所初等学堂；在旅顺开办了一所由军政署（Army Department）

直接管辖的军官预备学堂（Preparatory School），一所女子预备学堂（Preparatory Girls School），一所普斯金（Pooschkin）初等学堂，以及数所为中国人开办的学堂。据说普斯金初等学堂是一所良好的为中国人开办的俄语学堂。所有这些学堂的在校生总计400名。日俄战争前夕，旅顺正在筹建一所商业学堂和一所女子高等学堂，大连则忙着筹建男、女中学堂。战争爆发后，所有筹建工作化为泡影。

1905年，当日俄战争进行时，大连开办了一所中国人的女子学堂。三个月之后，旅顺开办了一所同样的学堂。1906年，旅顺和大连分别开设了日人初等学堂。同年底，估计日本学龄儿童数为528名，其中入校学习者490名。截至1910年底，日本在这里的学龄儿童数为4234名，其中2974名分别在8所学堂学习。同年，租借地已建有中国学堂7所，在校生1250名。考虑到中国儿童的入学年龄为8—15岁，1910年中国学龄儿童为83654名，接受初等教育的就学率仅为1.5%。还有两所中国私立初等学堂和22所蒙学堂，共计学生1088名。蒙学堂是旧式中国初等教育。铁路沿线，中东铁路公司为日本人开办了15所初等学堂，1341名日本学龄儿童中有1319名就读。该公司还在开平开办了一所蒙学堂。

1909年，旅顺开办了一所中学堂，翌年，开办了一所女子高级学堂。1910年还开办了一所工业学堂，开设机械学、电学、矿学等课程。在大连，有一所私立商业学堂和一所私立女子高等学堂。2—3年间，有望开办一所中学堂和一所女子高级学堂。1911年，中东铁路公司在大连开办了一所工业学堂，在沈阳开办了一所中学堂，中学堂既收中国学生，也收日本学生。

7. 牛庄（Vol. 1. P. 140）

本十年中教育事业取得了显著进步。1901年以前，盛京省没有政府开办的学校,是年,俄国人在营口开办了一所俄人学校。后来日本人将该校改为一所中日实科学堂(Sino-Japanese School of Practical Science),最终演变为一所中等商业学堂,后来又建了一所高等学堂和一所女子学堂。各府、县和大型村庄,都设立了中、初等学堂。牛庄现有各类学堂8所,在校生1000多人,每年经费估计16000两白银。这里教育事业的发展有两个特点,其一是为女子开办学校,过去女孩教育依赖教会;其二是技术类学校教授技艺和技能。

8. 秦王岛 (Vol. 1. P. 185—187)

本府①现代教育始于义和拳骚乱之后。永平府开设了一所中学堂,教授英语、中国经典、地理、历史、算学,也鼓励进行体育锻炼。这所学堂有50名学生已被保定的省级大学堂、天津以及北京的其他学堂录取,准备到那些地方读书。各城镇和乡村,设立了大量初等学堂。各地的初等学堂生源很好,许多申请入学者因学堂食宿条件有限而被拒绝。山海关只有一所高等小学堂,学生40名,有11所初等小学堂,学生245名,这些初等小学堂的学生数20—30名不等。副都统衙门(在山海关——译者)里也设有一所贵胄学堂(Bannerman School),招收满洲驻防兵子弟,有50名学生。各地初等小学堂学习初等地理、算学以及各种按西方模式编撰的课本。

各类学堂的经费由官方资金支付。牲畜税是财政收入来源之一,屠宰一头牲畜收税0.25元,进口一头收税0.50元。

昌黎有两所教会学校,一所男校,一所女校,均归美以美会指导。男校1910年秋开办于昌黎。数年前,有两所小型学堂,

---

① 指永平府。秦王岛当时属永平府临榆县,临榆县治所在山海关。这里报告的是秦王岛所在的永平府的情况。

一所在滦州，一所在山海关，两所学堂都办得卓有成效。成美学馆（指男校——译者）建成之后，这里的小型学堂被合并，学生进入成美学馆，进行4年制现代中等教育。该学馆有2名美国教师，4名中国教师，109名学生。一名专门教师负责的一所日校（day school），附属于寄宿学堂，该校有18名学生。维持成美学馆的经费有三个来源，一是教会每年拨付的资金，二是学费，三是中外人士的捐助。男生来自本府各地，有的来自于长城以外的地方。

昌黎教会女校名为"贵贞学馆"（the Aldermen Memorial Boarding School），1910年开办于昌黎。该校先前设在北京，那时是一所高等学堂的预科，由于发展迅速，需要分离，于是迁移至昌黎山（Changli Hills）附近一处有益于健康的地方。这所学堂学制5年，104名学生，3名女教员，2名男教员。该校经费依靠美国一些学者的捐助和少量学费。

唐山路矿学堂是本府最著名的教育机构。该校由一位有留学经历的中国绅士S. S. Young先生进行有效的管理，有7名教授担任教职，4名英国人，2名美国人，一名中国人。简单勾画一下该校的历史，或许是件很有趣的事。

唐山路矿学堂是督办关内外铁路大臣袁世凯、会办大臣胡燏棻于1905年发起创办的①。是年8月，位于滦州铁路线上的唐山镇被确定为最理想的校址，因为那里的工厂可为工程学的学生提供专门方便。校舍建在一片铁路的土地上，约24英亩，1905年动工，1906年秋建成，包括容纳160名学生寄宿的宿舍，一

---

① 唐山路矿学堂前身为1896年创办的"山海关北洋铁路官学堂"，1900年因八国联军侵华而停办，校舍为俄军占领。这里的所谓创建于1905年，事实上是恢复原校，初确定学堂名称为"山海关内外路矿学堂"，为便于学生实习，校址选在唐山铁路机器厂附近的唐山。1906年开平矿务局又请招收矿科班学生，故改名为唐山路矿学堂。

个餐厅，两座讲堂，一个游泳池，以及监督（校长）和教职员宿舍。首批学生在香港、上海、天津通过考试选拔，入选者应精通英文、中文、初等数学、历史、地理。1907年初，120名学生入学，分两个班，每班60名。是年，一座大讲堂、绘图室、图书馆及教室建成。鉴于缺乏优秀生源，1910年该校设立了预科，并加建了容纳150人的校舍，包括一座新餐厅，数间工作间以及工程实验室等。

唐山路矿学堂头两年由山海关内外铁路总局直接管辖，1907年，铁路划归邮传部管理，该校从那时起至今即一直由政府直接掌控。该校最初的计划仅仅是培养铁路工程师，这一计划一直在修正，现在是要为邮传部各部门培养工程师，已经加设了机械、电力方面的课程。

唐山路矿学堂正规学习课程为时4年，学习期满毕业的学生授予唐山路矿学堂专科文凭。去年夏天（指1911年——译者），举行了第一次毕业考试，28名学生获得毕业文凭。28名学生中，现已有20名成功通过了在汉口由总工程师克林森（Collison）先生主持的京汉铁路竞争见习工程师和助理工程师考试。

1910年12月，马家沟（Makiakou）的滦州矿务局（本称"北洋滦州官矿有限公司"，习称滦州矿务局——译者）开办了一所训练采矿工程师的学堂，最初20名学生，1911年有30名学生。

京奉铁路总局（即原山海关内外铁路总局，1907年8月改为现名——译者）在滦州创办了一所训练电报员的学堂。

1905年，秦王岛商务分会创办了秦王岛商业学堂，但随着该商务分会解散而停办，只存在了3年。

从以上的评述可以看出，直隶这一地区的教育现在无论如何也不能说是落后的了，这里的教育已经取得了相当的进步，科学培训方面的进步尤其显著。

9. 天津 （Vol. 1. P. 218）

过去十年间，本省设立了许多各级学堂和其他教育机构，但在目前情况下，难以获得这些学堂和教育机构的数量、地域分布以及新模式教育工作价值的可靠情报。

10. 烟台 （Vol. 1. P. 230—231）

本地区政府和私人创办了许多新式学堂，但由于普遍缺乏称职的教师，结果令人失望。了解粗浅英语或其他外语的中国人大量增加，然而人们担心，这只是以牺牲自己的语言和文学知识为代价才得以实现的。

烟台最著名的教育机构是海军学堂，建于1903年。该学堂校舍宽敞，设施良好，有充足的活动场地，位于烟台外人居住区1.5英里处。学生入学年龄13—16岁，全免学费。学堂有监督、庶务长、教务长、教师，共计16名教职员。学生共192名。课程有英语、地理、数学、航海、枪炮演练以及其他科目。

11. 胶州 （Vol. 1. P. 254—256）

过去十间间，现代教育取得了很大进步。1898年，光绪皇帝下诏废八股、改策论，国家首次对中国教育现代化给予鼓励。虽然这一诏令当时未能施行，但却是必须的点燃热情的火花，整个帝国要求改革的呼声非常强烈。慈禧太后于1901年以上谕名义批准了先前遭到反对的改革，命为实施改革做好必要的准备。4年以后，即1905年，上谕敕令在全国范围内废除科举、兴办各级现代学堂。

在山东，巡抚袁世凯率先遵行上谕，于1901年在济南创办了第一所大学堂。巡抚周馥（1902—1904）则首次采取措施在全省范围内普遍建立了现代教育体制：设立大学堂培养教师；学堂聘用有能力的教师,无论中外;各主要县城普设工业和艺徒学堂。稍后,除了读、写、算术之外,各种手工艺也进入课堂,很多学堂设立工作间区,残疾人、少年犯和狱囚们在这些工作间区工作或学习。在周馥担任山东巡抚期间,共设立了不少于40所的这类学堂。周馥的继任者,尤其是杨士骧和孙宝琦,都继续推进他的杰出工作。截至1911年,全省已有现代学堂3822所(其中中学堂、师范学堂和大学堂150所),教师4613人,学生近60000人。此外,还有42所工业学堂、33所艺徒学堂、14所草辫学堂,也都非常繁荣成功。这些学堂中有医学、农业、林业、蚕桑以及其他专门学堂,但却没有矿业和铁路学堂。1906年,巡抚杨士骧曾努力在高密和胶州兵营设两所专门技术学堂。这两处兵营是德国人在胶济铁路建成后给山东省政府办学用的,但没有找到支持者和合格的教师,这两处的建筑现在被用作师范学堂校舍。

考虑到最初通晓外国知识的教师缺乏及稍后省财政的长期匮乏等因素对教育进步的阻滞,教育改革第一个十年的成果是十分显著的,预示着光明的前景。很显然,旧教育体制注定要终结。各阶层普遍渴望外国知识,新时代精神汹涌澎湃,可以有把握地说,我们将在经过一代人的时间后必须重视一个新的中国。

在山东的美国、英国、德国及其他国家的基督教——天主教和新教传教士们,对树立和培育这种新的时代精神都做出了很大贡献。他们建立的大小学堂,为新学堂的建立树立了样板,他们的工作无需作过多评论。

青岛的教育。

帝国政府学校(The Imperial Government School),是唯一一所为外国男女儿童开办的学校,具有在德国的正规政府学校身份,有权发放像"一年军事教育证书"这样的文凭。入该校学习的学生要先上3年初等班,通过初等班考试的学生再进入至少为 6 年制的中学，学习高等课程。英语和法语为必修课，拉丁语为选修课。学校雇用 12 名教师。1911 年在校生 162 名。一座政府公寓与学校连在一起，供外埠来的学生寄宿。

除了帝国政府学校之外，天主教会的修女们还办了一所供外国女孩学习的寄宿学校，该校在校生年均 30 名。

1909 年，德国政府和中国政府合作开办了德华大学，中国政府每年支付 4 万马克用于常年维持费。学校监督亦即校长，以及全部教授、教师，无论中外，均由德国政府委任。一名中国政府任命的稽查员，负责监督并向政府报告中国学生功课品行。该校分预科和本科两部分。预科提供基础教育，学制 5 年，开设德语、中文、算学、代数、几何、历史、地理、博物学、植物学、动物学、化学、卫生学、机械制图、体育和音乐等课程。英语和速记学为选修课。通过预科学习的学生进入本科学习，本科设有法政、工艺、农林和医学 4 科。除法政科外，其他三科都有初级部即预科。进预科学习的学生，必须年满 13 岁，持有中国高等小学堂文凭或通过高等小学堂课程考试。高级部即本科的年龄在 18—20 之间，必须通过预科考试。法政、农林科学制 3 年，其他两科 4 年。

最后一关考试，由中国政府委派官员主持，优等生由中国政府录用。该校学生每年的费用，预科墨洋 35 元，本科 50 元。学生必须住校，食宿费每月 6 元。1909 年学校开办之初有学生 63 人，1911 年 200 多人。学校职员，有 25 名德国教授和教师，7 名中国教师，以及一些翻译和助教。学校有一座教育博物馆（educational museum），内设机器、工艺设备操作模型；一座体育馆；一个试验农场。

此外，在租借地的主要村庄有 12 所由政府开办的初等学堂，中国教师授课，这些中国教师大都是礼贤书院（German Mission Seminary）的毕业生。租借地主要村庄除了这些政府开办的学校之外，还有以下一些德国教会学校（German Mission Schools）：16所初等学堂，284名学生；一所中学堂，45名学生；2所女子学堂，95名学生；一所女子高等学堂，刚刚开办；2所德华书院（German-Chinese Seminaries），167名学生；一所女教师养成所（Ladies Teachers Seminary）；一所幼稚园；一所花边学校。

美国北长老会刚刚在青岛建成了一所神学校和一所高等学堂，在租借地以外，该会开办了50所初等学堂。

12. 重庆 (Vol. 1. P. 270)

大约九年前，当清帝国废除科举考试后（实际上是改试策论——译者），本省重新全面推行学校教育。成都开办了一所省级大学堂，开设化学、物理、外国语言等现代课程，由外籍和中国教授授课。各地开办了官办、公立、私立的小学堂，教授国文、算术、地理、中国历史、格致、绘画、音乐、体操等。成都增加了英语课程。在大县里，这些学校组织得很好，有优秀的教师；但在农村地区（或农村小县），由于缺乏资金和有能力的人，几乎未能跳出私塾学校的藩篱。每个府城都开办了中学，教授中国经典（经学）、英语、数学、博物、历史、地理、修身、体操，教师大多是中国人。成都设立了一些诸如医学、军事、实业、法政、铁路、矿业、蚕桑等专门学堂。但是，除了蚕桑学堂之外，其他学堂在学习内容方面较旧式私塾几乎没有什么进步。1911年，各地开设了25家法政学堂，吸引了大批学生，这些人希望完成学业后在审判厅获得职位。

在四川西部和南部，为四川土著猓猓人开办了学校，试图对他们进行教育。许多地方为苦力阶层开办了夜校，苦力们在这些学校交很少的费用，学习读书写字。

过去10年间，教会学校有所扩展。1911年，美国和加拿大卫理公会、中国内地会（不分国籍，主要是英国——译者）、公谊会联合开办了一所大学。

根据提学使衙门的注册登记，本省有11224所男校，336078名学生；163所女校，5660名学生；男女教师共计15291名，另有7600名学堂董事和劝学员。

13. 宜昌（Vol. 1. P. 281—282）

人们热情地致力于兴办现代教育，辛亥革命发生时，本县（指东湖县，时为宜昌府治所——译者）至少已建起了12所官办初等学堂。根据规章，每所初等学等的学生数应不少于40人，不多于50人；每个学堂2名教师，每月薪水，一名12吊，一名8吊。学习科目为读经讲经（四书）、历史、修身、地理（中国）、算学（四则）、图画、习字、格致（简单的）、体操等，学制4年。由视员组织考试，并向提学使禀报考试结果。这些学堂的经费由投资房地产的教育基金支付，这些基金是数年前绅士们为资助贫穷书生捐献的。初等小学堂毕业的学生进入县高等小学堂，县高等小学堂限收120名学生，每月食宿费3000铜钱，不收学费。这所县高等小学堂由东湖知县任监督，额定教员8名，每月薪水20—40吊不等，包吃住。实际上，高等小学堂从初等小学堂招不满定额，为保证高等小学堂满员，当高等小学堂空额时即举行公开考试，招收学生以补空额。高等小学堂学习科目与初等小学堂一样，只是程度高了，另外加修英语、工艺、化学、音乐等课程，学制4年。最后考试通过者，可获得证书准予进入府中学堂或设在武昌的师范学堂。现高等小学堂附设简易师范学堂和商业学堂，商业学堂主要学习英语。县高等小学堂是宜昌最重要的学堂，连同附设的两所学堂，共计在校生200名，全部住校。

邻近地区最高级的学堂是府中学堂，招收完成东湖县高等小学堂学业的学生入学。由于高等小学堂的毕业生大部分愿意去武昌更高级的学堂,因此不得不举行公开考试招收学生,以便补足额定的 60 个学生名额,然而并未达到目的。府中学堂位于以前科举考试的考棚处,宜昌知府兼任监督,有 6 名教师。首席教师月薪 50 吊,其他 5 名每月 40 吊,均包吃住。学生愿意寄宿的准予寄宿,寄宿每月交食宿费 3000 铜钱,免交学费,学堂提供最好的课本。所学课程与高等小学堂相同,但程度高了,另外加设几何、代数,学制 5 年。这所学堂目前尚无人完成学业,因为学堂开办两年后因维修关闭两年,去年才刚刚重新开学。

除上述政府开办的学堂外,还有许多私立、半私立学堂。这类学堂,只要遵守提学使拟定的规章,即允许开办,学费每生每年 1—2 吊。

在教会学校中,应谈一下宜昌工艺学堂(Ichang Trade School)。该学堂由美国圣公会的韩仁敦牧师(the Rev. D. T. Huntingdon)创建于 1907 年 1 月,招收孤儿、乞丐、残疾等穷苦男孩,用中文教授他们普通学堂的课程和一些有用的技艺,以便他们离开这所学堂后,能够受人尊敬地自己谋生。教授的技艺有木工、裁缝、制鞋、铜器制作、园艺、理发等手艺,学堂的目的是要培育勤奋、清洁习惯,灌输基督教原则。学生们半天在学堂教师的指导下学习功课,半天在中国手艺师傅的指导下学习工艺。学堂开办之初有 20 名学生,食宿设施和实习工场建好之后,数量增加,现在已有 120 多名。自学堂开办以来,总计招收了 242 名学生。

14. 沙市(Vol. 1. P. 293)

过去几年间,本地教育方面的一个显著特点是开办了一些现代学堂。1905 年,荆州开办了一所中学堂,开设与西方学校同样的课程。该中学堂的学生 5 年毕业后,升入在武昌的高等学堂。后来又开办了 2 所同样的中学堂,生员旺盛。荆州府共计开设20所初等学堂,为各州县学堂提供生员。

1909年,荆州开办了一所女子学堂,学生们还学习绣花、抽绣和针线活。1909年,荆州开办了一所专门学堂,学生毕业后入武昌的高等学堂学习或担任初级学堂教师。还有一所现代语言(modern languages)学堂。所有这些学堂都是政府开办的。

15. 长沙(Vol. 1. P. 318—320)

感谢这座城里的雅礼大学(Yale School)校长盖葆赖牧师(Rev. Brownell Gage)提供了下述本省教育的有趣回顾。说雅礼大学是耶鲁大学的后裔一点都不过分,它是这座城市里最好的大学,尤以保持优良的风纪和在学生中反复灌输高尚道德品质而著称。由于临时校舍不能为所有学生提供食宿条件,该校在城北门外购置了大块有益于健康的地皮,那里有望很快建成现代食宿和教学设施,并增设大学课程,现在购置的校址完全能满足这些需要。

湖南省城为中国四大书院中最著名的岳麓书院的所在地,长期以来一直是文化中心。代理税务司夏立士(A. H. Harris)先生在首次长沙贸易报告中有一段关于这个书院有趣的叙述,说该书院建于宋朝(公元968年前后),朱熹曾在这里讲学。

湖南的现代学堂始于赵尔巽任巡抚的1903年。上面提到的贸易报告(1904)说教授新知识的现代学堂"如雨后春笋般不断涌现"。然而,翌年由于巨大经费的限制,速度缓慢下来,自那以后,教育一直是集中强化已建学堂的发展而不是广建新学堂了。新学堂开办时,由于旧式的岳麓书院的138名学生都从书院的捐赠基金中领取一些津贴,新学堂开办之初延续了这一政策,学堂除了为学生提供食宿、服装之外,通常还发给他们一些零用钱。由于教育日益增长的需要和压力,这一政策逐渐废除了，1911年以前，许多学堂就已经不再提供食宿而改为日校了。但是，尽管经费匮乏，管理方面效率低下，浪费现象严重，管理方式经常变化，辛亥革命前学堂的教学质量和纪律还是逐渐好起来了。

缺乏合格教师一直是个严重问题。起初，赵尔巽巡抚剥夺旧教育培养的人在其具有相当新知识胜任新学堂教师之前的教职，遭到了人们的反对。上海的南洋公学、圣约翰大学（St. John's College）① 及其它学校的毕业生，逐渐改变了教师队伍的状况。早期引进了许多日本人做教师，1905年，日本人已占长沙高等学堂教师的20%。但是，这些日本人教学必须通过翻译进行，而且他们也有意见，因此数量迅速减少。其他外国人，主要是长沙的4—5所高等专门学堂在不同时期雇用了10—12名欧美人任教，这些学堂是省科技学堂（the Provincial Polytechnic）、省高等学堂（the Provincial Higher School）、中心师范学堂（the Central Normal School，1910年在骚乱中被毁②）、高等师范学堂（the Higher Normal School），以及一所叫做明德学堂（the Ming Teh School）的私立学堂。总体看来，即使教师队伍有很多不足，也远比学堂管理要好，学堂监督们以及其他行政官员的无知、优柔寡断、贪婪才是教育体制应予指责的主要缺陷。

湖南有热心于送学生去海外留学的时尚。据基督教男青年会的精心估算，1905年东京有中国留学生8620人，湖南占总数的17%。然而，这些留学生大部分在日本呆得时间太短，以致不能有更大收获。这种"速成教育"（"get-educated-quick"）运动，现在已经让位于一种更明智的派学生到美国或欧洲学习较长时间

---

① St. John's College，旧称圣约翰书院。该书院1906年在美国注册，正式称圣约翰大学。——St. John's University

② 这里所谓的"骚乱"，疑指1910年长沙的抢米风潮。

的计划。目前，湖南省当局几乎不能提供什么帮助，但许多学生自费也要出国留学。

体现教育进步的另一个事实，是引进教科书已经取代了由简单培训的教师编写的教学大纲。海关在几年前曾培训教师编写教学大纲。

有害的分级或者说是不分级的制度，在革命前削弱了现代学堂的作用。比如说，省高等学堂招生就受到了招生能力的限制。学堂根据学生所学课程把他们分到不同的班级，而不是把他们都放到同一个年级，在学堂所有班级的全部课程都结束直至毕业之前，不再招新生。同时，对考试结果或者说对无力完成他们班级课程的学生也不管不问。

在谈辛亥革命的作用之前，湖南教育会的工作值得一提，因为该会会长在教育问题上的影响力几乎与提学使一样。教育会总部是1910年完工的，除了后来完工的省咨议局之外，它是长沙城内最引人注目的建筑了。教育会总部建筑有一个礼堂，可容纳数百人，常常有大批人来这里听有关教育问题的讨论。教育会附设图书馆，最近送来约200部英、法、德文书籍。教育会与学堂的情形一样，展示出年轻一代对教育的兴趣蓬勃向上。

辛亥革命最直接的影响是延缓了教育的发展。位于岳麓书院的省高等学堂变成了军营，许多较小的学堂也遭到了同样的命运。同时，一些学堂被受部队遣散和收缴军饷谣言刺激的叛乱士兵捣毁。共和政府财政窘迫，无力实行教育改革计划，但官员们还是非常希望教育进步的。辛亥革命后的主要变化是重点考虑为适应人民需要普遍实行免费教育。初等学堂男女同校，实用课程正在取代过多的文学课程。最重要的变化是删减读经讲经课，代之以工业、商业以及农业方面课程的训练。初等小学校（辛亥革命后学堂改称学校——译者）引进英语课程，高等小学校英语加设"会话"。

下表是辛亥革命前后的学校数（为表述方便，凡清末、民初均有的学校，一律称学校——译者）：

	清帝国时期	共和制建立后
（1）学校数		
大学		1*
高等学堂（Higher Schools）	1	＊
私立学校（Schools of Civil Government）	6	9
政经学校（Schools of Political Economy）		3
法政学校（Law Schools）		1
狱政学校（Schools of Penology）		1
警察学校（Training Schools for Police）	3	2
铁路学校（Schools of Railroad Engineering）	1	1
矿业学校（Mining School）	1	
陶艺学堂（Ceramic Art Schools）	1	＊
医学堂（Medical Schools）	1	＊
邮电学校（Postal and Telegraph Schools）		1
农业学校（Schools of Agriculture）	6	5
实业学校（Industrial or Trade Schools）	8	9
商业学校（Commercial Schools）	4	5
艺徒学堂（Schools of Technology—Preparatory）	12	＊
师范学校（Normal Schools）	11	8
高等师范学校（Higher Normal Schools）	1	1
师范传习所（Short-course Normal Schools）	14	＊
中学（Middle Schools）	45	39
初、高等小学（Primary and Intermediate School）	＊	2385
（2）学生数		
所有在校生	58382	95486
初、高等小学生	※	77542
（3）教师数	3879	4746

*拟设　　＊无可利用数字　　※未知

上面提到的邮电学校分两科，一科学电报业务，一科学邮政业务。除了共同课程英语、法语、商业簿记以外,电报科还教授一些电学、电报课程,邮政科则教授国内外邮政方式、商业伦理、普通商品价值鉴定。

上述数字由湖南提学使提供。

16. 岳州（Vol. 1. P. 337）

1902年,大美复初会派遣差会进驻岳州,从事医学和教育工作。该差会现在办有两所学校,一所在湖滨（湖滨黄沙湾——译者）,以湖滨大学著称,招收男生接受西方教育,另一所在城内,是女校。

常德府的三个外国差会（中国内地会、宣道会、美国长老会）已开办了招收中国孩子的学校,效果良好。据说年轻一代对所谓西学有着浓厚的兴趣。

17. 汉口（Vol. 1. P. 360—361）

这些年来,每年都强烈要求发展现代教育。这一要求得到了官员们的支持,大量资金用于建设和装备政府开办的学堂。然而,由于官员们不知道如何管理学堂,资金总是短缺,任何称职的学堂监督,只要他老老实实尽力履行自己的职责,他的工作就会遇到巨大困难。例如,他们购买昂贵的科学仪器,雇用称职的教师教授相关课程,但却常常给他们派来了只认识几个英文单词的年轻人。监督们在他们的工作中已经明白了教授英语的必要,对此,他们只是用行话表示说:花这么多钱雇人浪费了。由于经费越来越紧张,雇用了不称职的教师,这些新式学堂没有充分发挥作用。据报告,全省城镇和农村中中国人开办的学堂,情形也一样,教师们的外语教学通常只是教授一点英文读写,因为受过良好教育的人可以谋取薪水更优厚的工作。

从来没有这么多人像现在这样要上教会学堂，虽然教会学堂付出了极大努力，但还是远不能满足人们上学的要求。这里不可能叙述所有教会教育机构情况，但可以举几个例子。循道会男学堂已经发展为博文书院，有 200 名学生。文华书院发展为文华大学，有 250 名预科生，60 名大学本科生。1911 年，授予首批 10 名学生文学学士学位。自 1906 年始，开办了神学研究班。博学书院开办于 1908 年，校舍精良，其前身是伦敦会高等学堂（London Mission High School）。该书院现有 80 名青年接受高等教育，100 名在预科学习。博学书院的办学方针是招收内地小学的学生进行中学教育，然后再让他们到书院的神学科学习，培养成传教士。各医学堂也取得了同样的进步。英国和美国的大学正在做坚强的努力，以便在这里建立一所大学——华中大学（Central Chinese University），这里所有教会办的书院，都将成为该大学的分部。这种各教派的一致行动，将会有助于推进差会工作。

18. 九江（Vol. 1. P. 374）

根据上谕颁行的学部各项章程，九江府开办的西式学堂有：3 所小学堂，一所高级小学堂，一所师范学堂。

初等小学堂开办于宣统二年一月（1910 年 2 月），校址由三处庙宇改建而成。每个学堂有学生 40 名，平均入学年龄为 7 或 8 岁，学制 5 年，学费每半年 1000 铜钱。办学经费由先前专为支持优秀的大学毕业生的基金支付。每个学堂都附设一个贫民补习班，教授一些基础课程。

高等小学堂开办于光绪二十九年四月（1903 年 5 月）。入学资格为三年制初等小学堂毕业，额定招生 50 名。学费包括食宿每半年 15000 铜钱。高等小学堂经费估计每年 470 万铜钱，由德化县土地税和鱼税支付，学制 4 年。

中学或师范学堂开办于光绪二十九年十月（1903 年 11 月），

校址为整修改建的濂溪书院。入学资格为高等小学堂毕业,额定招生50名,另招外省籍本地居住者的孩子12名。学费和食宿费起初每半年8元,现已提高到15元。办学经费估计1亿铜钱,由濂溪书院基金、牲畜屠宰税以及九江府所辖5县的附加税支付。该学堂学制5年。

光绪二十九年还开办了一所女学堂,学生30名,每半年学费2元。

19. 芜湖（Vol. 1. P. 386—387）

1903年,芜湖道台在芜湖邻近地区最高的山赭山脚下建皖江中学校舍,建筑风格中西合璧,位置极佳,但很不幸,像芜湖许多失败的事例一样,芜湖中学也是不成功的。学校1905年开始招生,但却从未满员,1907年被迫暂时关闭,后来又重新开办,但为时不久。现在校舍被用作了兵营。

不久前,这里除了一些由侨寓本地的外省、县籍人士专办的私立学堂外,公立学堂由自治会（Self-Government Society）和当地绅士维持,但这些学堂大部分在辛亥革命爆发后关闭了。

大约有14所外国传教团体创办的男女学堂,早在1875年耶稣会即开始创办学堂,但基督教新教的学堂,大部分都是过去十年间创办的。

20. 南京（Vol. 1. P. 404—405）

自撰写上一《十年报告》以来,本地教育制度领域已经取得了巨大进步。中国年轻人很早以前就发现接受以英语、数学等为内容的现代教育,甚至是了解一些肤浅的内容,也要比勤奋攻读旧式经典更容易令人满意地谋生,有更好的成功机会。当局很快认可了舆论趋向,1901年上谕敕令重新兴办官立学堂。直隶建了一所大学堂,各府开办了高等学堂和中等学堂,各州县开办了初等学堂。这些学堂比以往更加强调引进现代课程。中学堂开设诸如海关业务、银行、保险等方面的课程，几乎普遍开设了现代语言（尤其是英语）课程。中国经典并未完全抛弃。四书还读，但五经既不精读，也不背诵了。易经因为无用，已经废除了。南京初等学堂学制一般3—5年，中等学堂5年，高等学堂3年，高等学堂毕业后有资格进入北京大学堂学习。1903年，总督张之洞编制了一套学制，成为现在教育体制的基础。1905年，上谕批复袁世凯、张之洞、端方等的奏议，完全认可新学，废除科举。

南京学堂众多，官立学堂而外，还有许多公立和教会学堂。把这些学堂全部开列出来，将占用过多的篇幅。这里我们可列出一些较重要的学堂，如：江南商业学堂，是一所官立专门学堂，创办于1908年，最近聘任了外籍教师；金陵大学堂，美国监理会（Methodist Episcopal Mission—American）设立的教育机构；水师学堂，官立学堂，聘有2名英国海军教官；江南高等巡警学堂；江南狱警学堂（Kiangnan Gaolers School）。还有5所军事学堂，即：南洋陆军小学；陆军中学；陆军测绘学堂，聘有5名日本教官；陆师学堂，培养军官，聘有3名日本教官和1名德国教官；军医学堂（the Military School of Sanitation）。事实上，上列学堂都是在过去十年间创办的。当然，辛亥革命打乱了教育改革的进程，有些学堂的教师和学生都溃散了。因此，教育改革的详细情况，本应在革命前进行估量的。还有在本十年的晚期，人们纷纷创办女子学堂，南京至少有7所女子学堂。

21. 镇江（Vol. 1. P. 422）

毫无疑问，过去十年间，这里的教育制度发生了显著的变化，过去被看不起、遭抵拒的西学，缓慢但却肯定无疑地取代了中国古代经典的地位。不过,目前镇江尚无法与南京、苏州、上海相提并论,在那些地方,设备良好的各类学堂吸引了全省各地的学生争相前往求学。当然,这里有一些教会学校无疑做了杰出的工作。有2所小型官立学堂,资金匮乏,教授英语和最基础的自然科学知识。府中学堂有110名学生,学制3年。估计该学堂将继续开办,但现在没有教师。八旗中学堂(The Banner Middle School)有89名学生,但由于革命爆发,都跑掉了。据称这里有34所初等学堂,学生总计1600名。总体看来,本地区的教育并不是很繁荣。

南方及边疆各口

1. 上海(Vol. 2. P. 20—23)

拳乱以后,一些政府官员、文人、绅士以及商业阶层实际上都普遍确信必须学习西学,反对西洋教育的声音大部分消失了。要学西学,最有效的方法是兴办教育,这一问题引起了国家决策机构(National Assembly,按英文可译为资政院,但考虑到资政院1910年才正式设立,教育改革决策及推行远早于资政院机构的设立,本报告编写者可能不很清楚清政府的决策体制,故意译为"决策机构"——译者)的极大注意。除了财政问题,兴办西式教育的主要障碍,是目前中国语言的缺陷,缺乏迅速传授易于交往并把各种互不明白的方言融会为一种普遍通行语言的媒介。一个不可忽视的问题是,要普遍推行现代教育,目前每个中国人不得不首先有足够的英语知识。剩下的问题非常重要,即鼓励进行便捷的互相交流,因为人们日益普遍认识到,当空间可任由我们无限度自由支配时,在充分有效时间内的个人,即使是最有天赋的人,也会受非常短暂时间的严格制约。科学可定义为更经济的思想库,为了科学的完备,重要的是每个人都应该能够立即接近世界上已有的全部记录。一个已确定的事实的价值,可以用它使其他探索者利用情报节约的时间总量来估价。中国教育的真髓或许可以用"权威"这个词来概括，而科学知识则只依赖于理性，毫不犹豫地怀疑、验证，对先前最高权威欢呼为事实的论点提出质疑，因此经常改变他们推断的结论。人们很快发现，作为现代教育科目的基础，中国没有可用的著作，所有新教科书都从西方翻译过来，或者按本土模式修订西方教科书。很明显，目前人们普遍认为必须精通英语，下述这一真正有趣的例子便是明证。在推广教育过程中，那些已经精通英语的人每天都抽空忙着教授别人英语，他们只是情愿把他们的空余时间贡献出来，教授别人。在由业余爱好者授课的上海夜校里，前来学习的人非常多。很多夜校实行免费，没有高收费的夜校。很明显，夜校教师太多，教学结果很不一样。不过，遗憾的是这种情况可能不会改变，因为很多人想尽快取得成效，在没有精通英语的情况下，就想通过英语获得渴望得到的知识。向往西方知识的最初动力无疑来自于教会学校。尽管最早传播西方知识的是罗马天主教开办的学校和医院，罗马天主教传教士在传播西方知识方面充满了自我牺牲精神，但近来传播西方知识的教育机构，却更多地由美国教会团体所开办。广学会在使中国人了解外国教育方面做了大量难以估量其价值的工作，仔细查阅该会近来的出版物，一个非常显著的事实是大部分中文出版物先前译自英国，而最近大部分出版物则是译自美国权威著作。正如伯顿（Burton）教授在1910年差会本部大会上宣读的论文中所声称的，美国传教士不仅仅局限于要改变中国人的宗教信仰，他们实际上承担着谋求促进中华民族生活各个领域——道德、宗教、社会、经济以及政治走向繁荣的繁重任务。为此，美国差会不那么样着意于详细阐述宗教教义、教理，而愿意详细阐明科学、教育，进行实业方面的训练，他们认为这样会引导伦理道德自然而然地得到改良，如果全面地不断反复灌输，那么教育的所有目的都会有保障达到，并形成特色。应用科学的所有成效建立在各方面完全精确的基础上,不熟悉现代教育方法的人,尤其是中国人,自然对此处于模糊状态,而加强熟悉应用科学,无疑将逐渐消除普遍的蒙昧。

较陈旧的中国教育体制完全依靠权威,只有权威才对年轻的学生真正有影响。科学课程及其大量试验的魅力,对渴望知识的学生最具吸引力,学生们没有足够的阅读基础,不知道为产生有利商业效果的大规模试验过程并非总是反复进行。那么,对工程学或化学,以及其他自然科学学科的学生来说,要获得实际操作技能,必须彻底了解所学科目的大量动手实验工作,这一点在见习阶段尤为重要。在中国,由于文人的传统,动手试验工作极不受欢迎,文人传统认为手工劳动有失身份,出身高贵的青年常常严重忽视动手实验这类事情。

徐家汇早年的情况,在上个十年报告中已作了详细叙述。由于要铺设电车轨道,必须把徐家汇天文台的大部分设备迁往佘山(Chose)。佘山离徐家汇 15 英里,那里设有徐家汇天文台分站。该分站以前的工作主要局限于依靠大型天文望远镜进行观测,这些望远镜一直放在那里。徐家汇又建了一所教授更高级课程的新大学,名为"震旦大学",1908 年创建于法租界新界的卢家湾(误,实创建于 1903 年,1908 年在卢家湾建新校舍——译者),教学人员仍是徐家汇原有学校教员。法兴学校(French Municipal School)也进行了扩建,并迁到了法租界新界。上海虹口还有一所圣芳济学堂(St. Xavier School)。江苏省共有 228 所寄宿学校,其中 150 所男校(9263 名学生),138 所女校(6653 名学生)。1911 年,新建了一所德国学校。上海公立学校大量增加,急切要求提供寄宿学校。汉壁理公学(The Thomas Hanbury School)过去十年间也办得非常成功。上海市政当局认识到应当提供资金帮助本地人解决受教育问题。本地区为本地人开办的学校或许只有一所设在梵皇渡(今万航渡路——译者）的圣约翰大学。该校旨在尽可能地给予和美国大学一样的教育，最高可授予文学学士学位。可与圣约翰大学相提并论的另一所为中国人开办的学校是南洋公学。基督教新教开办的高、初等学校越来越多，不断要求扩展校舍。沪宁铁路公司在吴淞建了一所很好的学校。一个值得注意的特点是广学会和基督教男青年会做了大量工作，他们把学习和娱乐结合起来。各学校普遍开设了体育课，极大地促进了学生们体育活动的开展和集体精神的形成。各种实业学校正在建设中。各地都为盲人和聋哑人开办了学校。在现有整个教育体系中，医学教育可以说办得最有成效。通过医学校教授卫生学、防疫学、优生学等课程，以及医学工作者不厌其烦地反复强调示范，医学在促进本地人和外国人和睦关系方面，很可能起到了与任何理智的工作一样的作用。总而言之，与教育问题有关的令人感兴趣的一点值得永远记取，那就是中国人依赖权威，而不是依靠自己。世界各地业以极大热情广泛开展童子军事业，贝登堡勋爵（Sir R. Baden-Powell）的《警探术》（"Aids to Scouting"）一书为现在世界范围内童子军运动的基本教科书，该书所扼要阐述的精髓用他的话说就是"随时注意观察，运用常识推理"。这样训练的童子军是各方面取得进步的保证。但是，到目前为止，还没有证据表明中国开展了童子军运动。教育一直被定义为"扩张脑力以适应环境"，并非仅仅是照搬公式的填鸭式教学。为了储备脑力和体力以应对意外事变，一个国家理应对年轻市民的教育进行管理、提供资金，以确保每个男、女个体具有应对意外事变的能力。最新的本地学校图书馆的记录表明，福尔摩斯（Sherlock Holmes）是人们喜爱的小说中最受崇拜的人物之一，福尔摩斯所作的所有精心推理，只不过是系统观察和常识推理的科学结果。

2. 苏州（Vol. 2. P. 34—36）

由于政府慷慨出资，建立了现代教育体制，过去十年间，这里的教育取得了显著进步。市里各处建有许多为男孩开办的初等小学，有些地方还开办了半日学堂，有少量学生上下午轮流上课。初等小学堂学制 4 年，毕业后入高等小学，学制也是 4 年。接下来入中学学习 5 年，最后进高等学堂学习 3 年。不过，这只是一套学制体制，普通人家的孩子在自己谋生之前很少有人负担得起 16 年的学校教育费用。

初等学堂进行一些音乐、体育、军事方面的训练，中学堂重点教授数学、自然科学和外国语言，高等学堂的课程则有经济、地理、物理、化学、法律基础、微积分、机械制图、法语和德语等。高等学堂的优等生可到北京和美国学校学习，其中大多数进了北京的京师大学堂。

苏州也有一些专门学堂，其中规模最大的是师范学堂，约 300 名学生；还有一所武备学堂，一所巡警学堂，一所铁路学堂，一所农业学堂，以及一所培养官员的法政学堂。像武昌一样，这里开办了一所存古学堂，是旧式学生读书的场所。最近，这里开办了一所工业学堂，对学生进行一些动手能力的训练，讲授改良的制造业工艺等，该学堂最初是专门设计帮助纺织工业的。先前，苏州有为准备出国留学的学生开办的游学预备科，以及一个新旧学教学效果都非常好的英文专修馆，但分别于 1908、1910 年关闭了。在过去十年的大部分时间里，大多数官立高级学堂，大量聘用了日本籍教师，但是现在已经很少了，教学工作几乎全由中国教师担任，其中有些人在德国和美国留过学。地方绅士对教育有着积极兴趣，教学效果良好的公立中学，即是他们的努力取得成功的最好典范。他们还开办了一些女学堂，生源很好。铁路开通后不久，铁路方面投入部分资金开办了铁路学堂（Railway College），学生分为两科，一为交通科，一为机械科。这所学堂的学生有些已经在各铁路公司工作了。但该学堂最近关闭了，校舍用于一所为希望训练动手能力的绅士子弟开办的工业学堂。除了上述这些学堂之外，还有许多传教士开办的学堂，其中最主要的是美国监理会（American Methodist Episcopal Mission）创建经营的东吴大学堂。这所大学堂的校舍始建于1901年，1904年投入使用，有7名美国教师和12名中国教师。该学堂设有文科和理科，文科可授予文学学士学位，已有7名学生获得了学位。东吴大学堂还设有中学部，1911年，全部学生总计225名。景海女学堂，也是由美国监理会开办的，招收中国富裕阶层出身的女孩接受高等教育。该学堂生源一直很好，现有学生约100名。美国圣公会在这里开办了一所中学堂，为上海的圣约翰大学提供生源。除这些之外，苏州城里和郊区还有10所传教士开办的学校。无论是政府还是传教士开办的许多学校，都做了杰出的工作，学生无退学现象，都学了该学的课程，很可能是学到了他们想学的东西。但是，许多情形也令人担心，学生们在尚未完全学到立足社会的本领之前就离开了学校，特别是许多初等学堂的学生，带着危险的武器——"一点学问"，就被送上了社会大舞台。

3. 杭州（Vol. 2. P. 51—52）

这十年间，本省教育改革取得了巨大进步。1902年，除了教会学校，仅具有进步思想的杭州知府林迪臣创办的求是书院讲授西学。是年，皇帝谕令乡、会试取消八股文，改试策论。1903年，提学使取代学台重组本省教育体制（学政改为提学使的时间是1906年——译者）。提学使以下，每府设一名视学员，负责选取合格的绅士检查和报告各地的情况。最初建学堂的费用等由政府出资，学生免费上学，办学经费由土地、当铺等附加税维持。

新教育体制下,省内最低等的教育机构是初等小学堂,各市镇普设,教授中文和简单算术。入初等小学堂学习,必须通过简单的考试,有人担保,品行良好并完成学业。高等小学堂,每县一所,课程与初等小学堂相同,只是水平较高一些。再往上是府中学堂,教授中国经典、数学、地理、中外历史、基础科学,以及英语和日语等课程。府中学堂毕业后有资格入设在杭州的浙江高等学堂,该学堂聘有3名外籍教师,教授与府中学堂相同科目的课程,但水平要高得多,同时加设德语和法语。学生毕业后授予举人头衔。

有2所师范学堂,毕业生首先被聘用为教师,逐渐取代了外籍——主要是日本籍教师。

杭州还开办了下列专门学堂和技术学堂,计有商业学堂、农业学堂、艺徒学堂、巡警学堂和法政学堂,这些学堂都是由政府全部或部分出资建立的。

下列几所主要学堂授予毕业生相应不同头衔:

浙江高等学堂（Cheking High School） 举人
高等师范学堂（Teachers Higher Training College）举人
初等师范学堂（Teachers Lower Training College） 副贡
法政学堂（College of Law and Politics） 副贡
巡警学堂（Police School） 举人或巡官

女子教育已不再被视为多余的事情。政府开办了女子师范学堂,有许多女子私立学堂,其中著名的是女子工艺学堂。兴办女子教育的结果是现在女子中能读书写字的人已占很大比例,而几年以前,极少有女子识字,事实上,那时女子识字简直就是奇事。

官立学堂浙江本地学生不收学费,外省籍学生象征性地收取一点。食宿、服装、课本等费用,由学生交纳。

各教派的传教士开办的学校作了很好的工作，但限于篇幅，不能一一详述。广济医学堂（Dr. Main's hospital in Hangchou）的学生被浙江军队聘用为外科医师。

4. 宁波 （Vol. 2. P. 65—66）

本十年中宁波的教育取得了巨大进步，开办了大量各级各类学堂，各地的人都非常渴望送自己的孩子去学习西学。成百上千的年轻人学习英语，在年轻一代人中，英语迅速取代了迄今为止传统中国文人心目中至关重要的中国经典的地位。过去浙江很容易见到的好书法，现在要付费才可以求到。所有阶层的人似乎一直认为学习毛笔书法是浪费宝贵的时间，而毛笔书法不久以前还是读书士子的必修课。英语战胜了《四书》，数学战胜了书法。现在，在浙江找一位优秀的传统中国学者，就像十年前找一位操英语工作的本地人一样难。即使在本省内地一些相对小规模的学堂，英语教师也拿很高的薪水，供不应求。然而，许多英语教师都是年轻人，他们曾在教会学校里学过基础英语，并不胜任他们所拿薪水的工作。

1903年建了两所学堂，一所是罗马天主教会建的毓才学堂，一所是由浙江绅士捐助资金建的益智学堂。目前这两所学校未招生，毓才学堂由于教学困难关闭了，益智学堂据说被海军部改作培养海军军官的学堂。

1906年，英国圣公会建了一所优良的大学堂，可招生90名，1910年扩建为可招生140名。理科硕士瑞德芬先生（H. S. Redfern）担任校长。该学堂课程开设齐全，十分受求学者欢迎，从无招生不足之虞。学费根据学生是否信仰基督教而不同，信仰基督教的每年62元，不信仰的每年72元。

上述学堂之外，苏州还有两所完全由当地政府开办的重要学堂：中学堂和育德学堂。另外，为了培养教师，开办了师范学堂,为了培养法律人才,开办了法政学堂。

上述所有学堂都是这十年间开办的。较小的学堂,全省城乡各地到处开办,多得难以计数。

5. 温州（Vol. 2. P. 77—78）

艺文学校是温州城里一所令人赞叹不已的学堂,有80名学生,其中35名是非住校生。该学堂有一名外人校长,10名中国教师教授各专门课程。清政府规定外人管理的学堂里的学生不能参加科举考试,限制了这所学堂的生源。学堂开设中国经典、伦理、国文、历史、数学、几何、博物、化学、基础物理、英语（语法、文学、会话）、体操等课程,

1902年,皇帝谕令全国普遍开办现代学堂（实为1901年9月25日——译者）。温州、平阳（Pingyang）、乐清（Yotsing）、大荆（Taching）等县和玉环（Yühwan）厅由此开始兴办现代学堂。由于没有限定方式,学堂没有初、高等之分。

年复一年,学堂越办越多,省里决定成立劝学所,1907年在两个府内（应指温处道辖下的温州府和处州府,温处道驻温州——译者）开办学堂200余所,政府每年出资10万元。由于没有新学教师,开办了一所培养小学堂教师的师范学堂。该学堂于1908年招收200名学生,有教师12人,其中多数为从日本归国的留学生,他们精通母语、国史和古代典籍。在温州师范学堂建立之前,开办了两所中学堂,一所在温州城里,一所在瑞安（Juian）县。1911年,温州的中学堂有学生307名,教师23名,杭州府支持经费18000元。中学堂教授国语、讲经读经、修身、历史、英语、地理、地质、博物、数学、物理、化学、体操、军训等课程,大部分教师是在日本从西方翻译的教科书中学到的新学。

1903年,开办了两所工艺学堂,一所学习育蚕,一所学习

土法纺织,此外还学习一些有用的课程。由于缺乏经费,限招120名学生,限聘15名教师。

本地大力创办初等学堂,现有初等小学堂209所,学生7912名,教师715名。教师大部分毕业于现代学堂,有适当的教科书。据说教育取得了十分令人满意的进步。

自1906年以来,共计开办了11所女学堂,学生总计769名。由于缺乏经费和称职的女教师,阻滞了女子教育的发展。温州人很保守,只有较大年龄的女孩才允许上学。温州和周围地区居民正在酝酿建立幼儿教育体制。

6. 三都澳（Vol. 2. P. 87—88）

遵循1902和1905年的上谕,本地在教育改革方面做出了极大努力。福宁开办了4所学堂,即附设师范班的中学堂和3所小学堂,总计约25名教师,250名学生。此外,都柏林大学会(Dublin University Mission)办有男、女学堂,男学堂60名学生,女学堂80名学生。但是,福宁没有专门学堂和实业学堂。福安有2所官立小学堂,9名教师,120名学生。福安还有4所公立小学堂,政府每年每所学堂补助40元;一所初等商业学堂,100名学生,以咸鱼税为常年经费。宁德有一所官立小学堂,5名教师,50名学生,也有4所公立小学堂,150名学生,政府每年每所学堂补助50元。教育经费由旧教育捐资、学生注册费、寺庙捐以及各种货物的特别税等维持。小学堂的课程有修身、算术、历史、地理、绘画、体操等,有的学堂开设国文和英语。中学堂在小学堂课程的基础上加设博物、代数和化学,福安的商业学堂加设簿记。

7. 福州（Vol. 2. P. 96—97）

教育问题,尽管各方面进展不一,但它是本十年中取得显著进步的事业之一。早期对西学和新思想的敌视大多都不见了，人们开始对西学和新思想持欢迎态度。虽然一些教会学校的学费十年间翻了一番，但是稳定的上学需求仍使教会学校的校舍不敷应用。教育在教会工作中的重要性，可以从福州的一个教会每年收入的45%用在教育事业上判断出来。各教会已着手建立一个体制，要用初等教育支撑高等教育。有些初等学堂的学生数已经是上个十年的四倍，有些高等学堂年年爆满。高等学堂一般进行大学预科教育，而神学、师范、医学等学堂则进行专门训练。本十年特别值得注目的是女子教育，现在福州有1000名女孩在校读书，其中4/5在教会学堂。各教会感觉到他们的工作受到了土地和校舍的限制，由于教师短缺，不得不拒绝一些人入校学习。他们吸取本十年的经验教训，现正在努力进行协调和调整压缩。至于政府和地方绅士们创办的学堂，福州的情况与全国其他地方类似。1905年上谕鼓励新学、废除科举。许多新学堂一边教授西方语言和科学，一边教授中国经典。为进行新式教学，聘用了外籍教师，购买了昂贵的仪器。但不幸的是，有理由相信学堂的管理和纪律方面的弱点，削弱了官立学堂的效率。辛亥革命期间的激昂情绪和骚乱，打乱了教育改革的进程，半年多时间，许多官立学堂都关闭了。本十年的末期，教会团体——主要是美国教会，花费100万元在兴建新的初、高等学堂校舍。

8. 厦门（Vol. 2. P. 110—111）

主要教育机构：

同文书院，建立以来不断完善。该书院1902年建于厦门岛虎头山，有600名走读生，200名寄宿生。1903年，首次对这些学生进行初、中等课程考试。现有26名学生通过了初、中等课程考试，69名只通过了初等课程考试。该书院是本地教育机构中学生数最多、最繁荣的一处。1911年,学习年限从7年增至9年。

英华书院,稳步发展,办学经费主要来自国外捐助。

东亚书院,由于缺乏经费,1909年关闭。是年初,日本人开办了旭瀛书院。

厦门女子师范学校,1906年4月26日开办于鼓浪屿,经费来源为私人捐款、学费、创办者捐献基金的利息等。

官立中学堂,1906年9月创办,分中学、高等小学、初等小学三部。创办之初学生60名,1911年在校生215名。教授生理学、历史、植物学、国语、数学、体操、修身、地理、音乐、绘画、英语等课程。初等小学和高等小学学制4年,中学学制5年。该学堂位于玉屏书院旧址,除学费之外,出租玉屏书院地产充作经费。

公立中学堂,1907年9月开办,学生38名,1911年增至120名,教授课程与上述官立中学堂类似。

八所小学堂和一所商业学堂,1907年至1911年间开办。这些学堂教授的课程有历史、地理、修身、格致、讲经读经、体操、图画、国语、算术、英语、音乐等。

除上述教学机构外,这十年间还创办了大量私立小学堂,以及许多男、女教会学堂。

9. 汕头 (Vol. 2. P. 127—128)

回顾过去十年间的各种变化,没有比中国教育体制的变化更显著的了。旧的求知之路是学习文言经典,那是一条狭窄曲折的求知之路,最初意味着平等,而实际上却走向寡头政治,只有利于极少数人。这条路现在突然被舍弃了,一条新的求知之路正在开辟,这条新的求知之路有着无限广阔的前景。这条求知之路的目的在于迅速获取各种实用知识。迄今为止,这条新的求知路尚有隐忧。在今天的中国,外国知识意味着力量,但却经常犯忽视基础教育的错误,认识不到健全的基础教育才是进行各项高深研究的必要条件的事实。下面摘自儒家经典的这句话,从古至今,都是确定不移的真理:"君子之道,譬如远行必自迩,譬如登高必自卑。"

由于汕头地区是自然的中国最大侨乡,当地居民中有大量归侨,因此过去数十年间这里的人们熟悉一些西方的风气,也许正是由于这一原因,潮州府旧时拥有捐赠的大量地产的著名学府金山学堂,成为第一个修正教学内容的旧式学堂。撰写这份报告时,该学堂教授的课程已包括基本的中国教学科目、通俗国语、算术、历史、地理、天文、化学、英语、体操等。现有住校生约80名,学费每月20—30元。学习时间每天9小时,学制6年。

汕头不久前开办了另一所很好的学堂——岭东商业学堂,它的前身是上一个十年报告中提到的岭东同文学堂。据说该学堂生源踊跃,有时达300人之多。正如这所学堂的名称所显示的,它是一所专门学堂,因此学习科目受到限制。每周上课36小时,学制三年。这所学堂没有自己的基金,学费很少,据说经费每年6000元,相当于金山学堂的一半,由官员和商人捐助。这所学堂与本地区其他学堂的命运一样,因为1911年11月的革命关闭了。

除了上述两所学堂,潮州还有一所师范学堂,一所农业学堂。前者是惠州、潮州、嘉应州联合开办的,后者聘用了两名日籍教师。关于这两所学堂,没有可利用的详细情报。

辛亥革命前,本地区各地也开办了大量小学堂,教授现代课程,但由于缺乏资金和称职的教师,阻碍了这些学堂的发展。所有这些小规模的学堂中,或许可以说仅汕头、潮阳、揭阳三地的女子学堂办得不错。

所有上述提到的学堂,都是由中国人发起创办的。

教会学堂中,汕头美国浸礼会协和学堂和女子中学堂(American Baptist Union College and Seminary at Swatow)依然办得很

好。1906年开办了一所新学堂——英华学校（Anglo-Chinese College），由英国长老会管理，该学堂的地皮和校舍总价值40000元，是由当地和海外华侨捐献的，其中20000元为现金。英华学堂有5年制小学和3年制中学，中学毕业后可顺利进入大学学习。该学堂特别注重英语教学，其目的只是为了提高教育质量。中文课程在全部课程中占很大比例，小学大部分用中文讲授，中学安排一定时间学习中文，但其他课程都用英语授课。课程包括英文写作、数学、博物、历史、政治学等。现在有2名英国教师和6名中国教师，目前学生70名，全部寄宿。作为基督教教育机构，该学堂开设宗教课程。

10. 广州（Vol. 2. P. 148—149）

过去十年间，广州开办了下列官立学堂：

学堂名称	学生数（1911年）
法律学堂	600
特等学堂	80
英文学堂	544
高等工业学堂	200
译学馆	219
蚕业学堂	70
优级师范学堂	320
初级师范学堂	100
中学堂	750
高等小学堂	760
两等小学堂	268
次等小学堂	784
贫儿识字院	1500

为了培养农业、工业、商业方面课程的教师,最近又开办了三所学堂,尚不了解这些学堂的学生数。所有学堂都归前任总督岑春煊1903年设立的学务处监管,学务处现改名为教育司。教会教育工作不断扩展,教会学校中最重要的是岭南学堂及其附属学堂。1904年,该学堂迁至现在珠江下游6英里处的康乐(Honglok),当时学生57名,1911年在校生216名。

11. 九龙(Vol. 2. P. 163)

新安县教育设施缺乏,落后于其他各县。1907年,新安县治所南头开办了一所官立学堂。这是一所中英文学堂,200名住校生,学费每年36元。该学堂是当地著名学堂,生源充足。两年前,孔教信徒展开竞争,香港的孔教会捐资在南头开办了一所小规模的学堂,称为南山小学堂(Elementary Nanshan School),有50名学生。去年,Shatowkok地方开办了一所初等小学堂,60名学生;据报Shumchün和Lowu地方开办了一些私立学堂。所有这些学堂都或多或少地按新式学堂规则办学。在有些地方,也有旧学出身的教师开设私塾,但使用的是新教科书。这十年间,香港的教育有了相当进步,但关于香港教育详细情况和英皇香港大学的建立情况,提请读者参阅香港政府的出版物和海关年度贸易报告的有关部分。

12. 拱北(Vol. 2. P. 174)

住在岛屿上的渔家孩子没有上学的机会,但近些年来,香山县已经开办了初、高等小学堂和中学堂,使900名男孩和70名女孩入学堂接受教育。大部分学堂都是公众捐资设立的,由村里的长者和绅士予以良好的监督。初等小学堂只学中国课程,通常每个学堂40名学生;高等小学堂和中学堂各有90—120名学生不等。高等小学堂和中学堂教授中文、英语、地理、历史、图画、体育、修身等课程。这些学堂中开办最早的是 1901 年在前山（Chienshan）设立的学堂，现有在校生 127 名，其余学堂则先后开办于 1906—1908 年。中学堂是一所男校，1906 年开办于石岐（Shekki），两年后开办的女子师范学堂，拥有最好的教育设备。这些学堂的学费，初等小学堂平均每生每月 1 元，高等小学堂及其他学堂每生每月 2 元。此外，在湾仔（Wanchai）和安航（Anhang）还有家族开办的一些小规模学堂，上学免费。香山的天主教会也开办了几所学堂。澳门有 2 所为中国人开办的学堂，一所是澳门当局开办的，另一所则是私人捐资开办的。澳门还有一所圣约瑟神学院（St. Joseph's Seminary），培养中、葡神职人员；一些基督教新教学堂，只招收他们的子弟入学。

13. 江门（Vol. 2. P. 188—189）

虽然有许多为人称道的学者，但由于和其他地区的情形一样，教育不是强制性的，而是随个人意愿，这一地区的普通教育还是非常落后的。在城镇，能读书写字的男人或许占 50%，但农村这一比例就低多了。过去十年间，女子教育确定无疑地受到了重视，虽然女孩子大都是在家里读书。这里无论城镇还是农村，大部分学堂也许可以称之为家族学堂，由一些家庭的祭祀基金创办，辅以捐助支持，这种学堂里的学生都是某一特定家族的子弟，但并非普遍把族祠作学堂用。除家族学堂以外，还有一些民立学堂（原文标注中文如此，Public Schools，一般称这类学堂为"公立学堂"——译者），但官立学堂极少。本地区最好的一所学堂是新会的西南学堂。该学堂为外国风格建筑，有 200 名学生，10 名教师，据说每年有 7000 元收益。外国教会开办学堂，仅是过去几年间的事情，而且都是初等教育，与官立初等学堂教学内容相仿。香山现有三所教会学堂，都在石岐城里。其中一所男学堂，是加拿大长老会开办的，22 名学生；另外两所是女学堂，一所是英国圣公会（the Church Missionary Society）开办的，20 名学生，一所是加拿大长老会开办的，63 名学生。新会县有德国信义会（Berlin）、美国浸礼会和加拿大长老会三个教会做教育工作。德国信义会在新会城里开办了最早的女学堂，30 名学生。美国浸礼会在新会县的江门和古井开办了 3 所学堂，注册学生 179 名。加拿大长老会在新会开办了 8 所女学堂，学生 157 名；3 所男学堂，38 名学生。加拿大长老会还在江门开办了一所寄宿男学堂。

14. 三水（Vol. 2. P. 200）

过去十年间，新式教育日益推广，三水县各城镇和乡村一直在开办新学堂，最引人注目的是三水县城。1904 年，行台书院改为三水高等小学堂。该学堂常年在校生 100 名，开设读经讲经、历史、地理、算术、图画、地方官话（mandarin dialect）以及英语等课程。学制 5 年，合格毕业者授予"生员"名分。这些新学堂还有一些显著的革新举措，像开设军训、体操课程，学生统一着装，整齐划一。

15. 梧州（Vol. 2. P. 211）

过去六年间，本港各个阶层都一直热情地谋求按照西方模式兴办教育，建造了宽敞的现代学堂，甚至不惜毁掉他们崇奉的偶像，把寺庙改造成学堂。1905 年，地方官员和绅士联手建造了 9 所公立学堂，可容纳学生 800 名，所需经费是特别筹集的。然而，1911 年底，关闭了两所。剩余的 7 所小学堂，600 名学生；一所师范学堂，120 名学生；一所中学堂，400 名学生；一所女子学堂，80 名学生。小学堂教授国语、英语、历史、地理、修身、算术、格致、地方官话、图画、中文写作等课程。体育受到格外重视。

16. 南宁 (Vol. 2. P. 232—233)

这一偏远地区的农村人以前不渴望读书。大的乡村和市镇里的孩子，其初等教育是通过私人教授，或者是在一个小私塾里学习。1902年后不久的改革运动，使人们开始渴望接受较高等的教育。1907年，南宁设立了5所初等学堂，一所中等学堂，一所师范学堂。1902年，法国圣母会在永安州附近用1898年被杀的一位罗马天主教传教士的赔款，创办了一所学堂。1908年，开办了一所大型中学堂，同年开办了一所女子学堂。1910年，南宁有18所初等学堂和中等学堂，其中有4所实业学堂和一处夜学堂，男女学生总计1600名。南宁府有132所初等学堂，在校生6000名。这些学堂教授中外课程，外国课程比重不是很大，计有英语、算术、初级地理，以及少量化学。所有学堂都设体操课。1909年，举办了首次学校运动会。1910年，举办了一次学堂器具展览，其中大部分是日本制造的。1910年4月，师范学堂罢课，在军队的帮助下才得以平息。1911年，在这场政治骚乱趋于平静不久，所有学堂的很多学生都不到学堂上课了，1911年底所有官立学堂都关闭了，教师都解雇了。随着政治秩序趋向好转，人们期待所有学堂重新开办，同时希望原来学堂里那些精通业务的教师能再回来教课。这一地区男人依然有90%没有文化，能读书写字的妇女所占比例微乎其微。南宁没有公共图书馆。

17. 琼州 (Vol. 2. P. 246—247)

美国长老会在琼州开办了两所学堂。职员学堂（Paxton Training School）位于琼州城外，为中国儿童和成年男子进行初等和中等教育，教授中外各种课程，包括地理、历史、数学、秘学（occult science，似应为化学或当时作为物理、化学等学科总称的"格致"——译者），也开设一些国文和英语课程。学生要求做体操和进行军训。每年学习时间为9个月。1911年约45名学生,大部分住校。

私立匹谨女子初级中学与职员学堂一路之隔,建筑非常漂亮,可提供80名学生食宿。该学堂现有53名学生,都是成年妇女和14岁以上的女孩。该学堂只招中国学生,课程设置完善,包括英语和国文课。所设课程相当于西方的中学程度,可望不久即开设大专课程。

大约三年前,在琼州美国长老会学堂附近,开办了一所官立中学堂。去年,开办了一所兼有数个学科的官立实业学堂。在海口(Hoihow)以西76英哩的儋州(Tamchow)、那大(Nodoa),美国长老会创办了一所男学堂,分初、高等两部。该学堂是这一地区唯一一所高等小学堂,招收乐会(Hakka)、儋州、临高(Linko)以及讲方言的海南人子弟入学,但学堂里使用的方言是地方官话,开设所有高等小学堂课程,并让学生在学堂附设的电灯厂里学习实习技术。另外,也教授少量英语课程。学生数保持在80—90之间。那大还有一所女子学堂,是为教徒家的女孩子开办的,使用方言教学。文昌(Kachek)有所学堂已经开办了8年,该学堂的特别之处是招收的学生都是成年男子,他们都已经有了很好的中国学问根底,由于愿意学习英语和数学才到这所学堂学习。这样一来就使得该学堂的学生数极不稳定,最低时15人,现在约40人。进行军训和举办田径运动会(track meets)一直是该学堂的显著特色。学生杰出的英语水平是找工作的一大优势,即使在一些大地方的学堂找工作也不例外。

18. 北海(Vol. 2. P. 259—260)

本省这一地区教育一直落后。这一地区的人缺乏约束机制,偏好争斗。持续不断的反权威的争斗使人们一直处于不安状态,难以形成想学知识的风气。本地没有能读书写字人的统计数据,但我认为这一比例要比广州周围地区少得多。当然，在旧教育体制下，这里也举行府试，许多人获得了秀才的头衔，但是，这种头衔是本省各府中获得比例最低的，而且这周围有秀才头衔到广州去参加乡试的人，中举的极少。在这样的情形下，很难期望人们有欢迎新学的热情。结果，教育改革之初，就遇到了因经费缺乏而无法兴办新学堂的困难。新教育体制要求每个村庄、市镇、城市都要兴办小学堂，每个府城要兴办一所中学堂，此外要开办高等班，开设师范学堂以培养教师。城市里的学堂应由官方开办，经费由旧书院基金、某些寺庙和祠堂资产以及特捐等支付。市镇和乡村里的学堂，由地方自行设法开办经理。廉州、钦州、灵山城里，以及有的市镇和一两处乡村，已经建了新学堂。钦州还有一所中学堂、一所师范学堂、一所法律学堂和一所农业学堂，有3所小学堂。小学堂顺利毕业获得知府颁发的证书，可升入中学堂。这些学堂开设的课程有：修身（self-cultivation）、读经讲经、历史（包括中国和日本以及西方国家）、图画、中外地理、算术或代数、英语、博物、林学、矿学、卫生学、化学、法律、政治经济、音乐、体操等。小学堂和中学堂开设课程科目一样，只是小学堂讲授基础性的知识。中学堂毕业后想继续学习的学生，要参加知府监督的考试；通过考试的赴省城参加提学使组织的考试，获得提学使颁发的合格证书者，可入大学堂学习。

19. 龙州 （Vol. 2. P. 269—270）

在促进教育发展方面取得了相当进步。本地区现在包括一所夜校和两所女子学堂在内，已有近百所现代学堂。现代教育呈现了光明的前景，有些教师在日本完成了学业，其余则是在广东和桂林完成的学业。要想获得比本地提供的基础教育更多的教育，必须到外地求学。1907年，开办了一所法律学堂，但后来该学堂转移到了省城。本地还建立了军事学堂，教师中有相当一些是日本教官（后来也转到了其他大城市），应该说军事学堂在本地军事教育中扮演了重要角色，这里新军军官都是军事学堂毕业的。

20. 蒙自（Vol. 2. P. 284）

1902 年，云南在当时教育体制下除了教授中国经典的教育机构外，仅有两所学堂，一所是教授英语和法语的学堂，另一所是军事学堂。

然而，1902 年以后，云南在建立现代学堂方面取得了巨大进步。1904 年，开办了一所一定程度上仿照西方模式的高等学堂，翌年，开办了一所十分类似于日本的初等学堂。

云南的教育改革在缓缓起步之后，进步迅速。1907 年，开办了师范学堂和中学堂；1908 年，云南府开办了农业学堂和蚕业学堂；1909 年，云南府设立了女子师范学堂、法律学堂、工艺学堂、商业学堂和一所新的军事学堂。除了这些中国人开办的学堂以外，法国政府在云南府和蒙自办有教授法语的学堂，罗马天主教会也开办了一些学堂。这些是云南省城的大致情况。

至于说云南全省的情况，大理府、蒙自县、普洱府、昭通府、丽江府以及各州城和县城，都开办了师范学堂，更重要的是各地都开办了多少不等、成效不一的各种男、女学堂。

现在所有学堂都免费上学，云南府中等学堂的一些专门科还免费提供伙食、服装、课本等。云南府中学堂的教师尽可能限用云南人（很多情况下做不到）。薪水头等每小时 2 元，依次递减为 1.5、1.2、1 元，女子学堂为每小时 0.8 或 0.6 元。普通学堂的教师按月聘用，每月 17 元。

全省教育经费预算 300000 元。

幼稚园以上的学堂男女分校，女子学堂日益增多。

上述学堂开设的课程有国文、数学、修身（rule of moral

conduct)、体操、历史、植物学、地理、动物学、图画、音乐、矿学等。各学堂根据各自的办学目的，所开课程有所不同。

到目前为止，新式学堂的毕业生大多数从事教师工作，也有相当一部分受聘在政府部门工作，但很多人则去了外地继续求学。

很难估计出全省的学生数，省城全部在校生可达7000人。

21. 思茅（Vol. 2. P. 298—299）

1907年，地方当局在思茅设立了劝学所，从当地绅士中选取视学员，训导检视各自所负责的学堂。各类学堂数如下：

一所两等小学校，四个班（两个初等班，两个高等班），一名学监，5名教师，在校生173名，开设国文、历史、地理、算术、物理、图画等课程。

8所初等小学，每学堂一名教师，学生总计311名。

一所初等农业学校，50名学生，一名教师，开设蚕桑种植、养蚕法、作物论（analysing plants）等课程。

上述所有学校均由当地政府开办和提供经费。

22. 腾越（Vol. 2. P. 310）

中国这一偏远角落缓慢地开始了改革。1910年以前，腾越首先开办了现代官立学堂（Government Free Schools）。已建学堂也许不敷应用，正在计划扩展新教育体制。

腾越现在有4所简易识字学堂，孩子们在那里学习认字；3所两等学堂，一所高等小学堂。高等小学堂有70—80名学生，年龄在13—20岁之间。还有3所女子学堂，上学的很多。令人愉快的是女子学堂鼓励女子尽可能放足，在街上可看到越来越多的天足女孩。

扬州辛亥吟

许幼樵 著　吴善中 整理

说明：许幼樵，扬州人，字午，又名庆曾，号十石室主人，画家，园艺家。生卒年月不详，大约生活在清末民初。善诗文，著有《扬州辛亥吟》、《十古怪》、《十不全》等。《扬州辛亥吟》为扬州市图书馆馆藏抄本，毛笔行草书写。该篇以诗歌的形式，叙述了扬州光复充满曲折与斗争的全过程，披露了一些鲜为人知的史实。

　　　　武昌风动普天春，宇宙重光日月新。
　　　　一自义旗高举后，浪掀潮涌卷胡尘。
清季政治窳败，丧权辱国，人民仇满。辛亥八月十九日，武昌首举义旗，天下响应，风起云涌，清祚遂亡。
　　　　汉帜纷纷树若林，浙黔淞沪贯珠音。
　　　　名城原不居人后，大义昭昭激众心。
武昌首义后，未及匝月，各省次第光复。陈其美先任沪军都督，宣布独立。江苏巡抚程德全于九月十五日反正。是日，浙、黔两省，亦已光复闻。扬城人士亦义愤填膺，群情激动。
　　　　学子莘莘载笈回，山鸣谷应若惊雷。
　　　　书生造反凭空手，孤掌无声大志灰。
吾扬旅外学生，络绎返里，遂组旅外学生队谋策应，商诸两淮师范校长叶惟善，借用步枪，被拒。奔走呼号，卒难遂志。
　　　　满地白银成想像，合（读如革）条性命解非真。

书痴论史歌汤武,巷议街谈百态陈。

里巷议论纷纭,有想像湖北起义后白银满地者,有谓革命定义系全民合一条性命者,而二三学究则晓以汤放桀、武王伐纣之事,眉飞色舞,称道不置。

敌前敢死播先声,吞弹摧锋一跃轻。

市井纷纷谈义烈,语虽荒诞见心倾。

市井无识者流,侈言革命党人能吞弹入腹,遇敌时纵身一跃,人弹齐炸。闻者为之惊叹。

苏常底定镇江平,欲曙芜城晓色明。

枉为清江十三协,南来溃众几回惊。

继苏州之后,常州于十六日由何健、镇江于十七日由林述庆已宣告光复。先是镇江林都督,经镇江商会长于立三联系吾扬商会长周谷人,策划光复扬州事。谷人乃于十七日晨派人渡江,表欢迎之意。时清江十三协先期兵变,谣传溃兵将南下,连日城乡饱受虚惊。

商人重利亦多谋,自卫团防夜不收。

日暮家家传蜡烛,手擎高挑上城头。

自湖北揭竿以后,风云日亟,绅商方尔咸、周谷人等筹组自卫团,各界推谷人为团长,全城户出一人,各备红字灯笼,分区编队,编成二十四队,计一万六千人,夜间巡哨。

风雨飘摇太守居,客来掉舌计全疏。

非关故主酬忠荩,攘臂还思再下车。

尔咸、谷人往说知府嵩峋,劝以出巡属县,离扬暂避。嵩曰:"我但求党人不害民,如有用我者,我将尽保境安民之责,不用我,然后去。"尔咸等语塞。嵩,旗人也。

活财神亦畏风沙,自保须臾拂乱麻。

职守无他惟宝藏,且将铁炮架官衙。

两淮盐运使增厚,亦旗人。当谣诼纷纷之际,在署门内架炮自卫,居民见状,咸惶惶然,惊恐不安。尔咸、谷人复偕士绅李石泉举人、大德盐公司经理戴孟瞻调增厚,劝以安定民心,炮乃撤。

　　　　高衙鼓乐渐凄惶,仪仗连朝偃道旁。
　　　　悄挈妻孥怀佩印,宪台到此亦逾墙。

十七日午后,增厚携眷属、怀印信,微服越后墙,悄然出走。

　　　　格格枪声入暮稠,定营散卒似貔貅。
　　　　库空册籍存何用,恰与江山一笔勾。

午后五时余,原驻城南静慧寺定子营王有宏部一部士兵,突然入城,鸣枪示威,冲入运署,破库洗劫,元宝、散银满地,册籍零乱。事后知为冒充革命党人之孙天生所嗾使。

　　　　风流云散走天涯,乌合真同向暮鸦。
　　　　怀宝方知身负重,相将扶上独轮车。

变兵劫得库银后,纷纷自散,惟以负重难行,遂命独轮车代步,二人合乘,驱往郊外,经行街市,为平时罕见之奇景。

　　　　人言啧啧总含颦,取不伤廉且逐贫。
　　　　贡士解元非爱宝,傥来偏是雪花银。

尔咸,字泽山,乙丑科解元;谷人,名树年,丁酉科拔贡。此际运筹奔走,奠乡邦磐石之基,人皆礼重,然亦多有微言者,岂空穴之风欤?

　　　　狴犴无灵世运更,不羁群马任纵横。
　　　　樊笼脱后形应敛,环珮丁当尚作声。

入晚九时许,江、甘两县狱囚,破狱门呼啸而出,镣声震动全城。自卫团逐段驱送,出南门自散。

　　　　忽传都督入南关,天外身披素锦还。
　　　　一骑驮来银宝塔,居然宛似赵常山。

同时,突有定子营武装士兵四五十人拥一人,身缠白绉,自顶至踵，乘马由南关而入，自称都督孙天生，直至运署，俨若从空而降。仓卒间，市民不知底蕴，群出欢迎，士绅亦有趋往周旋者。

　　　　从风人比乱鸦飞，还我河山署白旗。
　　　　桂令当街呼禹令，马前听命莫相违。

尾随孙天生骑后者，人类不一，形形色色俱备，有乘马随行者五六人，中有江都知县桂聚庆、警局巡长某，杂以绿野茶社之店主，士兵持有"光复大汉"、"还我河山"之白旗各一前导。甘泉知县禹嵩龄遇诸途，当街叩头如捣蒜。

　　　　官署仪门彻夜开，市氓交臂卖痴呆。
　　　　忽闻马上传新令，许尔蚩蚩发小财。

孙至运署，号召于众曰："署内家具什物，尔等随便搬取。我发大财，尔等发小财。"于是附近贫民群趋争取，虽门窗地板，亦一扫而空。

　　　　诘旦欢声动四民，家家裁锦制旗新。
　　　　巷居也识共和好，玉版名笺白手巾。

十八日晨，全城悬白旗。辕门桥一带，锦制、布制不一，僻巷中则以白毛巾或故纸代之。

　　　　走卒庖丁共卖拳，公差一二与钩援。
　　　　人才独数三呆子，文告能书汉纪元。

孙之党羽有甘泉快头袁德彪、毛坤与教场口卖拳之刘癞子、小东门塑佛之夏菩萨、东关削竹筷之谢大瓜、卖膏药之夏恩培、业古董之尹祺祥及厨司陈长林等，而人才以警局文牍黄石岩为杰出。孙之文告书"大汉黄帝纪元四千六百年"，印文为"扬州都督孙天生之印"，系出黄石岩之手。三呆子，黄之绰号也。

　　　　东阁延宾纳缙绅，群情望治待披陈。
　　　　谁知觌面无多语，不问苍生问课银。

尔咸、谷人、石泉等会见孙于运署，正在陈述舆情，请布政纲之际，孙忽问曰："库存盐课究有若干？"尔咸等答曰："原有二十余万两，除拨借与安徽省五万两移存老库待运，昨晚已经定子营士兵劫成空库外，其余已先期悉数解运南京两江总督张人骏处。"孙愕然曰："是将奈何？我正欲以此库银发军饷。"尔咸等相视默然，乃辞退。

　　军民财教治从头，庶政维新费运筹。
　　筑室道旁朝复暮，不闻成议布新猷。

早晨，孙派代表巡长某，召各界在商会开会，语多含糊，对群众质询，答以请示都督后再宣示。晚间又会于甘泉县署，忽闻报城外匪警而散，众皆失望。

　　有识怀忧心击撞，驰书告急向邻邦。
　　交融公谊兼私谊，名士联翩鲫过江。

至是群情惶急，惧有他变，推由阮文达之曾孙慕伯与戴友士等携谷人致林述庆之告急书渡江，促其迅即光复扬州平乱。

　　侈言筹饷运良方，止沸先扬五鼎汤。
　　不烂舌犹三寸在，定危妙计有周郎。

周咏台受众托，访孙之代表于运署，饵以筹饷之法，谓数十万金不难立致。孙乃大悦，后周为第二军副官长。

　　秦廷不用哭声哀，拯难扶颠宇量恢。
　　夜半城南烽火举，舳舻知已渡江来。

慕伯、友士等在镇江三益栈获见林述庆。林正上马出发，立派江北支队司令李竟成会同徐宝山光复扬州，指派宝山组军政分府，以边振新为敢死队指挥，星夜北渡。十九日夜，南门、缺口城外两处柴篷起火作信号，宝山等遂至。

　　惊猜难免路临歧，扑朔迷离两不知。
　　莫把英雄轻草莽，扪胸片语释群疑。

徐本盐枭，庚子年由南通张謇保举，经两江总督刘坤一招降，编为缉私营。至是有纠众责难于谷人者曰："孙是假革命，子知徐为真革命乎?"时慕伯排众捫胸而言曰:"徐苟害民,吾愿以身家性命偿之。"群疑遂释。

　　　　军容鼎盛虎威张,况有先声姓字扬。
　　　　千里江淮资保障,肆筵端合教军场。
　徐军既到扬,绅商各界在教场设筵犒劳,宣布军政分府辖境,仍旧制扬州府八属各州县。
　　　　麾前号令重如山,列职分曹各就班。
　　　　开府恰宜场运局,印如斗大已先颁。
　二十日黎明,建立扬州军政分府于洪水汪徐之私邸,发布镇江都督布告,扬分府初隶镇督管辖。至午,革命党上海机关部派张水天送到印信一方。午后二时,徐复召集各界会议于左卫街淮南场运局,众谋金同,设分府于局址内,徐为军政长,边振新为支队司令,方柳江为宪兵司令,原扬州营参将刘永兴为城防营管带,原城守营守备夏松年为帮带,朱葆九为卫队营管带,李鼐为北伐先锋队司令。

　　　　欲乘今时不顾身,风威一霎散微尘。
　　　　烟花馆里藏身稳,却怕无私铁面人。
　宝山下令搜捕孙,孙从教场口逃脱,匿多宝巷唐姓花烟灯上,旋为得胜桥铁匠王德林告密就逮。德林,孙之党羽也。

　　　　天生不是悟空孙,一索成擒惨暮猿。
　　　　得失不逾旋踵顷,窖金又发广储门。
　孙就擒后,被押赴广储门樊家园菜田内,发掘赃银。

　　　　铁索郎当舆一肩,叫哮犹听六街前。
　　　　三天皇帝成何事,知不衰清三百年。
　孙既就逮,军士雇小轿一乘,载送分府。孙在轿中大呼曰:"为人要做大丈夫,我也在扬州做了三天皇帝,谁敢说个不字。"

　　　　黄堂阶下作新囚,缓颊何人敢出头。
　　　　还仗昨朝游说客,轻车相送到秦邮。

嵩峋为边振新捕获，尔咸、谷人为之缓颊，并遣人护送至高邮境。

乱定间阎百不虞，海陵况已戮狂奴。
变兵散逐秋云尽，管带难逃斧钺诛。

孙天生在泰州小海、定子营变兵之管带李祖培在扬州，均被枪决。

誓扫胡氛士枕戈，将军高唱大风歌。
势如破竹师行速，指顾重光里下河。

徐军风驰电掣，迅即收复泰州、东台、兴化、盐城、阜宁等地，仅阅十余日，下河底定。在泰东，戡平刘凤朝之乱，其他各县，皆传檄而定。

宦囊曾记压轮蹄，观察归来息影栖。
推戴何须假民意，自封史例有三齐。

李石泉自立为江北民政长。清季，李曾由湖北知县过道班。退职家居，宦囊丰裕。

退衙左卫乘云轺，坐拥皋比气势骄。
数百宾僚惟啖饭，飞飞襟上白绸飘。

江北民政署设左卫街，幕僚数百人，无所事事，后裁汰至数十人。

兆民发辫一时休，无复垂垂在后头。
大好圆颅原出众，请将刀剪试并州。

一日，有浙军过扬，在辕门桥为行人剪除发辫。适李乘肩舆至，见其垂垂然尚在脑后，大哗，欲当街代剪，李允自剪，乃脱去。

九如茗社挂青丝，锦匣玻璃万众窥。
自古谁能惜毫发，曹瞒亦有割须时。

翌晨，民政长之发辫遂高悬于教场九如茶社门首之玻璃匣中，为民表率。

　　　　　争为雄长未之思，驾驭无能道转歧。
　　　　　到底虎皮谋不得，请君入瓮岁阑时。
　　李与徐抗衡，初欲驾驭徐，反为徐所制，岁终竟遭软禁，乃辞去。
　　　　　品望难求百炼金，东山谁复起为霖。
　　　　　敬恭桑梓甘牛后，千尺桃花潭水深。
　　李辞职后，徐改江北民政署为江都民政署，隶军政分府之下，群推里人汪彝伯继之。
　　　　　功成定乱决行藏，名位何须一脔尝。
　　　　　手法未妨施两面，筹谋只为饷需忙。
　　尔咸与谷人功成不居，独以筹划军饷自任。
　　　　　分工致力巧周旋，无尽军糈任仔肩。
　　　　　钱典盐商皆利薮，连番累万更盈千。
　　尔咸以豪绅结盐商，谷人以商界领袖统驭银钱典当各业，言如九鼎，故能得心应手，游刃有余。
　　　　　鹾盐巨子数萧周，深闭重门障石头。
　　　　　到此输将惟恐后，求安买静散千忧。
　　萧云谱、周扶九等咸杜门累石，惧祸之及己，至是皆乐输恐后。
　　　　　止当高悬两字书，典东无计只长嘘。
　　　　　愁城破后王朝奉，消息通灵渊跃鱼。
　　各典铁门半开，止当放赎，事定后立即复业。商会副会长王逎臣主管源裕当铺，首倡捐输，异常活跃。
　　　　　交通货币众高擎，挤兑声中比户惊。
　　　　　策备经权纷代兑，霎时风静一潮平。
　　扬州交通银行一度挤兑，行长陈冠三就各银号、钱庄设代兑处，风潮遂息。
　　　　　商旅纷纷不敢前，津梁关隘气腥膻。

　　　　　自从湾邵厘金设，道路交称老虎捐。
　　徐在辖区内整顿旧有关卡，并增设湾头、邵伯厘金，商旅病之。

　　　　　市廛谈虎亦心惊，卅六盐场旧有名。
　　　　　往事在人心目里，豆棚闲话吃私营。
　　初，徐统缉私营，除拦截私贩械斗决胜负外，多有事先联系者，私贩运盐若干石，报效若干包。部下既报功得奖，又报销子弹，弹乃售与私贩，官商交病，人称"吃私营"，至今犹窃窃议之。

　　　　　风云叱咤百威伸，面目由来尚本真。
　　　　　最是快人能快语，平生只怕正经人。
　　徐性率真，不事矫饰，尝语其部属朱立哉曰："我不怕狠人，他狠我更狠。独在正经人面前，怕他轻视我，故不敢放肆。"

　　　　　衅端永息慰群黎，瓜步年年谷似稊。
　　　　　潮落夜江斜月里，引人遥忆范公堤。
　　瓜洲沿河两岸皆圩田，商轮经过，激浪伤稼，衅端连年不息，徐为筑石堤三十里，患乃绝，人皆德之。

　　　　　底定江淮已树勋，中原犹待治丝棼。
　　　　　长驱北伐摧枯朽，赫赫声威早建军。
　　徐以响应北伐建成扬州第二军，自兼军长，辖张锦湖、方更生、米占元、杨瑞林、徐宝珍等旅，李鼎、申标等团，边振新支队，方柳江宪兵营等。

　　　　　劲旅编成若束藩，况兼拜倒在师门。
　　　　　江东弟子终无用，帮会尤多子若孙。
　　徐为青、洪两帮首领，其部队自将领至士卒，皆为同帮兄弟徒子法孙，其势极盛。

　　　　　效忠异族辫军顽，讨伐同声震宇寰。

　　　　　江浦白旗匪复远，功成一战凯歌还。

　　讨伐张勋，徐率众参加浦口之役，张北退，遂凯旋。是役，营长董开基以身殉。

　　　　　联军耀武势桓桓，敌窜长淮进犯难。
　　　　　逾月皂河酣激战，能令大敌胆俱寒。

　　旋张勋复由海州南下，图袭清江。徐派李鼐团与镇军臧在新团、沪军刘旅等编为联军，以孙岳为总司令，截击张于皂河、窑湾一带，激战月余，遂逐张出苏境。

　　　　　连番与敌共周旋，战守劳师动万千。
　　　　　奔走联合勤效力，竭忠原是好心田。

　　时徐部侦缉队长傅心田，奔走于徐、张之间，联和甚力，遂不相犯。

　　　　　一支支队镇瓜洲，肆扰闾阎极怨尤。
　　　　　一弹贯胸江水赤，好将群愤付东流。

　　边振新部移驻瓜洲，军纪废弛，徐密电李竟成，诱边于舟中杀之，解散其部众。

　　　　　难得猜疑一例袪，群言物议亦纷如。
　　　　　势分势合一弹指，留守当时倘计疏。

　　南京留守府黄兴以徐不可恃，派章梓为扬军第十一师长，以分其势，并监视之。徐拨方更生旅、李鼐团归章指挥。章又自建炮兵骆咏曾团、辎重陈受之营。旋章被江苏都督府调任军务司长，后徐遂改编其部队，继又解散李鼐团，徐势复合。

　　　　　输金市义不知休，匕鬯无惊岁月流。
　　　　　何计尽填无底壑，群商相视只摇头。

　　既逾岁，地方谧然，筹募未已，每月征议，群商多畏缩。

　　　　　名署偏悭笔一支，报功难遂建生祠。
　　　　　微因偶露猜嫌意，惹得旁人唱竹枝。

　　有倡议为徐建生祠者，谷人拒不署名，徐知之怒，里巷编唱词以讥之。

　　　　　山中呼啸好风从，坐拥雄兵百炼锋。
　　　　　北国老猿当路后，月将十二万金供。
　　自孙中山推位袁世凯以后，徐受中央统率，月供饷十二万元。

　　　　　他心向背未全知，势盛何堪震主时。
　　　　　尾大应防终不掉，危机先伏电交驰。
　　徐实昧于张勋与袁之同床异梦，而徐之势大又为袁所忌，尝欲见好于袁，电云："百万男儿，立呼即至，紧要时当与勋联合一气。"袁复电曰："至紧要时当另派得力军队以为后援，今派徐某为该军参谋长，参赞军机。"自此危机已伏。

　　　　　虎帐宵深纵论兵，军书旁午揽群英。
　　　　　彀中才士知多少，露布能教倚马成。
　　徐能下士，一时才俊，如吴次皋、吴召封、蒋太华、司马景流辈，皆至戎幕中，于次皋尤礼重。

　　　　　娘子军随上将肩，北征曾上五花鞯。
　　　　　闲来帐下耽吟咏，更写梅花拂锦笺。
　　孙阆仙能诗，尤工画梅。尝组女子北伐队，旋以南北媾和而中辍。

　　　　　珠履纷纷玉麈挥，个中有客伺心机。
　　　　　奴颜婢膝浑如昨，笑尔城狐欲假威。
　　有杨丙炎者，以显宦家奴致巨富，亦为徐门客，假其威势。

　　　　　商彝周鼎侈冥搜，日夕摩挲未肯休。
　　　　　玩物莫言终丧志，豪雄初不似庸流。
　　徐嗜古，有骨董商艾大者为之搜集，出入门下，徐不疑。辛为伺隙者所乘。不丧志而丧身，惜哉！

　　　　　毁誉难移铁石心，风雷倏忽将星沉。
　　　　　一声霹雳头颅碎，草泽如斯足震今。

淮扬人士以徐之行径为瑕不掩瑜，故毁誉参半，被炸后，人皆震掉。

鼙鼓声凄不可闻，更谁把剑觅徐君。

将军有弟原非虎，掉首江淮势已分。

徐死后，僚属拥其弟三老虎宝珍者代理军务，中央统率办事处许之。旋调张锦湖为通州镇守使、马玉仁为清江镇守使、方更生为江阴要塞司令，徐军遂解体。

等是痴人说梦痴，黄粱一枕溯当时。

他年野史论辛亥，好听盲人唱鼓词。

诗成纪事，信口雌黄，将信将疑，亦真亦假，聊存稗史，读之者固不必求诸字句之间也。

丁文江年谱（续一）

欧阳哲生

1921年（民国十年辛酉）　三十五岁

3月24日，正在德国访问的蔡元培，在日记中记有："访大学校长佛兰克（Frank）君。由罗克斯（Leuchs）教授导观地质研究所，又观动物学、人类学陈列所。据说接丁在君函，属写东俄地质状况，要求于六个月内完成，已复电允之，惟完成之期须十二个月，并属转告丁君云。"①

5月18日，先生与蒋梦麟、张慰慈、铁如等游公园，遇陶孟和、胡适。胡适在日记中写道："与任光、孟和到公园，遇着梦麟、慰慈、铁如、在君等。在君说：'北京的《晨报》近受新交通系（曹汝霖、陆宗舆的系）的津贴，他有证据可以证明。此事大概不诬。"②

5月20日，先生晚上应威廉·克罗希尔将军（General Willian C. Crozier）的约请，赴北京饭店就宴，同去者有胡适。关于与这位美国将军的结交，胡适曾有所交待：

> 他（指先生）和我在北京认识一位在第一次世界大战时期的美国兵工署署长克罗希尔将军。这位将军退休后，每

---

① 《蔡元培全集》第16卷，浙江教育出版社1998年11月版，第121—122页。
② 《胡适全集》第29册，第256页。

年同他的夫人总来北京住几个月,我们成了忘年的朋友,常常在一块谈天。这位克将军是美国西点陆军大学毕业的,他的记忆力最强,学问很渊博,不但有军事工程的专门学识,还富于历史地理的知识和政治理解。他在美国参战期中,从历史档案里寻出五十多年前南北内战时期国会已通过而未及实施的一个建立国家科学研究机构的法案,他提出来送请威尔逊总统依据此案即行成立一个全国科学研究委员会(National Research Concil),作为全国的科学及工业研究的一个沟通整统的总机构,以避免工作上的重复,并增加研究合作的效能。这个全国委员会在第一次大战时曾发生很大的作用。在君和我每次同这位老将军吃饭谈天之后,常常慨叹:"这种属于现代知识而终身好学不倦的军人,真是可以敬佩的!"①

5月21日,下午先生与王徵、蒋梦麟到胡适家中"讨论组织一个小会的事"(指努力会),胡适拟了该会的组织大纲,"大家都表示同意"。②

"努力会"的章程规定如下:

一、在会的人共同信守下列四项信条:
(1)我们当尽我们的能力谋我们所做的职业的进步。
(2)我们当互相联络,互相帮助,并当极力使我们所做的各种职业也互相联络、互相帮助。
(3)我们当尽我们的能力——或单独的或互助的——谋中国政治的改善与社会的进步。

---

① 胡适:《丁文江的传记》,《胡适文集》第7册,第476页。
② 《胡适全集》第29册,第266页。

(4) 我们当随时随地援助有用的人才。

二、凡具有下列资格的,得会员三人的介绍,经本会会员审查会审查后,复经当地全体会员可决,皆得为会员。

(1) 有正当的职业,或有职业的能力。

(2) 有忠实可靠的人格。

三、本会由创始人公推理事秘书一人主持会务。以后,凡有本会会员三人以上之地方,得组织分会,公推理事秘书一人。

四、本会的总会与分会皆应有会员审查会,以入会最早的会员三人组织之。此外遇必要时,理事得组织长期的或临时的委员会,或委任长期或临时的职员。

五、有关经费(从略)。

六、本会的性质为秘密的。(后王云五建议改作"此会暂时为不公开的")

七、本会会员每月至少聚会一次,分会理事每月至少与总会通讯一次。不在一处的会员,每月至少与本会理事通信一次。

八、本会会议时,概用西洋通用的议会法规。

九、本会的第一年为试办期。

十、本会以中华民国十年六月一日为成立日期。

此会成立后,有王云五、蔡元培、任鸿隽、陈衡哲、朱经农等入会,似无很大发展,组织机构也迄未照章程规定那样建立起来。不过,通过这种建立组织的努力,胡适等人有意识地在上层知识分子中做联络的工作,从而扩大了他们的影响。[①]

[①] 耿云志:《胡适年谱》,四川人民出版社1989年12月版,第95—96页。

5月23日，胡适致先生一信，为"努力"社起一名字。①

6月8日，胡适在日记中写道："到叔永家，与在君、文伯谈会事。"②

6月14日，先生在北京文友会发表英语演讲：*On Hsu Hsia-K'O*（1586—1641），*Explorer and Geographer*（《论徐霞客（1586—1614），探险家与地理学家》），评介了徐霞客，指出徐霞客是中国发现金沙江为长江上游的第一个人。该文登载在10月 *New China Review*（《新中国时报》）第3卷第5期上。

6月30日，晚上八时，先生与胡适为杜威一家、罗素夫妇饯行，陪客有庄士敦、Miss Power、赵元任夫妇等。③

6月，先生所著《北京马路石料之研究》一文发表，载《农商公报》第7卷第11期。

6月，先生与翁文灏合著《第一次中国矿业纪要》，列为《地质专报》丙种第一号，由农商部地质调查所印行。书中详列民国以来矿业方面的有关纪录和统计，是为中国第一次系统发布有关国家矿业情况的报告。

6月，先生就任官商合办的热河北票煤矿公司总经理。公司办公处设在天津，先生就任后即把家搬到天津，工作经常来往于北京、天津、沈阳、北票之间。

北票煤矿位于热河之朝阳县，原为北宁路局（即前京奉路）开办，因路款竭蹶，设备欠周，遂添招商股三百万元，合路局股本二百万元，资本总额为五百万元，但实用资本仅一百七十五万元。1921年8月公司成立，其组织有董事会：官四商七，设总副经理，下分庶务、工务、文牍、会计、营业、运输等课；矿厂

---

① 《胡适书信集》上册，北京大学出版社1996年11月版，第289页。
② 《胡适全集》第29册，第297页。
③ 《胡适全集》第29册，第335页。

有总副工程师,下设电机、测绘、井工、机械、地面工程、售煤等处。① 董事长刘厚生原是张謇的故旧,与农商部和交通部都有联系。

先生就任北票煤矿公司总经理后,地质调查所所长一职,即由翁文灏代理。关于此事,翁文灏回忆道:

> 1921年,先生就任北票煤矿公司之总经理,从事开发热河大部之煤矿。为专心致力于公司事务起见,先生坚辞地质调查所所长之职,并呈请任命余为所长。经余婉商,乃聘先生为名誉所长,余以代理所长名义,处理所务。先生任北票矿事后,对于该矿之发展,悉心规划,经两年之筹备,每日产量竟达两千吨以上,揆诸当日之资本与规模,实不能不叹其办事成效之大也。②

先生任地质调查所所长五年,对于其任内工作,胡适曾如是评价:"在君的最大贡献是他对于地质学有个全部的认识,所以他计划地质调查所能在很短的时期内树立一个纯粹科学研究的机构,作为中国地质学的建立和按步发展的领导中心。""在君的第二个最大贡献是他自己不辞劳苦,以身作则,为中国地质学者树立了实地调查采集的工作模范。""在君的第三件最大贡献在于他的真诚的爱护人才,热诚而大度的运用中、外、老、少的人才。……除了训练领导许多中国青年地质学家之外,还有充分认识和充分利用外国专家学者的一个同样重要的方面。"③

---

① 参见《中国矿业纪要》(第四次,民国十八年至二十年),实业部地质调查所、国立北平研究院地质学研究所1932年12月版,第272页。
② 翁文灏:《丁文江先生传》,《地质论评》1941年第6卷第1、2期。
③ 胡适:《丁文江的传记》,《胡适文集》第7册,第434—439页。

先生在地质调查所所长任内，还对北方数处煤矿地质作了实地考查，特别是山东峄县枣庄煤矿，曾经详加研究，并代中兴煤矿公司计划勘测工作，使中兴煤矿公司发展成为我国最发达的煤矿之一。

除了地质学的专业研究，先生还推动了与地质学有密切关系的古生物学和考古学的研究。他与翁文灏、李四光及西方顾问如瑞典地质学家安特生、法国科学家德日进等一起工作，使中国成为新石器时代的一个研究中心。

先生离开地质调查所的原因，主要是因其家里经济负担过重，每年须支出三千元，靠地质调查所的薪俸显然不敷应用。当时他的弟弟丁文渊正留学德国，其费用全由先生负担。

关于先生在北票煤矿工作的情形，本年曾与先生同住的董显光回忆道：

> 民国十一年十二年间，我在华北水利委员会服务，并兼任《密勒氏评论》驻华北副主笔；在君则在北票煤矿公司当总工程师。因此我们都同在天津。当时我家居北京，在天津前意租界三马路十三号租了一个通楼作为寓所。在君和我一样，他的家也在北京，我便邀他和我同住在一起。

> 这通楼楼面不大，由中间隔为两间。我住后间，他住前间。华北水利委员会有一个工友，名叫延升，由他替我们准备早点和晚餐。我们吃得非常简单，只是一菜一饭。在君吃黄豆烧肉，这个菜，在我们同住在一起的一年中，几乎成了我们每天所必有而仅有的菜肴。……

> 在君也和我一样，不爱看电影，也不爱交际，煤矿公司的事务办完，便回到寓所来，忙着翻阅各种中外典籍。他中文、英文和德文的造诣都极深，而治学的范围又极广，因

此，天文地理，无不通晓。①

7月3日，英国驻华使馆参赞哈丁先生（H. M. Harding）邀请胡适、蒋梦麟、陶孟和、毕善功和先生到他住的倒影庙内吃饭，Miss Power 也在座。饭间，先生、胡适就中国这两千年来是否进步这一问题与哈丁、毕善功展开论辩。②

7月6日，罗素在教育部会场发表临别讲演——中国的到自由之路。此篇讲演对先生的政治思想有重要影响。

7月7日，梁启超与先生为罗素举行饯行宴会，宾主在宴席上致词。

8月5日，先生致信英文报纸《北京导报》编辑部，要求该报撤回前一天发表的一篇社论。该篇社论称罗素的思想不为中国青年欢迎，罗素对中国未能产生深远的影响。先生在信中指出，罗素在哲学和社会科学方面必将在中国造成影响，既深且远的影响，正是罗素使中国人第一次认识到哲学应该是对所有科学进行综合的结果，社会改造必须以丰富的知识和深思熟虑为前提。"罗素学说研究会"的成立、罗素演讲录的广泛刊布和流传、罗素患病所引起的普遍忧虑、罗素发表告别演说时听众的拥挤程度，都表明罗素深深地打动了中国人的心灵。③

9月1日，先生出席在清华学校召开的中国科学社讨论会，代翁文灏宣读《甘肃地震考》一文。

9月，农商部地质调查所图书馆在兵马司胡同9号落成。此前先生随梁启超等赴欧洲考察，任巴黎和会中国代表会外顾问，

---

① 董显光：《我和在君》，台北《中央研究院院刊》1956年第3辑。
② 《胡适全集》第29册，第340—343页。
③ 1921年8月5日丁文江致《北京导报》编辑部，原件存罗素档案馆。转引自朱学勤：《让人为难的罗素》，《读书》1996年第10期。

筹集到大量图书。由于北京丰盛胡同3号地质调查所图书馆舍严重不足，先生与章鸿钊、翁文灏及农商部矿政司司长邢端、林大间商议，发起募捐，筹建图书馆新馆。募捐得到开滦矿务总局、中兴煤矿公司等部门和黎元洪大总统、刘厚生、袁涤庵等个人捐款3万9千余元，大大超出图书馆工程所需费用。先生以招标的方式确定由德国雷虎公司承建，先生与李学清监修。① 新图书馆落成后，地质调查所之中心遂移至此处，先生的办公室设在图书馆一楼。②

1922年（民国十一年壬戌）　　三十六岁

1月27日，先生在北京西城兵马司9号农商部地质调查所新建图书馆与章鸿钊、翁文灏、王烈、李四光、葛利普等26名创始会员举行中国地质学会成立大会，会议逐条讨论学会章程。先生提议由章鸿钊、翁文灏、王烈、李四光、葛利普五人组成筹委会，章鸿钊任筹委会主席。③

2月3日，中国地质学会召开会员大会，宣布学会正式成立，通过了"中国地质学会章程"，选出了学会职员，决定出版学会的刊物《中国地质学会志》（Bulletin of the Geological Society of China），该刊将刊登会议纪录、论文或摘要，由会员投稿，为西文季刊。先生被推为首届评议会（理事会）评议员兼编辑主任。

2月5日，先生与胡适、王徵、董显光在北京来今雨轩吃饭、商谈时局。④

---

① 参见《地质老照片》，地质出版社2004年8月版，第23页。
② 参见翁文灏：《丁文江先生传》，《地质论评》1941年第6卷第1、2期。
③ 王弭力主编：《中国地质学会80周年纪事》，地质出版社2002年8月版，第2页。
④ 《胡适全集》第29册，第511页。

2月15日,晚上先生与胡适等赴文友会。会员燕京大学教授王克私(Philip de Vargas)读一论文 Some Aspects of the Chinese Renaissance,先生参与讨论。①

3月2日,出席在地质调查所图书馆召开的中国地质学会第一次常会,发表题为 The Aims of the Geological Society of China(《中国地质学会之目的》)的英文演讲,大意谓:本会将为我们所从事的科学的原理和问题,提供一个充分和自由讨论的机会。而在我们的政府机关中,则必须集中精力于经常性的工作上,因而不可能做到这一点。本会还为我国各地的科学家定期召开大会,提供一个会聚一堂进行学术交流的机会,这样的交流和交换意见必然有益于所有的与会者,从而在我国的科学生活中形成一个推进的因素。此文英文提要刊载在《中国地质学会志》创刊号上。

3月26日,先生致胡适一信,谈为《努力》写稿事。②

3月27日,先生致胡适一信,询问《努力》"能否产出"一事。③

4月16日,先生与胡适晤谈。④

4月26日,先生致胡适一信,约胡适夏季去北戴河休养。⑤

4月27日,胡适在日记中写道:"到公园,会见在君、文伯。"⑥

4月28日,先生与胡适去瑞典学者安特生家吃饭。胡适在当日日记中写道:

---

① 《胡适全集》第29册,第518页。
② 《胡适来往书信选》上册,第244页。
③ 《胡适来往书信选》上册,第145页。
④ 《胡适全集》第29册,第582页。
⑤ 《胡适来往书信选》上册,第147页。
⑥ 《胡适全集》第29册,第604页。

> 夜八时，到 J. G. Andersson 家吃饭，在君亦在。我们谈古史事，甚有趣。Andersson 立论甚谨慎，很可佩服。
>
> 在君前年尚信《禹贡》是真的，他说，"把《禹贡》推翻了，我们地质学者就要同你拼命了"。今夜他竟说，商是可靠的，商以前的历史是不能不丢弃的了，《禹贡》也是不能不丢弃的了。我听了非常高兴。①

5月7日，先生与胡适、高一涵等合办的《努力周报》在北京创刊。先生始用"宗淹"的笔名发表《中国北方军队的概略》、《奉直两军的形势》两文。胡适认为"这些研究是他后来写成一部专书《民国军事近纪》（1926年商务印书馆出版）的起点"。②

关于《努力周报》创刊的情形，胡适有一段回忆：

> 周报的筹备远在半年之前。在君是最早提倡的人。他向来主张，我们有职业而不靠政治吃饭的朋友应该组织一个小团体，研究政治，讨论政治，作为公开的批评政治或提倡政治革新的准备。最早参加这个小团体的人不过四五个人，最多的时候从没有超过十二人。人数少，故可以在一桌上同吃饭谈论。后来在君提议要办一个批评政治的小周报，我们才感觉要有一个名字。"努力"的名字好像是我提议的。在君提议：社员每人每月捐出固定收入的百分之五，必须捐满三个月之后，才可以出版。出版之后，这个百分之五的捐款仍须继续，到周报收支可以相抵时为止。当时大学教授的最高薪俸是每月二百八十元，捐百分之五只有十四元。但周报只

---

① 《胡适全集》第29册，第613页。
② 胡适：《丁文江的传记》，《胡适文集》第7册，第448页。

印一大张，纸费印刷都不多，稿费当然是没有的，所以我们的三个月捐款已够用了，已够使这个刊物独立了。①

据朱家骅回忆：先生对当时中国政治混乱的看法："最可怕的是一种有知识、有道德的人，不肯向政治上去努力"。他认为"只要有几个人，有不折不回的决心，拔山蹈海的勇气，不但有知识而且有能力，不但有道德而且要做事业，风气一开，精神就会一变"。②

5月14日，先生与胡适、蔡元培、王宠惠、罗文干、高一涵、梁漱溟、李大钊等十六人联名在《努力周报》第二期发表《我们的政治主张》。该文称："我们以为国内优秀分子，无论他们理想中的政治组织是什么，现在都应当平心降格的公认'好政府'一个目标，作为现在改革中国政治最低限度的要求。我们应该同心协力的拿这共同目标向中国的恶势力作战。"

考察北京——承德沿途地质。③

5月25日，先生在《努力周报》第3期用"宗淹"的笔名发表《奉直战争真相》。

6月4日，先生在《努力周报》第5期用"宗淹"的笔名发表《广东军队概略》。

6月11日、18日，先生在《努力周报》第6、7期用"宗淹"的笔名发表《答关于"我们的政治主张"的讨论》。

6月13日，任鸿隽致先生一信，对蔡元培加入"努力"社表示赞同。④

---

① 胡适：《丁文江的传记》，《胡适文集》第7册，第443页。
② 朱家骅：《丁文江与中央研究院》，台北《中央研究院院刊》第3辑，1956年。
③ 时间不详，暂记于此。参见王仰之：《丁文江年谱》，第28页。
④ 《胡适来往书信选》上册，第155页。

6月20日,先生赴顾维钧宅参加欧美同学聚会。关于此事胡适在日记中写道:"孑民、亮畴、少川、伯任发起一个茶话会,邀了二十多位欧美同学在顾宅谈话,讨论今日切近的问题。……今天到会的有丁在君、张君劢、秦景阳、陈聘臣、严踞、王长信、周季梅、蒋百里、林宗孟、陶孟和、李石曾、高鲁、叶叔衡等,讨论的总题是'统一'。"①

6月23日,先生致胡适一信,对蔡元培加入"努力"社表示不同意见。②

6月25日,先生与胡敦复赴胡适家中晤谈,后陪胡敦复去公园游览,至深夜始散。胡适在日记中写道:"在君忽与胡敦复同来。敦复十年不到京了,今日谈的极好,他竟很赞成我们最近的举动。我们劝他在上海聚集一班好人,如杨补塘、徐振飞……养成一个中心。他也很赞成。敦复不曾到过公园,我们陪他去逛了半天,夜深始散。"③

7月1日,晚上胡适来天津,住在先生寓中,与先生晤谈至深夜。胡适在日记中写道:"夜九时到天津,住在君家,与在君、景阳夜话,晏睡。"④

7月2日,在《努力周报》第9期用"宗淹"的笔名发表《忠告旧国会议员》。

7月3日,先生在济南参加中华教育改进会第一次年会。夜间先生与胡适闲谈北大历史,至凌晨二时始睡。胡适在日记中写道:"与在君、景阳、孟和、敦复闲谈,直到早二时半始睡。景阳、在君熟识北大的十年历史;在君知道何燏时做校长时及胡仁

---

① 《胡适全集》第29册,第659页。
② 《胡适来往书信选》上册,第154页。
③ 《胡适全集》第29册,第663页。
④ 《胡适全集》第29册,第668页。

源做校长时代的历史。"①

7月4—9日，先生继续在济南参加中华教育改进会第一次年会。

7月17日，先生在北京丰盛胡同3号出席农商部地质调查所图书馆陈列馆开幕典礼。黎元洪大总统、农商部官员、地质调查所工作人员等参加了典礼。②

夏，先生赴南通参加中国科学社会议，就"历史人物与地理的关系"发表演讲。

8月5日，胡适在日记中写道："在君邀我吃饭，请的客都是曾捐钱给地质调查所图书馆的人，有朱启钤、刘厚生、李士伟……等，共十三人。"③

8月6日，在《努力周报》第14期用"宗淹"的笔名发表《裁兵计划的讨论》。

8月10—19日，第十三届国际地质大会在比利时布鲁塞尔召开，中国方面有翁文灏出席。中方向会议提供四篇论文，其中有先生向大会提交的题为 The Tectonic Geology of Eastern Yunan（《滇东的构造地质学》）的英文论文，列举九个构造单位，论述其成分及构造特点。

8月13日，先生与胡适、王徵去公园吃饭。胡适在日记中写道："与在君、文伯在公园吃饭。在君说他看见饶汉祥（黎元洪的旧秘书）给直系某人的信，似可证外间传说直系要赶出黎氏的话不为无因。"④

8月23日晚，先生访张元济，谈修改地图及为马相伯记述

---

① 《胡适全集》第29册，第670页。
② 参见《地质老照片》，第24页。
③ 《胡适全集》第29册，第702页。
④ 《胡适全集》第29册，第711页。

"中国典故"事;又谈河南渑池殷墟开掘研究问题曾商之朱启钤,愿捐若干元,不知沪上能否凑集若干。张元济谓须与好古者言之,沪上恐无多人;且愿捐500元,并允备函介绍先生往见罗振玉。①

8月26日,先生与胡适晤谈。②

9月10日,在《努力周报》第19期用"宗淹"的笔名发表《湖南军队概略》。

9月29日,中国地质学会在地质调查所举行第四次常会,会长章鸿钊主持,宣布此次常会是特别为了欢迎在蒙古考察的美国地质学家而举行,先生致欢迎词。③

9月30日,为翁文灏当选国际地质大会副会长及评议员事,先生与章鸿钊联名上报农商部:"职所股长佥事翁文灏前蒙大部派赴比京万国地质协会参列会议,兹据函称,该协会业于8月9日开会,翁佥事被选为副会长及评议员等词。"④

10月,所著《京兆昌平县西湖村锰矿》一文刊《地质汇报》第4号。

11月12日,在《努力周报》第28期用"宗淹"的笔名发表《山海关外旅行见闻录》。

11月20日,先生致胡适一信,劝胡适"非出洋一次不能真正休息"。⑤

11月,先生以"历史人物与地理的关系"为题,在北京协和医学校发表英文讲演。

12月16日,先生致胡适一信,告已写好《重印〈天工开

---

① 张树年主编:《张元济年谱》,商务印书馆1991年12月版,第228页。
② 《胡适全集》第29册,第726页。
③ 王弭力主编:《中国地质学会80周年纪事》,第3页。
④ 此函原件存于第二历史档案馆,转引自李学通:《翁文灏年谱》,第35页。
⑤ 《胡适来往书信选》上册,第174—175页。

物〉始末论》一文。①

由先生任总编辑、地质调查所印行的《中国古生物志》本年创刊。该刊记述我国地层中所发现的各种化石的详细记录，并讨论其演化的关系。所用文字以西文为主。章鸿钊曾高度评价先生对中国古生物学研究的贡献：

> 丁先生对于研究古生物学提供最力。在地质调查所归他主持出版的《中国古生物志》前后已印八十余册，其中根据他所得的材料的也有十二巨册。这也不能不算他一种极有价值的功绩。②

谈及《中国古生物志》，葛利普曾这样写道：

> 丁先生之意欲使此刊物较之其他国家之同类出版物有过之而无逊色。全志共分甲、乙、丙、丁四种：甲种专载植物化石，乙种记无脊椎动物化石，丙种专述脊椎动物化石，丁种则专论中国原人。第一册之出版，距今不及十五年，而今日之各别专集，已近一百巨册之多。此种大成绩实非他国所能表现。③

本年，在《中国地质学会志》创刊号发表 The Geological Society of China, History of Organazation（《中国地质学会组织历

---

① 耿云志主编：《胡适遗稿及秘藏书信》第23册，黄山书社1994年版，第224—225页。
② 参见章鸿钊：《我对于在君先生的回忆》，《地质论评》第1卷第3期，1936年6月。
③ [美]葛利普著、高振西译：《丁文江先生与中国科学之发展》，《独立评论》第188期，1936年2月16日。

史》)一文和 The Aims of the Geological Society of China (《中国地质学会的目标》)的英文提要。

本年,先生与凌鸿勋结交。关于他们一生相交的经历,凌氏后来有所回忆:

> 在君先生长余约五六岁,余等订交乃在民国十一年同旅居北平之时。其后先生出主沪政,余方长上海交通大学(其时称南洋大学),乃得时相过从。民十七,余于役于广西之苍梧,先生适在西南勘察事毕,道出苍梧,班荆道故,乐乃无极。①

1923年(民国十二年癸亥)　三十七岁

1月6—8日,先生出席在地质调查所召开的中国地质学会第二届年会,宣读论文(6日下午),当选为会长,任期一年。

1月7日,在《努力周报》增刊《读书杂志》第5期发表《重印〈天工开物〉始末记》一文,介绍十七世纪宋应星的一部奇书——《天工开物》。据该文开首称:

> 民国三年余奉命赴滇调查迤东地质矿产。读《云南通志·矿政篇》,见所引宋应星著《天工开物》,言冶金法颇详晰,因思读其全书。次年回京,遍索之厂肆,无所得;询之藏书者,皆谢不知;阅《四库书目》,亦无其名。惟余友章鸿钊云,曾于日本东京帝国图书馆中一见之,乃辗转托人就抄,年余未得报,已稍稍忘之矣。今年迁居天津,偶于罗

---

① 凌鸿勋:《忆丁文江先生——并记其对于铁路的意见》,原载《畅流》第15卷第1期,1957年2月16日。

叔韫先生座中言及其事，先生曰，"是书余求之三十年不能得，后乃偶遇之于日本古钱肆主人青森君斋中，遂以古钱若干枚易之归。君既好此，当以相假。"于是始得慰十年向往之心，然初不知宋应星为何许人。

书计十八卷九册。凡食物、被服、用器以及冶金、制械、丹青、珠玉之原料工作，无不具备。说明之外，各附以图。三百年前言工业无产之书，如此其详且明者，世界之中，无与比伦，盖当时绝作也。

1月14日，先生与蔡元培、翁文灏等参加李四光、许淑彬夫妇结婚典礼。

2月17日，晚上，先生、张君劢、林宰平等与梁启超"谈个通宵"。①

3月3日，先生致胡适一信，谈翻译自己的文章和"下星期把骂君劢文章做起来"等事。②

3月4日，在《努力周报》第42期发表《一个外国朋友对于一个留学生的忠告》一文。

3月11日、18日，在《努力周报》第43、44期发表《中国历史人物与地理关系》一文（此文另刊《科学》第8卷第1期、《东方杂志》第29卷第5期），先生统计了六个朝代的著名历史人物，并且绘一幅分布图，说明历史人物和地理环境的关系。关于是篇之作，先生在文末略有交待：

是篇之作，动机在三年以前。去岁移居天津，得借用梁任公先生藏书，始着手统计。今夏科学社开会于南通，曾讲

---

① 参见丁文江、赵丰田编：《梁启超年谱长编》，第989页。
② 《胡适遗稿及秘藏书信》第23册，第187页。

演一次，然其时仅有总表，文字未脱稿也。十一月复以英文讲演于北京协和医学校，乃发愤竭两日之力成之。讨论切磋，得益于任公及胡君适之者甚多。抄写核算，则雷君英广贯任其劳。余弟文浩间亦襄助。爱书数语道谢，且以志服官经商者读书作文之不易也。

3月21日，先生与翁文灏联名呈报农商部《全国地质图测制印刷办法》，刊载于《农商公报》总第107期。

3月26日，先生致胡适一信，详谈24日与张君劢讨论人生观与科学之间的关系。①

4月2日，先生致胡适一信，告《莱因河畔的悲剧》一文已脱稿。②

4月8日，先生致胡适一信，谈成立文化研究所一事。③

4月8日，在《努力周报》第47期发表《莱因河畔的悲剧》一文。

4月15日、22日，先生在《努力周报》第48、49期上发表题为《玄学与科学——评张君劢的"人生观"》一文，展开"科学与玄学"（又称"科学与人生观"）的论战。

4月23日，先生致胡适一信，更正刊登在《努力周报》上的《玄学与科学》一文的错误。④

5月9日，先生请张君劢吃晚饭。⑤

5、6月间，先生与张君劢围绕人生观的争论，形成"玄学

---

① 《胡适来往书信选》上册，第188—190页。
② 《胡适遗稿及秘藏书信》第23册，第12—13页。
③ 《胡适来往书信选》上册，第194—195页。
④ 《胡适遗稿及秘藏书信》第23册，第18页。
⑤ 参见丁文江：《玄学与科学——答张君劢》，《努力周报》第54期，1923年5月27日。

与科学"的论战。其时梁启超正在翠微山中养病,因为怕自己的两位晚辈朋友过用意气反伤和气的原故,所以当时曾撰《关于玄学科学论战之战时国际公法》、《人生观与科学》两篇文章,借以导入为真理而论战的途径。在《人生观与科学》一文的结论中他如是说:"我把我极粗浅极凡庸的意见总结起来,是'人生关涉理智方面的事项,绝对要用科学方法来解决;关涉情感方面的事项,绝对的超科学。"明显表现出调和丁、张二人意见的倾向。①

5月27日、6月3日,先生在《努力周报》第54、55期上发表《玄学与科学——答张君劢》一文。

先生在《玄学与科学》一文发表后,曾写信给章鸿钊,信中说:

> 弟对张君劢《人生观》提倡玄学,与科学为敌,深恐有误青年学生,不得已为此文。……弟与君劢交情甚深,此次出而宣战,纯粹为真理起见,初无丝毫意见,亦深望同人加入讨论。……②

5月,与张元济、罗振玉、张学良、朱启钤、章鸿钊、梁启超、翁文灏等发起成立古物研究社。该社以"发掘搜集并研究中国之古物为宗旨"。"研究范围暂以三代以前为限"。"所发掘或搜集之标本暂时寄存在地质调查所,俟有相当之博物馆时,再由社员酌定移赠,但不得分散或变卖"。③

6月10日,先生在《努力周报》上发表《玄学与科学的讨

---

① 参见丁文江、赵丰田编:《梁启超年谱长编》,第997—998页。
② 转引自胡适:《丁文江的传记》,《胡适文集》第7册,第452页。
③ 参见张树年主编:《张元济年谱》,第238页。

论的馀兴》一文（此文另发表于 1923 年 6 月 30 日《晨报副刊》第 170 号）。在此文文末，先生开列了一参考书目，可见先生平时阅读的兴趣：

我们所讨论的问题范围这样广，参考的书籍自然是举不胜举；况且我又蛰居在天津，除去了南开的图书以外，苦于无书可借。所以我现在只能把我平日自己爱读的书，同这一次参考过的书列举出来，供读者选择。
（甲）关于生物学同演化论的：
达尔文著《物种由来》
要知道达尔文的学说，最好是看他自己的书。我不知道在中国批评他学说的人，有几个从头至尾看过这部名著。
威尔逊著《发生同遗传中的细胞》（E. B. Wilson：The Cell in Development and Inheritance）
冒根著《试验动物学》（T. H. Morgan：Experimental Zoology）
这两部都是近代的佳作，但是都是为专门学者说法的。比较的容易懂的是下列的两部：
孔克林著《遗传与环境》（E. C. Conklin：Heredity and Environment）
托姆森著《遗传性》（J. A. Thomson：Heredity）
（乙）关于理化学的：
安因斯坦著《相对论》（Einstein：Relativity）
苏贞著《物质与能力》（F. Soddy：Matter and Energy）
施罗森著《创造的化学》（Slosson：Creative Chemistry）
（丙）关于人种学的：
琦士著《人类的古代》（A. Keith：The Antiquity of Man）

德克峨士著《体形学与人种学》（W. L. H. Duckworth：Morphology and Anthropology）

这两部都是很重要的书，但是没有学过比较动物学的人是不容易看得懂。下列的两部书比较的浅近：

德克峨士著《有史以前的人》（Duckworth：The Prehistoric Man）

戈登外叟著《人种学引论》（Goldenweiser：Early Civilization, Introduction to Anthropology）

（丁）关于科学的历史，方法同人生的关系：

赛推克著《科学小史》（W. T. Sedgwick and H. W. Tyler：A Short History of Science）

梅尔士著《十九世纪欧洲思想史》（J. T. Merz：History of European Thought in the 19th Century）

皮耳生著《科学的规范》（Karl Pearson：The Grammar of Science）

詹文斯著《科学通则》（S. Jevons：The Principle of Science）

赫胥黎著《方法与结果》（Huxley：Method and Results）

赫胥黎著《科学与教育》（Science and Education）

韦布伦著《近代文化中科学的地位》（Veblen：The Place of Science in Modern Civilization）

苏点著《科学与人生》（F. Soddy：Science and Life）

鲁滨孙著《在制造中的人》（Robinson：The Mind in the Making）

（戊）关于心理学的：

詹姆士著《心理学的通则》（W. James：The Principles of Psychology）

比上列的这一部书容易看一点的是詹姆士的《心理学

教科书》(Text Book of Psychology)

诺司峨塞著《孩童心理学》(N. Northworthy and M. T. Whitley:The Psycholgy of Childhood)

何尔姆士著《动物智慧的进化》(S. J. Holmes：The Evolution of Animal Intelligence)

（己）关于知识论同玄学的：

马哈著《感觉的分析》(E. Mach：The Analysis of Sensations)

罗素著《心之分析》(B. Russell：The Analysis of Mind)

罗素这一部书是介绍心理学同哲学最好的著作。他是为中国学生做的。所以说理是由浅入深，引证是折衷众说，而他的文章简练活泼，步步引人入胜。

杜威著《哲学的改造》(J. Dewey：Reconstruction in Philosophy)

杜威著《实验论理文存》(Essays in Experimental)

杜威著《德国的哲学与政治》(German Philosophy and Politics)

要知道君劢所信的正统哲学在德国政治上发生的恶果，同对于欧战应负的责任，不可不读此书。

柏格森著《创造的进化》(H. Bergeon：Creative Evolution)

柏格森著《心理的能力》(Mind Energy)

开仑著《詹姆士与柏格森》(H. M. Kallen：William James and Henri Bergson)

哀利屋特著《近代科学与柏格森的幻想》(Eliot：Modern Science and the Illusions of Prof. Bergson)

此次"科学与人生观"论战，引起学术界不少人士的关注，梁启超、任叔永、胡适、孙伏园、林宰平、张东荪、朱经农、唐钺、吴稚晖、陈独秀等纷纷撰文参加论战。有关这一论战的文字，以后辑成专书，1923年12月由亚东图书馆出版，书名为《科学与人生观》。

8月8日，先生致高一涵一信，谈交《少数人的责任》文稿事。

8月26日，先生在《努力周刊》第67期上发表《少数人的责任》一文，文中说："我们中国政治的混乱，不是因为国民程度幼稚，不是因为政客官僚腐败，不是因为武人军阀专横，是因为'少数人'没有责任心，而且没有负责任的能力。"先生认定："只要有少数里面的少数、优秀里面的优秀，不肯束手待毙，天下事不怕没有办法的。""中国的前途全看我们'少数人'的志气。"此文反映了先生精英政治的理想。

9月13日，先生致张元济书，称："去岁在申曾将搜集古物计划大略陈述，谬辱赞许。并允捐款五百元，无任盛铭。"附古物研究社简章："该社以发掘搜集研究中国之古物为宗旨"，"研究范围暂以三代为限"。先从河南、山西入手，"所发掘或搜集之标本暂存地质调查所，俟有相当之博物馆时，再由社员们酌定移赠，但不得分散或买卖"。发起人为罗振玉、张学良、朱启钤、章鸿钊、梁启超、翁文灏、张元济和先生本人。①

9月17日，张元济复先生书，并汇去古物研究社捐款500元。②

9月21日，先生致张元济书，告收到捐款500元、新发现周代古物一百余件等，并谓《〈天工开物〉注解》年内当能撰成。③

---

①②③　参见张树年主编：《张元济年谱》，第238、239页。

9月27日，先生出席中国地质学会第七次常会。这次常会是为欢迎奥斯朋（Henry Fairfield Osborn）教授和纽约美国自然历史博物馆第三次亚洲考察团成员而举行。先生以会长身份主持会议，奥斯朋（Henry Fairfield Osborn）、安竹斯（R. C. Andrews）、格兰杰（W. Granger）和莫里斯（F. K. Morris）先后作学术讲演。①

10月18日，先生自四川考察地质回京，与胡适会面，并同去商务印书馆，拜访任叔永、朱经农、王云五等。②

10月19日，先生去胡适处，谈《努力周报》和北京大学事，帮胡适筹划前途。③

11月1日，先生致胡适一信，谈科学社、为胡适找房子、努力社等事。④

11月16日，先生致高梦旦一信，谈胡适病情。⑤

本年，徐志摩离婚，并与陆小曼结婚，先生"对志摩的再度结婚是反对的，在君不是反对志摩再婚，他是反对志摩那样一结婚不能工作了"。⑥

本年，先生所著《五十年来中国之矿业》，收入《申报》馆出版的《最近之五十年》一书。

本年，葛利普所著英文版 *Stratigraphy of China*（《中国地质学史》）第一册，由农商部地质调查所出版，先生与翁文灏为之作序。

---

① 王弭力主编：《中国地质学会80周年纪事》，第3页。
②③ 《胡适全集》第30册，第74页。
④ 《胡适来往书信选》上册，第217—218页。
⑤ 《胡适遗稿及秘藏书信》第23册，第263—264页。
⑥ 参见傅斯年：《我所认识的丁文江先生》，《独立评论》第188号，1936年2月16日。

1924 年（民国十三年甲子）　三十八岁

1月4日，先生致胡适一信，告"近来着手做了一篇《中国军队的现状》，已经有了一半多"。①

1月5—7日，先生出席在地质调查所举行的中国地质学会第二届年会，以会长身份主持会议，发表题为《中国地质工作者之培养》的会长演讲，此文刊载在本年3月出版的《中国地质学会志》第4卷。先生认为："在国立北京大学地质系中所开设的课程，比起那些外国学院来要好，但有一个很大的缺点，就是完全没有严格的生物学课程。学生们除非加以补修，是难以期望了解地史学的基础原理。还有，中国学生必须学习一些测量课程，特别是地形测量，这是因为中国境内只有很少地区是测过图的，而这些地图往往不适用，这就要求地质工作者来测制自己所需要的地图。"

2月6日，先生致胡适一信，告"上海的朋友如高梦旦、王云五及经农，都希望你暂时离开中国——出洋去看看"。②

3月9日，梁启超致沈松泉信中提到："丁君近为霞客作一详传，非久出版，愿得与尊校同受学界欢迎。"③ 可见，先生撰写《徐霞客先生年谱》之事已在朋友圈中传播开来。

春天，先生与朱家骅第一次见面。关于他们初识的过程，朱家骅有一段回忆：

> 民国十三年春末，我第二次从欧洲归国，回到北京大学

---

① 《胡适来往书信选》上册，第228—229页。
② 《胡适遗稿及秘藏书信》第23册，第30—31页。
③ 《梁任公先生代序》，收入《徐霞客游记》（新式标点），上海群众图书公司1928年版，第3页。

教书,他和咏霓为我洗尘,这是第一次和他见面,交谈之余,就觉得他是一位很能干有为的学者。从此以后,我们在北京时常见面,有时在地质学会,有时在葛利普教授家里,他的议论丰采,曾留给我一个永难磨灭的印象。①

4月11日,先生致胡适两信,第一信谈有关治疗胡适肺病一事,② 第二信约胡适去北戴河休养。③

5月24日,先生致胡适一信,再次约胡适去北戴河休养。④

6月13日,先生致胡适一信,告有关去北戴河的安排。⑤

夏,先生夫妇俩在北戴河避暑,胡适"曾去陪他们玩了几个星期"。据胡适回忆:"在君生平最恨奢侈,但他最注重生活的舒适和休息的重要。丁夫人身体不强健,每年夏天在君往往布置一个避暑的地方,使全家可以去歇夏;他自己也往往腾出时间休息一个月以上。有时候他邀一两个朋友去住些时。"⑥

9月12日,先生致胡适一信,谈自己在中华教育文化基金董事会"被挤"一事。⑦

10月1日,中华教育文化基金董事会成立,先生被聘为董事。此事颇费周折,是年9月,为管理美国退还的中国庚子赔款而设立的中华教育文化基金董事会成立,翁文灏曾极力劝先生为地质调查所而争取进入该会董事会,先生初曾进入14人的中国方面候选委员会名单,但在17日的大总统令

---

① 朱家骅:《丁文江与中央研究院》,台北《中央研究院院刊》第3辑,1956年。
② 《胡适遗稿及秘藏书信》第23册,第188—190页。
③ 《胡适遗稿及秘藏书信》第23册,第191页。
④ 《胡适来往书信选》上册,第250页。
⑤ 《胡适遗稿及秘藏书信》第23册,第192—193页。
⑥ 参见胡适:《丁文江的传记》,《胡适文集》第7册,第498页。
⑦ 《胡适来往书信选》上册,第263页。

中"被挤",后于10月1日由国务院通过被聘为第一届董事。① 以后,为地质调查所取得经济上之补助,先生"多所策划"。②

10月2日,先生致胡适一信,告"已经做成功一篇《直奉兵力之比较》,《全国军队概要》一星期亦可脱稿"。③

10月,谢家荣所著《地质学》一书由商务印书馆出版,先生为该书作序。

12月12日,先生致胡适一信,劝胡适"应该以养病为第一义务"。④

12月31日,瑞典王太子以及其他两位"支持安特生的中国委员会"成员拉各雷留斯和安特生同姓的安特生(地理学教授)为中瑞合作开展史前史考古事致信丁文江、翁文灏。⑤

1925年(民国十四年乙丑)　三十九岁

1月3—5日,先生出席在地质调查所召开的第三届年会,并宣读论文。

1月20日,先生致胡适一信,纠正《益世报》刊登先生谈话的内容。⑥

2月2日,先生致胡适一信,赞成《努力》复刊。⑦

同日,先生与翁文灏联名复信瑞典"支持安特生博士在中国从事科学研究的瑞典委员会"(亦称"支持安特生的中国委

---

① 参见李学通:《翁文灏年谱》,第42页。
② 参见翁文灏:《丁文江先生传》,《地质论评》1941年第6卷第1、2期。
③④ 《胡适遗稿及秘藏书信》第23册,第39—40、211—212页。
⑤ 该信收入马思中、陈星灿编著:《中国之前的中国:安特生、丁文江和中国史前史的发现》(中、英文对照),瑞典斯德哥尔摩东方图书馆发行,2004年出版,第96—97页。
⑥⑦ 《胡适来往书信选》上册,第307—308、312—313页。

员会")。①

2月10日，先生致胡适一信，为保张轶欧，托胡适写信给章士钊，托章向刘治洲说话，"叫他不要妄动"。②

2月22日，先生致胡适一信，告《民国军事近纪》一书"大致已经脱稿"。③

3月15日，先生致胡适一信，告"陈博生今日有信来，请我把《军事近纪》由《晨报》出版"。④

4月3日，先生致胡适一信，表示"我们想你出洋，正是要想你工作；你若果然能工作，我们何必撺你走呢？你的朋友虽然也爱你的人，然而我个人尤其爱你的工作"。⑤

5月3日，先生在《晨报副刊》第44期纪念号第98号"赫胥黎百年纪念专号"发表《赫胥黎的伟大》一文。傅斯年对先生受赫氏的影响有过这样的评价："在君必是一个深刻的受赫胥黎影响者（严复并不是），他也在中国以他的科学玄学战做成了赫胥黎（只可惜对方太不行了）。"⑥

5月8日，先生致胡适一信，谈外交部推荐中英庚款委员会中国委员一事。⑦

5月9日，梁启超在给其子女梁思顺、梁思诚、梁思永的信中谈及他拒绝段祺瑞邀其出任善后会议宪法起草会会长一事，其中提到"京中的季常、宰平、崧生、印昆、博生，天津的丁在

---

① 该信收入马思中、陈星灿编著：《中国之前的中国：安特生、丁文江和中国史前史的发现》，第98—99页。
② 《胡适来往书信选》上册，第315页。
③④ 《胡适遗稿及秘藏书信》第23册，第197—198、45—46页。
⑤ 《胡适来往书信选》上册，第324页。
⑥ 傅斯年：《我所认识的丁文江先生》，《独立评论》第188号，1936年2月16日。
⑦ 《胡适来往书信选》上册，第333页。

君一齐反对，责备我主意游移；跟着上海的百里、君劢、东荪来电来函，也是一样看法，大家还大怪宗孟，说他不应该因为自己没有办法，出这些鬼主意，来拖我下水。现在我已经有极委婉而极坚决的信向段谢绝了"。① 可见，当时梁启超这一派人（包括先生在内）与段祺瑞的不合作态度。

5月30日，先生致胡适一信，谈推荐张奚若一事。②

5月30日，"五卅"惨案发生。先生曾起草一份致英国方面的英文电报，说明事件的真相。关于此事，罗家伦有一段回忆：

> 后来我在英国的时候，正遇着上海发生"五卅"惨案。由于华工在日本内外纱厂被杀酿成风潮，而英国派大军在上海登陆，演变为更大规模的惨剧。当时我激于义愤，和英国国会里工党议员联络要他们纠正上海英国军警的暴行。他们在国会会场不断的提出严厉的质询。可是国内来的电文，都是充满了感情发泄的词句，而缺少对于事件真相平静的叙述和法理的判断，所以极少可用的材料。此时恰巧有一个三千多字的英文长电转到我手里。这电报是由胡适、罗文干、丁文江和颜任光四位先生署名的，以很爽明锋利的英文，叙说该案的内容，暴露英方军警的罪行，如老吏断狱，不但深刻，而且说得令人心服。每字每句不是深懂英国人心理的作者，是一定写不出来的。于是我集款把它先印行了五千份，加一题目为"中国的理由"（China's Case），分送英国职工联合总会（Trade Union Congress）秘书长席屈林（Citrine），和他详谈，并将此电原件给他看，结果争取到他的同情。他并且要我添印若干份，由他分发给他工联中的小单位。因此

---

① 丁文江、赵丰田：《梁启超年谱长编》，第1033页。
② 《胡适来往书信选》上册，第334页。

工党议员加入为中国说话的更多,在英国国会里发生了更大的影响。事后我才知道,这篇文章是在君起草的,他真是懂得英国人心理的人。①

6月8日,先生致胡适一信,把他有关对美款的意见书送胡适一份。②

6月11日,先生与梁启超、朱启钤、顾维钧、范源廉、张国淦、董显光诸氏就"五卅"惨案发表一共同宣言,刊登在《申报》上。③

7月21日,先生致胡适一信,约胡适去北戴河几天。④

7月,先生得到罗文干从岳州打来的密电,要他到岳州去见直系军阀吴佩孚。先生遂向北票公司告假南下,先到上海会见刘厚生等,谋划江苏绅商想借客军驱逐奉军的计划;然后从上海去岳州和吴佩孚晤谈,就国内局势回答吴的提问;回到上海后,孙传芳派人来邀他到杭州去商谈。⑤

8月12日,先生致胡适一信,告雇了三个人整理书籍文夹。⑥

8月,先生去杭州与孙传芳商谈一周,然后回上海报告他和孙传芳、陈仪谈话的经过。此时,孙传芳在杭州答应出兵援救江苏,孙询问先生"肯不肯来帮帮他的忙",他们之间有一段对

---

① 罗家伦:《现代学人丁在君先生的一角》,台北《中央研究院院刊》1956年第3辑。
② 《胡适来往书信选》上册,第335页。
③ 《梁启超等之意见》,《申报》,1926年6月11日。另参见丁文江、赵丰田编:《梁启超年谱长编》,第1038页。
④ 《胡适来往书信选》上册,第342页。
⑤ 参见胡适:《丁文江的传记》,《胡适文集》第7册,第450页。
⑥ 《胡适遗稿及秘藏书信》第23册,第67页。

话，被先生做为笑话，常与胡适谈及：

> 孙馨远说：丁先生，请你想想，你在哪一个方面可以帮我顶多的忙？
> 我说：我早已想过了。
> 孙问：哪一个方面？
> 我说：我曾想过，这时候中国军队顶需要的是一个最新式的、最完备的高级军官学校。现在的军官学校，甚至于所谓"陆军大学"，程度都很幼稚。里面的教育都太落伍了，不是保定军官学校出身，就是日本士官出身。这些军官学校的专门训练当然比不上外国同等的学校，而且军事以外的普通学科更是非常缺乏。所以我常说：中国的军事教育比任何其他的教育都落后。例如用翻译教课，在中国各大学已经废弃了二十年，而现在陆军大学的外国教官上课，还用翻译；学生没有一个能直接听讲的。足见高等军事教育比其他高等教育至少落后二十年。现在各地军官学校教出来的军官都缺乏现代知识，都缺乏现代训练，甚至于连军事地图都不会读！所以我常常有一种梦想，想替国家办一个很好的、完全近代化的高等军官学校。我自信可以做一个很好的军官学校校长。
> 孙馨远听了大笑。他说：丁先生，你是个大学问家，我很佩服。但是军事教育，我还懂得一点，现在还不敢请教你。
> 他说了又大笑，他当我说的是笑话！①

先生欲为中国办一所现代高级军官学校的理想，常与人提及

---

① 胡适：《丁文江的传记》，《胡适文集》第7册，第475页。

或在自己的文字中表露。

9月初，先生仍取海道由上海回天津去。

本年底或1926年1月，先生辞去北票煤矿公司总经理之职。关于先生辞职的原因，胡适认为："他所以要辞去北票煤矿的事，大概不但是因为他已决定不愿在奉军的势力范围以内做事了，并且还因为'中英庚款咨询委员会'的原来计划是需要他半年以上的时间，还需要他到英国去一次。"①

经过先生四年半的经营，北票煤矿公司初步实现了机械化运作，发展成为一个具有中型规模的煤矿，其产量每年稳步增长。1921—1925年北票煤矿历年产煤额如下②：

1921年，7716吨；1922年，25808吨；1923年，29536吨；1924年，63384吨；1925年，144758吨。

关于先生离开北票煤矿公司一事，董显光曾有说明：

> 北票煤矿公司完全系商业机关。当初创办时，我曾告文江，开矿计划必须五年方能完成。在五年之内，希望你勿离公司。而他就允诺。但至1925年（民国十四年）的春天，文江即向我表示要脱离公司。我问他的原因。他说，第一，北票公司现已能独立，每月产煤所得之盈余，足敷开支而有余。第二，北票公司虽是营业性质，但为公司之事不免还要常与官厅接触，尤其因为北票地方及运销产煤之铁路完全在奉天统治者势力之下内，每隔二三个月必须到沈阳与官厅接洽。关外的官子架子好大，我当初为什么要脱离地质调查所，大部原因就是怕伺候官僚。谁知关外官僚的脸孔更比北京官僚的脸孔格外看不得，我不愿再见胡子的脸孔，尤其不

---

① 胡适：《丁文江的传记》，《胡适文集》第7册，第450—451页。
② 参见《中国矿业纪要》（第四次，民国十八年至二十年），第273页。

愿在胡子势力之下讨生活。当初我不应该纵恿你怎么办北票煤矿。现在北票的情形已能自主，矿山的组织颇完密，我现在脱离公司，可以告无罪于股东。第三，因为我常常到关外，感觉张作霖本人及他的部下都不是好家伙。……现在胡子的势力已到达山东，可能将来逐渐闯入长江流域。我们江苏人要受胡子的统治，我是不能坐视的。但我仍在北票做经理，就没法到各处去活动了。我老实告诉你，依照现在国内混战的局面，我们不能再袖手旁观，我所眼看的北方军人是完全没有希望的，所以我愿意到南方各处去走走。①

胡适曾就先生任北票煤矿公司总经理期间的情况亦发表过看法：

> 关于在君办理北票煤矿公司的事，我差不多完全不知道。刘厚生先生的纪录，我曾看过，实在也太简略，没有多少传记资料。
>
> 这五年（1921—25）之中，在君的生活有两件事是值得纪载的：一件是他和我们发起一个评论政治的周报——《努力周报》——这个报其实是他最热心发起的，这件事最可以表现在君对于政治的兴趣；一件是他在《努力周报》上开始"科学与人生观"的讨论，展开了中国现代思想史上一个大论战。②

关于这段先生的事迹，时在上海大同学院读书的丁廷楣有简短回忆：

---

① 董显光：《丁文江传记》初稿，《胡适全集》第34册，第388—389页。
② 胡适：《丁文江的传记》，《胡适文集》第7册，第442—443页。

民国八年至十三年，我在上海大同学院时，五年内文江来大同可能有三次，每次至校长室与校长胡敦复及曹梁厦老师等会晤，必有校工前来传呼文沼与我去晤面。我称呼文江为二哥，他呼我为三叔。当胡校长等获知我系丁文江的小叔，均戏称我为小 Uncle。文江二哥也大致问问功课、成绩及兴趣等，并嘱注意体育、健康卫生，我与文沼唯唯轻诺。①

在担任北票煤矿公司总经理职务期间，先生结识了张学良。关于此事，先生后来在《给张学良将军的一封公开信》一文中有所说明：

从民国十一年到十五年，我当北票公司的总经理，常常因为公司的事和您见面。您对于公司的帮忙和对于我个人的好意，我至今没有忘却。②

冬，先生与蒋廷黻初次见面。关于此事，蒋廷黻有一段回忆：

我初次与在君见面好象是民国十四年的冬天，地点是天津的一个饭馆。那天请客的主人是南开大学矿科创办人李组绅，或是矿科主任薛桂轮。在君是主客，陪客者尽是南开的教授。见面的印象，照我现今所记得的，第一是他的胡子，

---

① 《丁廷楣先生访问纪录》（中研院近史所口述历史丛书32），第28页。
② 丁文江：《给张学良将军的一封公开信》，《独立评论》第41号，1933年3月12日。

第二是他的配有貂皮领子的皮大衣,第三是他那尖锐的眼光。朋友们普通见面时那套客气话,他说的很少。①

本年,与翁文灏合著的《地质调查所的十年工作》一文,由地质调查所印行。

---

① 蒋廷黻:《我所记得的丁在君》,台北《中央研究院院刊》第3辑,1956年。

复旦大学战后复员档案史料选编

复旦大学档案馆 供稿

编者按：抗战胜利后，战时内迁的几十所院校，又面临迁返原地的问题。教育部虽然颁布了国立各级学校迁校办法，但人员及图书、设备、档案的运输成了大问题。为尽早迁返原地，各校使尽招数，水、陆、空并用，并准许学生自行迁返。复旦大学自1945年10月起即着手准备，至翌年深秋，经历无数艰难曲折，三千余师生及档案、图书、设备方从四川北碚返抵上海。

本刊总111号曾刊载《复旦大夏联合大学西迁史料汇编》，今再选辑整理复旦战后复员的相关档案史料予以公布。查已刊各校复员资料，于复员经费、具体迁移情形、迁移中的困难、与军方及地方政府的矛盾等方面资料尚付阙如，因此该资料的公布于抗战史及战时高等教育史研究颇有参考价值。

选编：杨家润。整理：孙瑾芝、严玲霞、田园。

关于抗战胜利复旦教职员谈话会议记录
（1945年8月25日）

三十四年八月廿五日举行抗战胜利复员全体教职员谈话会议记录

时间：卅四年八月廿五日下午七时

地点：本校大操坪

出席者：（略）

主席章校长①报告事项：

一、本校自民国廿六年西迁后，原有上海江湾部分改称上海补习部，状况及上海原校址情况、交通情形、校址面积、设备情形。在战前（廿五年时），学生人数激增，已达一千六百人。当时感于校址不敷分配，意欲另图发展之处，适吴稚晖先生拟将江苏省教育经费管理委员会捐献吴稚老无锡大雷咀地方山地约一千亩，捐赠本校作为发展校舍之用，并述及该处环境地势情形。现以敌人投降，胜利已临，本校亟应东归，恢复立校。惟东移因无锡大雷咀之地面积虽广，建设需时，非一年不能完成。故东归计划拟先迁回江湾校址作为过渡，俟将来无锡校舍筹备完成，再行陆续迁入。然北碚夏坝校址，经营有年，不愿放弃，或留作本校校产一部。以上各节曾请同学会加以考量。近去函李老校长②致敬，并商洽一切。本人拟俟交通恢复，亲往上海接洽。万一江湾校址不敷现有人数应用，则必需另觅相当处所，以谋布置，实希望在可能范围内尽早迁回。又日前朱部长③莅校，曾谈及政府复员计划，拟将本校迁海州连云港或徐州之说，并述及该两地环境形势。本人觉得建设校址兹事体大，未敢擅作决定。除已请李炳焕先生赴渝征询在渝校友意见外，故今特请各位教职员举行谈话会，征询关于建校意见，以求集思广益。希望各位多多发表，畅所欲言。

二、关于渡船临时合约将于八月底期满，急须改订新约。对于渡船，如有意见，请于九月一日以前提送福利委员会研讨。

---

① 章益，字友三，号雯文，时任复旦大学校长。
② 李登辉，曾任复旦大学校长。
③ 朱家骅，时任国民政府教育部长。

吴南轩先生报告略。

各位意见：

1. 胡继纯先生：本人主张迁上海，就原址另谋扩展。
2. 萧承慎先生：本人主张本校迁回原址，以谋扩大发展，并要求政府保留"复旦大学"名称。
3. 何德鹤先生：本人主张本校应迁无锡，因彼处风景优美，宜于读书，但第一步迁江湾，第二步迁无锡。
4. 王述纲先生：战事胜利结束，各人思归心切，希望早离此处，希望各学院分致沪、锡，并请学校备置意见箱，征求各方意见。
5. 杨岂深先生：本校因历史关系宜迁江湾，并希望各学院并设一处。
6. 朱世泽先生：本校东归后，此处可改设分校供吸收一年级之四川籍学生肄读。
7. 卫惠林先生：本校东归后以一部分设于上海，一部分设于无锡。无锡既有地方，风景确属优美，自当利用。校舍固为重要，并希望对于仪器、图书多多充实，学术研究更加培养。
8. 汪义方先生：先迁上海，继迁无锡。希望学校设置意见箱征求全体意见，并请校长带了各方意见赴沪接洽。
9. 讨论事项：主席交议卢于道先生函提，以本校复员工作繁重，请组织本校复员委员会拟就方案，征询各方意见，提供学校裁决案。

决议：组织本校复原计划委员会，由校长、三处处长、五院院长及另推八人，计十七人组织之。

推选结果：全增嘏先生，五四票；白季眉先生，四五票；萧承慎先生，四二票；胡继纯先生，四二票；何德鹤先生，三四票；薛芬先生，三四票；张定夫先生，三三票；卢于道先生，三一票；八位当选。

关于国立各级学校迁校办法（教育部）

(1945年)

一、本办法依据中央党政机关还都办法第十三条之规定订定之，国立各校按照办理。

二、各校迁校人员规定如左：

1. 员工以在职人员专任者为限，并不得超过本年度预算人数。

2. 学生以本学期在校并以本人为限。

3. 移交地方暨不继续办理之学校员生、工役及不迁移学校之学生，并各校退休教员而籍隶收复区，志愿迁回收复区经教育部核准者，得由原肄业或服务学校列入名册之内运送。

4. 员工眷属以配偶及直系血亲在任所者为限，但教职员之直系姻亲及旁系亲属确由本人抚养者，经服务单位同事二人之关系及层级主管人员之保证，得呈报二级主管机关核准随校同迁。

5. 各学校员工眷属平均按每教职员携带三人，每工役携带一人计划预算总人数。其六岁至十二岁者以半口计，五岁以下者不计，仍由学校照各该员工原经登记有案之眷口，按实分配统筹。分配时以迁校员工之血亲及姻亲分配，不得超过预算总人数。

6. 眷属有在他机关或学校任职者，不得在两机关或学校列报，违者除依法惩处外，取消其领费权利，取领各费均应追缴。

7. 各学校教职员如在学校所在地死亡者，其眷属未在他机关或学校任职须随校同迁者，由原服务学校核实统筹，列入名册之内运送。

三、运送公物规定如左：

1. 各学校公物之运送由各学校自行负责办理，但以各校原有图书仪器机件及其他公物曾列入财产目录者为限,核实计算。

2. 档案文具纸张均准运送,但档案之无须保存者,规定手续分别销毁,或送国史馆筹备委员会,或交就近教育厅局接收。木器及各种笨重物具以不携带为原则,但各学校如愿用木船运输者,听其费用在校具设备费项下匀支。

3. 各学校迁离所在地后,其所留公产应造册,呈报教育部核定处置。

四、员生工役行李规定如左:

1. 教职员及其眷属行李之运送,每人以一百公斤为限。专科以上学校学生每人以四十公斤,中等学校学生每人以三十公斤为限,工人暨其眷属每人以四十公斤为限。

2. 员工暨眷属及学生行李,以箱箧网篮被包为限,凡笨重、污秽及容易破损之器具不准携带;

3. 员工暨眷属及学生随身携带之行李,依所乘交通工具规定章程办理,其余额应交由各该学校统筹运送。

五、各学校人员迁移及公物之运送程序,由教育部规定分别通知。其交通工具由各学校自行接洽,至员工眷属应尽可能使之与本人同行。

六、各学校迁移经费按左列标准编造预算(格式依附表一):

1. 员工暨眷属及学生,自学校所在地至码头、机场、车站之车船费及由到达地码头、机场、车站至学校所在地之车船费,按实有人数核实计列预算,由各该学校斟酌情形。其不须乘坐舟车者,学生工役以步行为原则,统筹支用。

2. 员工暨眷属及学生之票价核实计列预算,仍由各学校按各级人员职位统筹购票支用。轮船(船运伙食费包括票价内)、火车票价按规定官价以比照,简任人员头等比照,荐任人员二等比照,委任以下人员及学生三等,工役四等计算,汽车、飞机票价不分等。

3. 迁移时膳宿费，教职员及其眷属口每人概日支一千五百元，学生日支一千元，工役及其眷属口日支七百元。船运期间包括在票价内及乘飞机者均不支给，乘车者按公路局规定行车日数支给，等候交通工具日期由本部就各学校迁转情形分别核定。但川境内至多以四日为限，川境外至多以五日为限，无须等候者不给。

4. 移交地方暨不继续办理学校之员工及其眷属暨学生，及不迁移学校之学生而籍隶收复区，志愿迁回收复区经教育部核准者，得发给前项费用。其经由学校主管人核准，自行出发者，亦得发给前项费用，退休教员亦照本条规定办理。

5. 中央各机关及国立各级学校教职员之子女随校迁移者，其迁移费用由其家长在服务机关或学校报领，照所领数缴交学校，不得在学校列支。不迁移学校之是项学生，不发还乡费用，径由其家长在服务各机关报支。

6. 公物包装费用每百公斤按二千元计列预算。

7. 公私物品由所在地至目的地运费及起卸力资、中途驳运等费，均核实估列预算，私物之超过规定重量者不给。

8. 行支由部按照各校实际情形酌定数额代列预算。

七、各项经费依事实需要由库直拨，交由各校统筹核实支用。其移交地方暨不继续办理学校之员生工役并员工之眷属，及不迁移学校之学生之票价膳宿等费，拨交教育部转发（退休教员及眷属亦同样办理）。

八、各学校房屋修建或购置租赁及校具设备费，由各学校另编预算，依法定程序核定支用。

九、各学校有左列情形之一者，其员工得发给补助费：

1. 凡遵照教育部核准迁移之学校员工，校址迁移在二百公里以上者。

2. 复员后移交地方办理或不继续办理之学校，而其籍隶收复区员工志愿迁回收复区任职，经教育部核准者。

3. 退休教员而籍隶收复区志愿迁回收复区，经教育部核准者。

4. 后方不迁移各校之员工概不发给，但籍隶收复区之员工仍留原校以及经部核准回收复区任职者，其补助费准照数发给。

十、各学校员工补助费支给标准，遵照行政院规定之各地标准，照左列等级支给之：

1. 专科以上学校

甲、校长、院长、正教授以上，院定简任人员之标准支给。

乙、副教授、讲师及组主任、副主任，比照院定荐任人员之标准支给。

丙、助教及组员，比照院定委任人员之标准支给。

丁、雇员，比照院定雇员之标准支给。

戊、工役，比照院定工役之标准支给。

2. 专科学校

己、中等校、分校长、初中校长、高中分部主任、各主任，比照院定荐任人员之标准支给。

上项补助费由各学校编造支给表四份（格式依表二），送由教育部分别核转审计、财政两部审核并呈行政院备案，款由国库直拨，在学校复员时一次发给。其移交地方暨不继续办理及不迁移之学校，前项补助费拨交教育部转发（退休教员亦同样办理），并应于各该校全部迁校完竣后一个月专案报销。其剩余之款不得移用，应即缴还国库，分报财政部及主管审计机关查核。如逾期不报者，即由该管审计机关通知财政部分别催缴收回。

十一、兼职人员应自选在一机关请领，不得重领冒领，违者除依法惩处外，取消其领费资格，所领各数全部追缴。不支薪之兼任人员，概不发给。

十二、凡九月三日以后到职员工及九月三日以后新设各校员工，不发补助费，其在是日前确曾在他机关任职者，由新设学校检证列表转报教育部核发。

十三、各学校教职员、雇员、工役不随同学校迁校，考虑给资遣散，按遣散月份之生活补助费标准发给三个月遣散费，即由总预算所列迁校补助费项下支给。

十四、各学校造送各表应由校长切实负责审核，如查有逾领之款，应由主管人员负责追还，缴还财政部。

十五、本办法呈奉行政院核定后施行。如有疑意及未尽事宜，由教育部解释补充之。

教育部关于复员事宜训令
（1945年12月29日）

令国立复旦大学：

查各教育机关与学校复员时仅能携带比较贵重及必需之物品，凡不便携带而遗留之物件一律册报本部，候另令处置，业经于十一月十七日以秘字第五八八三一号训令通饬遵照在案。复员在即，凡应迁移之机关、学校自应预为准备一切，包括校址之布置与房产之修缮，校具之补充等等在内，但亦须力求节省办理。一俟下学期结束后交通运输便利之时，即可径自规画着手进行，惟须力求十分安全以照妥慎。至于复员费用本部正已筹有必需之的款，一俟领到即行统筹络续发放。所有公物以及员生行李势不能多量携带，必须予以严格限制，以免困难并节约公币。除分行外，合再令仰遵照前令，切实办理具报。此令。

部长　朱家骅

章益就包租船只致何乃仁函

(1946年2月5日)

乃仁先生大鉴：

　　岁底在宗融兄处晤教，备聆高论，至以为快。关于敝校复员所需船只，承允特予设法，尤深纫感。兹为期已迫，特由校造具员生暨家属名册送请贵公司，于本年三月间赐拨八百吨轮船四艘，以供本校东迁之需。所有包租价格，并请贵公司惠示，以备缴付。谨再函恳，至希鼎力惠助，无任企感。专此。敬颂春祺。

弟　章　益
中华民国卅五年二月五日

迁校委员会第一次会议记录

(1946年2月)

　　三十五年二月

　　出席人员：何德鹤、胡继纯、张志让、萧承慎、林一民、芮宝公、陈子展、张孟闻

　　列席：萧自强

　　主席：章益　记录：萧自强

　　讨论事项：

　　一、本委员会委员业经校务会议推选，办事简则要点应如何规定案。

　　议决：本委员会办事简则要点暂行规定如左：

　　（一）本委员会设委员十七人，由校务会议公推之，共同担任迁校准备执行及评议董事项。

（二）本委员会分设物资调查、物资迁运、人事、安全卫生、纠察五股，各股各设委员若干人，召集委员三人（互推常务召集委员一人），干事若干人，助理干事若干人，除由本委员会各委员分别担任召集委员外，并由会推请，校长聘派之。

（三）本委员会各股职掌如左：

甲、物资调查股

1. 负责详细调查应行迁运之公私物资。
2. 订定全部迁运物资之编号系统。
3. 详细登记应行迁运之公私物资并予以分类统计。
4. 划分各类迁运公私物资之最要、重要及次要性质。
5. 订定各类物资分批迁运之先后秩序。

乙、物资迁运股

1. 负责租赁或购置迁校时载运人员及物资所需之舟车及一切交通工具。
2. 负责处理迁校前后及迁校时有关物资迁运之一切对外交涉与交际。
3. 准备迁校时迁运公物所必需之器材。
4. 接收应行迁运之各类公私物资并妥为点验编目与保管。
5. 协助各部门处理应行迁运之物资打包或装箱等事项。
6. 负责运输各类应行迁运之公私物资。
7. 负责准备并供应起运暨抵泊地点之搬夫以及接洽沿途各码头工人。
8. 抵泊沪、锡后负责分别发还各类公私物资。
9. 其他有关物资迁运事宜。

丙、人事股

1. 详细调查本校应行东迁之员生工友及员工眷属并予以登记。
2. 本会各股人员姓名职掌及任务之登记。

3. 分配迁校时舟车舱位或座位、铺位。
4. 确定分批东迁人员之先后秩序。
5. 负责处理东迁人员船上及沿途之膳宿。
6. 迁校时沿途各项对外人事之接洽。
7. 迁校时内部人事之联系。
8. 其他有关人事之事宜。

丁、安全卫生股
1. 迁校时各类疾病之预防与治疗。
2. 舟车及沿途食宿清洁卫生之维持。
3. 舟车上之消防与安全。
4. 指明舟车上危险地点并说明各类易发危险之动作。
5. 维持舟车载重平衡。
6. 其他有关安全卫生事宜。

戊、纠察股
1. 调解各项人事纠纷。
2. 维持舟车上及沿途上下之秩序。
3. 保持舟车之载重顺序。
4. 维持沿途人员各项安全并制止危险动作及逗留危险地点。
5. 其他有关纠察事宜。

（四）如有各股及各股间不能决定事项由本委员会决定之。

（五）有关迁移各项章则由本委员会制定之。

（六）本委员会开会时，以留住夏坝本校委员二分之一以上到会为法定人数，但于本会委员陆续离去夏坝本校达五分之三以上时，本会只能举行谈话会。

（七）迁运之物资，凡公物之打包或装箱由原主管部门负责办理。打包或装箱时，每包或每箱之物品须复写物品目录同样四份，一份粘贴包内或箱内，一份送本委员会备查，一份送物资迁运股一份,由该类物品之主管部门保存。私人物资由所有人自行包装,交物资迁运股点验收存,当时付给收据,以后凭据领取。又全部迁运之公私物资,应由物资迁运股编造总目录同样三份,一份由物资迁运股保存,一份送本会备查,一份先寄沪校本委员会先遣负责人,以备到达时清点。

二、本委员会各股召集委员请公同推定案。

议决:照章推定其人选如次:

甲、物资调查股推定严家显、胡继纯、薛芬三先生为召集委员,并推严家显先生为常务召集委员。

乙、物资迁运股推定何恭彦、张孟闻、何德鹤三先生为召集委员,并推何恭彦先生常务召集委员。

丙、人事股推定芮宝公、伍蠡甫、卢于道三先生为召集委员,并推芮宝公先生为常务召集委员。

丁、安全卫生股推定张志让、李仲珩、张明养三先生为召集委员,并推张志让先生为常务召集委员。

戊、纠察股推定林一民、萧承慎、陈子展三先生为召集委员,并推林一民先生为常务召集委员。

章　益

迁校委员会第二次会议记录
(1946年2月6日)

时间:三十五年二月六日上午九时

地址:登辉堂会议室

出席人员:章益、卢于道、薛芬、林一民、张孟闻、萧承慎、胡继纯、何恭彦、严家显、陈子展、张明养、张志让、芮宝公、李仲珩

列席人员:萧自强

主席：章益　记录：萧自强

主席报告：

一、本校确定分迁上海、无锡，无锡校舍洽定经过，以及请金通尹先生估工修理无锡所借定之校舍情形。

二、分向行政院苏浙皖区敌伪产业处理局及中信局接洽江湾本校附近敌兵营及华中铁运公司职员住宅房屋情形。

三、接洽复员之船只经过情形。

讨论事项：

一、本校复员时，本校教职员工亲属允其随校东迁者如何规定案。

议决：凡本校专任教职员下列各项亲属，允其随校东迁：

1. 专任教职员之祖父母、父母及其配偶。

2. 专任教职员之子女确无职业者，或其子女系在后方不复员之机关服务，提出证明文件者。

3. 专任教职员之孙子女而其父（即专任教职员之子）符合第2项规定者。

4. 专任教职员之媳而其夫（即专任教职员之子）符合第2项规定者。

5. 专任教职员之女婿而其配偶（即专任教职员之女）符合第2项规定且其本人亦无职业者。

6. 专任教职员之岳父母平时系共同生活由其（专任教职员）负完全赡养责任者。

7. 专任教职员之嫂或弟媳确系寡居无职业，平日共同生活由其负抚养责任者。

8. 专任教职员之兄弟姊妹未结婚无职业，共同生活由其负抚养责任者。

9. 专任教职员之侄确系孤儿未结婚无职业，平日同居一处依其生活者。

10. 专任教职员之侄女确系寡居或未结婚无职业，平日同居一处依其生活者。

11. 专任教职员之侄媳确系寡居无育无职业，平日同居一处依其生活者。

12. 专任教职员之仆役自战争发生以来即随其同来后方服务，期间从未间断共患难者。

13. 专任教职员之乳娘，其所抚育之婴儿未满一岁，现正哺乳者。

二、兼任教员是否随校东迁，特请公决案。

议决：兼任教员不能随校东迁，凡已填送调查表者一律删剔。

三、随校东迁之人口经此次调查后，是否准其增加案。

议决：今后各教职员概不能增加随校东迁之人口，如有特别情形，如新产婴儿等，应个别提出报告由本会个别审查。

四、随校迁运之私人物资种类及重量应如何予以规定案。

议决：准予由校代运之物资其种类暂行规定如次：

甲、书籍——应遵守左刊各项之限制：

1. 超过规定公斤应照累进率缴付运费，其标准由本会另行订定之。

2. 书箱自备，书箱大小之标准最好与本会之规定相符合。

3. 私人托运之书籍装箱时应会同本校物资迁运股点视。

4. 本人应详细开明托运之书籍目录三份，由本会与本会物资迁运股及其本人分别保存，以备查考。

5. 由本会物资调查股函请各先生于三日内将拟托请本会代运之书籍，详细开明书籍种类及中西书籍之册数。物资调查股收到上项书单后，即请本校总务处派员，以本会名义分赴各先生府中点视拟运之各项书籍，并于一星期内将书籍之种类、重量及册数分别统计，送交本会，以为准备运输之参考。

乙、行李——只能以铺盖箱箧及细软为限，笨重家具不能代运。又单身教职员所带行李以六十公斤为限，教职员之家属每大口限带四十公斤，每小口限带二十五公斤。学生每人准带三十公斤，工友与学生同（每公斤合二市斤）。

丙、本校专任教职员之眷属提前东下可否予以津贴案。

议决：专任教职员之父母、妻，平时系共同生活随在任所者，又子现无职业同在任所者，女未结婚无职业同在任所者，可酌予津贴。惟应个别提会审查，其津贴数目另行规定。

章　益

教育部关于复员事宜致复旦电
（1946年2月8日）

国立复旦大学：查中等以上各院校之迁校事宜，迭经本部筹划并与交通机关长时间交涉结果，允自本年五月份起，每月教育机关可水运六千人，空运一千人，路运三千人，总共约一万人左右，实占夏季运输总量三分之一，已达最高限度。复查各教育机关在长江沿岸待运人员约六万余人，须五月至十月底，六个月方能运毕。除各校可自筹交通工具者外，亟须预定各校迁移次序，以免拥集紊乱。而在重庆附近之各校必须复员者，尤应先行起运，俾可腾出校舍备其他各校陆续来渝集中之需。兹订于本年二月二十五日上午九时，在本部召开迁校会议，讨论迁移次序。希该院校负责人或全权代表届时出席参加，并于文到之日迅将现有人员数量及公物（包括图书仪器等）吨数，详实核对，分别应行路线，先行各自内部商讨规画，拟具具体计划并报部备查为要。教育部。

迁校委员会第三次会议记录

(1946年2月20日)

时间：三十五年二月二十日下午四时
地点：登辉堂会议室
出席人员：张孟闻、萧承慎、何恭彦、张志让、张明养、薛芬、卢于道、章益、胡继纯、李仲珩、严家显、何德鹤、林一民、芮宝公、伍蠡甫
列席人员：萧自强
主席：章益　记录：萧自强
主席报告：
一、最近向各方接洽江湾本校附近房屋经过情形。
二、公务人员还都时之各项规定、学校教职员东迁之规定尚未奉部令颁发。
三、教育部令饬呈报迁校时人员物资之统计，并拟具迁运计划。
讨论事项：
一、本月二十五日教育部召开教育复员会议，本校应提请何案，请公决案。
议决：向教育部召开之教育复员会议建议如左：
1. 学校公物重量之计算应比照机关内每一公务员一百公斤之标准，以每一教职员及学生为单位同样计算，例如，某学校有教职员二十人学生一百人，即应准携带公物一万二千公斤。
2. 学校公物应按院系分别另行订定图书、仪器、标本、机械吨位标准。
3. 学校私人物资，工友及其眷属暨学生应放宽规定，准予

携带之重量俟教育部召开之会议有结果后再夺。

4. 学校复员时所应带之公私物资,其重量均应比照国防最高委员会规定之每百公斤包装费二万元,每吨由渝至京运费十五万元(如路远者应另加)计算,如各学校所核定之复员经费不敷时,应请教育部专案呈请增加各校复员经费。

5. 各校复员经费及各校教职员工还都补助费,请教育部转请财政部早日赐拨。

6. 各校教职员及其眷属或学生单独东下者,各应津贴旅费若干,请教育部早日决定,令饬遵办。

7. 本校公私物资最低限度其总重量约在六百吨以上。

二、本校随校东迁之人口除本会第二次会议业已明白规定外,现各教职员填送表格到会如何审核并限定案。

议决:照左刊各点办理:

1. 各教职员之眷属人口遵照国防会之规定办理。

2. 审核直系亲属与非直系亲属时均照本会第二次会所议决各款办理。

3. 已填送眷属调查表到会者,均以该表上所刊之人口为限,不能再请另外增加。

4. 所有送到之眷属调查表,由本会个别详加审核,并推定左刊人员先赴本会,人事股将已送到之表分别逐表予以初审。

选定之人员如左:

林一民先生、薛芬先生(看新村所住之先生所填送之表有无遗漏)。

卢于道先生(看北碚方面所住之先生所填之表有无遗漏)。

伍蠡甫先生、萧承慎先生(看黄桷镇所住之教员所填之表有无遗漏)。

张孟闻先生、芮宝公先生(看南轩所住之先生所填之表有无遗漏)。

曹亨闻先生(看东阳镇所住之教员所填之表有无遗漏)。

何恭彦先生、萧自强先生(看全体职员所填之表有无遗漏)。

5. 以上各先生将所送之表初步审查后，如发生问题或发现与规定不符，即由其私人通知商请其本人更正。

三、本校东迁分为沪、锡两地，人事方面如何划分，请公决案。

议决：先组小组委员会研究并推定五院院长及教务长为委员，详拟计划，由教务长召集之。

四、本校将分迁沪、锡，将来待遇是否有分别案。

议决：本校呈报教育部在无锡新校舍未建筑完成之前，校本部暂设上海，教职员待遇请照中央规定上海市公教人员待遇标准办理。将来汇拨本校员工上海补助费时，请教育部转请财部径拨上海国库转发本校。

五、本校所有图书将来东迁时如何划分沪、锡两地案。

议决：商学院书籍全部搬到上海，其余各院书籍一律搬至无锡。

章 益

章益呈教育部择定无锡校址经过文
(1946 年 3 月 1 日)

谨呈者：本校校址原设上海江湾，战前即以该处校地颇狭无法扩充，因有迁校之议。时吴稚晖先生闻本校拟择新址，因告本校校友邵力子先生云，无锡太湖边现有荒山隙地颇多，其中大雷咀等处湖山掩映，风景幽美，气象宏伟，以作校址非常适宜，建议本校即迁该地。当时，其地原为江苏省教育经费管理处及无锡士绅荣宗敬①先生兄弟及胡博渊、吴宪睦诸先生所有，比闻吴先生此建议，皆愿捐助本校以促其成。嗣遂由吴稚晖先生约集江苏省教育经费管理处，商定钮惕生②先生及会计陈仲英先生暨其他地产所有人荣德生先生、胡博渊先生、吴宪睦先生等及本校代表钱新之③先生、吴南轩先生等在荣德生先生别墅中议定，将大雷咀山及附近山地捐赠为本校校址，时犹在抗日战事发生以前。去秋校长赴沪，约同上海市教育局长顾毓琇先生、参政员薛明剑先生（皆无锡人）及荣德生先生之公子等赴上项校址察勘，同行者尚有无锡县政府及其他地方机关代表多人。当经指明界址，测绘草图，计占地一千〇十四亩。该地风景幽美，交通便利，洵为设校适宜之地。惟本校于抗战前此项校址择定经过以不久抗战发生，本校西迁，未及呈报钧部。兹者，复员在即，本校拟即以无锡太湖边大雷咀一带地作为永久校址。日前，本校迁校委员会曾经决定，在无锡新校舍未完成前，拟呈报教部，本校暂设上海。本校教职员待遇，请照上海标准给。

顷奉钧部电令，造具复员计划，经已呈明，理合再将本校战前择定无锡校址经过，并检附吴稚晖先生于三十三年十月十八日致钧部陈前部长暨校长述及此事之信函抄件各一纸，暨本校当年测绘草图一件，呈请鉴核备案，实为公便。谨呈教育部部长朱。（附件略）。

校长　章　益

三十五年三月一日

---

① 荣宗敬，名宗锦，民族资本家。
② 钮惕生，名永建，同盟会会员，国民党元老。
③ 钱新之，名永铭，曾任复旦大学代理校长。

教育部关于复旦大学应迁无锡设置训令
(1946年3月8日)

令国立复旦大学：

查调整国立专科以上学校设置地点一案，经已呈奉主座元月十九日府交字第一八九三号代电及行政院三十四年十二月十八日平九字第二七九一〇号指令核准，该校应迁无锡设置。除分令外，合行令仰遵办具报为要。此令。

部长　朱家骅

迁校委员会第四次会议记录
(1946年3月23日)

时间：三十五年三月二十三日下午

地址：登辉堂会议室

出席人员：陈子展、张明养、伍蠡甫、张孟闻、何德鹤、何恭彦、李仲珩、萧承慎、薛芬、严家显、芮宝公、张志让、胡继纯

列席：萧自强

主席：章益　记录：萧自强

主席报告：

一、江湾校舍附近房屋接洽进步情形。

二、无锡校舍设计图稿。

三、教育部召开教育复员会议情形及进一步核定本校迁移运费，计核定为二万万三千万元。

四、夏坝校舍同学会拟订利用计划，将由四川校友借用，创设相辉技艺专科学校。

讨论事项：

一、本校学生如有自行东迁者如何补助费用案。

议决：

1. 凡非应届毕业之学生如自行东迁当由校酌量补助费用，应发补助费若干，由总务处先行调查重庆附近其他还都之国立学校所订办法再订办法。又总务处方面并应与北碚各国立学校事先联系，以免所订发给补助费办法各校显有不同。

2. 凡本校学生，如系中央各机关学校之公教人员子女，关于发给补助费一节，应候教育部明令指示再行另定办法。关于本校新生，其属于公教人员之子女者，由训导处即日详细调查并分别开列清单以备查考。

3. 凡非公教人员之子女，如已请假自行到沪校者，将来本校订定补助学生自行东迁费用办法，该项学生亦可斟酌情形予以补发。

4. 如已向学校领取自行东迁补助费之学生，将来不到沪校报到而又请求转学（转学到后方学校）者，应令退还所领之补助费（转入收复区学校者不追缴）。为实行此项决议，今后教务处发给转学证书，应先送请总务处会计室，查明该生是否已领自行东迁补助费。关于此项施行细则，由教、总两处与会计室会商订定之。

5. 凡已领自行东迁补助费之学生，概不准再随校东迁。其详细稽核办法，训、总两处与本会纠察股会商订定之。

6. 本校学生领取自行东迁补助费办法，由教、训、总三处及会计室会商订定之。

7. 本届毕业学生其原籍后方者，不得领取自行东迁补助费，但准其随校东下。又原籍收复区者，其返籍路线如与学校东迁路线大体相同，得准其领取自行东迁补助费先行离校。关于此点，应由总、训两处与北碚各国立学校商洽联系之。

8. 三十四年寒假毕业生籍隶收复区无法自行东迁者，由校长斟酌情形准其随校东迁。

9. 凡自行东迁之学生（包括本届毕业生及各年级学生），如领有公费者，其公费一律发至本年七月份止。

10. 凡已经休学之学生，如申请随校东迁者，由校长临时斟酌情形决定之。

11. 凡本校先修班之学生，其成绩不能计入本大学者，应由校专案呈部，请另拨专款，作为补助其还乡之费用。

二、本校公物应否由木船先行载启运东下请公决案。

议决：由本会物资迁运股会同总务处斟酌办理。

三、教职员之木器家具可否托请学校代运案。

议决：由物资迁运股拟订办法提请本会决定之。

四、本校应先派遣人员赴上海补习部筹备本校一切迁运事宜如何决定人选案。

议决：由教、训、总三处各抽调人员六至七人，农学院抽调三至五人，限于本月底将名单呈请校长核定后，由校呈部登记飞机票位，以便赴沪办理筹备迁运一切事宜。

五、请确定本校图书装箱日期案。

议决：订定四月二十日至四月底日为收还员生借书日期，并自四月二十日起本校图书概不借出，本校员生可到图书馆阅览。自五月二十日起本校各项图书开始装箱。又仪器装箱时间自五月五日开始办理。关于图书收还、停借、装箱各节，请教务处通告周知。

六、本校教授书籍如何托请本校代运案。

议决：由教授自行装箱，在规定日期内由其个人送交本会物资迁运股点收。一切手续，照本年一月八日本会第一次会议及二月六日本会第二次会议所决定各项办理。书箱均由书籍所有人自行购备之。

七、关于重领旅费如何限制案。

议决：俟奉到教育部公文时即将其所有规定以本会名义通告

全校周知。

八、东迁轮船之救生安全如何筹划案。

议决：

1. 由校呈请教育部专函交通部转饬复员各船应充分设置救生安全设备，并由校函请各轮船公司密切注意各复员轮船之救生安全设备。

2. 由总务处调查出售救生工具之店铺及其价格，并与之接洽，并由训导处布告鼓励学生自行购置。

章　益

教育部关于复员经费训令
（1946年3月30日）

渝会字第一八〇五一号　中华民国卅五年三月卅日
令国立复旦大学：

查该校复员办法业经饬知在案，兹将该校复员经费预算核定如次：

一、旅运费（包括教职员学生公役及员工眷属之舟车、飞机票价、旅费、行李运费、公物包装费等）共二三七，四八〇，〇〇〇元。

二、修建费（包括修缮、添建、租赁及设备）共九〇〇，〇〇〇，〇〇〇元。

除旅运各费支用办法另案饬遵外，旅运费准予先发二成，修建费准予全数先发，经已函库径拨（部垫复员费应予扣还），其余旅运费俟开始迁移时通知国库拨发，应即分别编具预算呈部备核。再，查现时国家财政艰难异常，库币万分支绌，请款已属不易，追加尤为困难。务宜共体时艰，力求撙节，仰即遵照为要。此令。

部长　朱家骅

章益致全国船舶调配委员会函
（1946年4月10日）

径启者：本校奉令复员，即将迁回上海原址。估计全校员生暨眷属及物资数量须八百吨轮船四艘，始可勉强载运。素仰贵会办理战时复员调配交通运输，勋绩卓著，对本校复员事宜，谅可邀蒙协助。兹以复员时限已迫，拟请惠赐于本年五月间调拨该项轮船四艘，以便本校得以及时东迁。再本校员生尚有拟提前及单独成行者，关于轮船舱位，并请惠予优先分配。特函奉恳，统祈赐允见复，至纫公谊。此致全国船舶调配委员会。

弟　章　益拜启

教育部关于复员学校学期结束时间训令
（1946年4月11日）

渝高第二〇二三五号　卅五年四月十一日发

查学校复员即将开始，本学期结束时间，以迁校期程先后不能一致，亟应斟酌实际情形，因应机宜，其期程较远者仍须依旧上课，不必提前结束。下学期若不能如期开学，可在原地尽量上课，以免停顿太久荒废学业。目前交通工具依然困难，且收复区生活程度高涨无已，后迁学校尤不必急于迁移。除分令外，合行令仰遵照，计议具报为要。此令。

部长　朱家骅

迁校委员会第五次会议记录

（1946 年 4 月 20 日）

时间：三十五年四月二十日上午
地址：登辉堂会议室
出席人员：林一民、陈子展、李仲珩、张志让、芮宝公、萧承慎、何恭彦、张明养、严家显、伍蠡甫、薛芬、胡继纯、何德鹤、卢于道、张孟闻
主席：林一民　何恭彦　记录：萧自强
报告事项：
物资迁运股报告接洽交通工具经过困难情形。
决定事项：
一、请林教务长到教育部切实交涉本校应需之水陆空方面交通工具。
二、加强办事处人事组织，并指定专门负责接洽水陆空方面各项交通工具。
三、推定李仲珩、严家显、何德鹤、张孟闻四先生经常驻渝住本校办事处内，负责主持接洽水陆空方面交通工具事宜。
四、请本会人事股即日负责详细调查本校专任教职员眷属人口，调查时应注意下列各要点：
1. 专任教职员之直系血亲平日共同生活同在任所者，只须教职员本人父子填明，无须联保人负责保证，准许随校东迁。
2. 专任教职员之直系血亲如不同在任所，平日确由其扶养者，须觅取联保人二人，由联保人（联保人以同一服务单位同事二人为准）负一切法律上之责任，并经层级主管人员之保证，由本会审核后呈奉校长核准随校东迁，但不发东迁补助旅费。
3. 专任教职员之直系姻亲及旁系亲属确由其本人扶养者，

经服务单位同事二人之联保及层级主管人员之保证,由本会审查合格呈奉校长核准,得由校专案呈报教育部核准随校东迁,但不发东迁补助旅费。

4. 联保人所保之人员如不实在,应负偿还一切费用之责。

5. 本会如有所询问时,联保人应负责答复。

6. 本次调查系奉教育部所颁国立各级学校迁校办法办理,亟待呈报,务请本会人事股于五日内调查并统计完竣,以免有误。

7. 为办理此次调查事宜,由校长室、教务处、训导处、总务处、会计室各调一人至本会人事股办公。

五、报领迁校补助费部颁办法限制綦严,且规定须报审计财政两部审核并呈送行政院,将来引起问题必多,除请各院长先生便中向各系主任说明并请转向各系之先生说明外,并应将部颁办法所有规定摘要通函查照,又下列三点尤须注意:

1. 函请各先生自行决定是否在本校报领迁校补助费。

2. 如有不在本校报领迁校补助费之先生,报部名册内修改栏中填写下列文字:"已离校先行,未在本校申请报领迁校补助费。"

3. 函中说明迁校补助费只能在同一个机关或一个学校报领,不能双方列报。

六、夫妇同在本校服务者,其眷属人口只能一人(夫或妇)列报,不能两人同时列报,又岳父母应由妇列报。

七、兼任教员如欲在本学校报领迁校补助费,须检其未在他机关领取补助费之证明文件,专案代为列报。

八、先修班不及格而受退学处分之学生,与先修班不能保送入大学之学生,是否准许随校东迁,均候部令办理。

九、卅四学年度暑假毕业生(已参加大考者)一律准其随校东迁,但不得领取自行东迁补助费。应届毕业生(未参加大考者）准照其他年级学生同等待遇领取自行东迁补助费，但须在学校规定补考时间到上海本校补考。

十、凡本学期受退学处分之学生籍隶后方者，只准随校东迁，不能发给自行东迁补助费。

十一、凡本校专任教职员之旁系亲属或直系姻亲，业经本会核定并奉校长批准暨呈奉教育部核定，允许其随校东迁者，该核准之旁系亲属或直系姻亲应在本校东迁人员最后一批同行，绝对不能提前，亦不得请校发给补助旅费。

十二、凡中央机关或学校公教人员之子女，如有在校领取自行东迁补助者，应由训导处即日查明其父母所服务之机关或学校，由校函请其退还其子女在本校所领取之自行东迁补助费。

十三、凡本校患有传染疾病之员工、学生不能随本校大队东迁，除由校向江苏医学院接洽妥善办法（接洽事宜请训、总两处会办）外，并应即日呈部作以下之建议：

1. 请部特拨飞机专送该类学生（包括后方各学校学生）乘坐。

2. 集中各学校之患病不能随大队同行之学生，由部特备卫生安全之交通工具送其东下。

3. 由部特为该类学生接洽后方设备完全之医院，送该生等入院调养。

十四、自即日起凡本校专任教职员如自行先期东下，准借薪二十万元，旅费十万元。

十五、凡已休学之学生如申请随校东迁者，应先照学校原有规定办理复学手续方能核准，并不能请领自行东迁补助费。

十六、本校东迁在即，五月廿七日为故教务长孙寒冰先生殉难纪念日，应发动全校师生前往墓前公祭。

迁校委员会第七次会议记录

（1946年5月3日）

时间：三十五年五月三日下午
地址：登辉堂会议室
出席人员：章益、陈子展、胡继纯、萧承慎、芮宝公、何恭彦、卢于道、何德鹤、张孟闻、薛芬、伍蠡甫、李仲珩、张明养
主席：何恭彦　记录：萧自强
报告事项：
一、何德鹤先生报告在渝接洽飞机经过情形。
二、路顺奎先生报告在渝接洽交通工具情形。
决定事项：
一、关于第一次申请登记飞机座位应加下列条件：
1. 本会已向行政院交涉取得五月份飞机座位四十名，可能于五月底以前飞沪，惟尚无确实把握。此项座位分配于"前已申请，经校长核准有案者"，及第一次登记之各位先生本人、或配偶、或至亲，一人为限，小孩不能携带。依照中签次第搭乘飞机（注本条本会第八次会议略有修正）。
2. 请第一次登记之各位先生于三日内（本月六日下午五时截止），将乘机者之姓名、籍贯、年岁列表，及二寸半身照片三张，送交总务处。如过时未将照片送到，则本次之飞机座位登记即作为弃权。
3. 上项决定请总务处即日通知登记之五十三位先生。
二、第一次登记搭乘飞机人员（四十名为限）名单即日编造两份，以一份送行政院，一份送教育部。
三、上项报送行政院与教育部之乘机人员名单，其次第首列何育辽夫妇并有小孩一名，次列俞徵夫人可带小孩二人，再次列

史继美女士，此份即照中签号码依号排列，至第三十六号止。如中间中签号码有自愿放弃者，即依号递补（注：此条经本会第八次会全部修正）。

四、第二次登记飞机座位办理办法如次：

1. 全体专任教员（惟助教应将其所任职务先行清理告一段落，经其本系主任同意，并呈奉校长核准），均可登记。

2. 自本月七日起仍由本会人事股办理登记，并请于三日（本月十日上午截止）内办理完竣（本条日期方面业经本会第八次会议修正）。

3. 每日可登记飞机票两张，一票为其本人，一票为其平日同居之直系血亲或配偶，幼孩不得携带。

4. 申请登记时应准备本人二寸半身照片三张。

5. 函各教员先生，应详细说明此系接洽，并未有确实把握。

6. 本登记定于本月十二日下午四时在本校会议室举行抽签，一切抽签事宜请何恭彦、芮宝公两先生会同办理之。

7. 推定薛芬、张孟闻、张明养、胡继纯四位先生监视抽签。

五、关于接洽交通工具，本会前已推请李仲珩、何德鹤、张孟闻、严家显四先生驻渝主持，现严家显先生已赴沪，由会加推萧承慎先生负责，并请路顺奎先生亦同四先生经常驻渝。

六、凡夫妇二人同在本校服务者，其夫人应据其本人职务向校商借旅费。

请本会人事股即日将各教职员先生之眷属人口，分类统计完竣，凡未填送调查表者，请人事股再用最迅速方法催填。（如三日之内再不填送，即请人事股详细开明名单提会，决定取消其旁系亲属，仅保留其直系亲属）

七、凡通讯注册之学生仅可随校东迁，不能发给自行东迁补助费。

八、关于正式公布教职员及其家属复员名单决定如次：

1. 正式公布教职员及其家属复员名单，如任何人对于该名单发现有可疑之处，即请提出问题，以便查明改正。

2. 在正式公布名单之前，用本会名义将本会审查名单时所发现之问题，及所作之决定分别用函通知其本人查照。如其本人认为有应复议之处，请于接到通知后三日内声明理由及提出证明文件，请为复议，否则即依本会所作决定公布之。

3. 公布之名单粘贴于教员休息室。

4. 公布名单之格式如左：

本校教职员及其家属复员名单

姓名	性别	职别	住址	配偶及其直系亲属均同在任所者	直系亲属或旁系由本人扶养或同在任所须随校东迁者	随校东迁人数（连本人在内）

九、关于呈报迁校员工补助费支给表决定办法如次：

1. 迁校员工补助费支给表应即日造报，函请各位先生盖章。该表内人口一栏俟盖章后再填（暂照上次报部人口填报），呈部计领，并加函说明此册只计领迁校补助费，与旅费无关。

2. 凡兼任教员如欲在本校报领迁校补助费者，另行专案呈部计领，不在本册内列报。

3. 如各教职员先生有个别特殊情形，可依拟其事实分别通报，即在该名册备改栏内详细注明。

吴剑岚先生申请报领迁校补助费一节，俟校长核定后专案报部计领，不在此册内列报。

十、凡依据本会第五次会议第十一决议案之规定，允许随校东迁各教职员之旁系亲属，如教职员本人已先行东迁者，其所填报之旁系亲属概不得随本校东迁。

十一、如下学期本校在上海开学时，北碚夏坝本校尚有留守职员，及船舶处理委员会尚有便船可以接洽时，本校自当为川籍学生力谋福利。

十二、第二次登记飞机座位办法改订如次：

1. 第一次登记已经抽签排定次第因额满而不能报部者，或于未报部前自行申请移后者，应优先列入，仅限于一人。但自行申请移后者，其次第应列于因额满而不能报部者之后。

2. 第二次登记之限制，除应照本会本次第二案规定应为全体专任教员（助教应将所任职务先行清理告一段落，经其本系主任之同意呈奉校长核准）外，专任教授、副教授并得携带小孩（限于本身子女），采用混合登记法（即携带小孩者与单身教员同时登记）。

3. 抽签方法：

ⅰ．混合抽签（即单身教员与携有小孩之专任教授、副教授同时抽签，同时照中签次第顺序编号）。

ⅱ．如接洽有专机，以携有小孩（限于本身子女）优先按中签次第乘坐。

ⅲ．如仅接洽有机位，则按中签次第，以单身教员及其配偶优先乘坐。

十三、关于本校专任教职员所填之眷属调查表个别审查如后（密）（表略）。

章　益

教育部关于增拨复员费代电

（1946年5月4日）

国立复旦大学：本年四月十五日总字第四三七号呈悉。该校复员费已另案增拨一亿五千万元，仰即知照。教育部。支。

（印）

复旦就复员机位事呈行政院文
（1946年5月6日）

行政院钧鉴：

　　本校奉命复员，一部份教授、副教授返沪业已教学。兹经推派本校代表何德鹤、路顺奎面持呈文，请拨复员专机三架，以利复员。

　　当经钧院陈参事克文于五月一日批准拨配机位四十名，于五月内飞沪，谨造具本校搭乘此项机位之人员名册一份，请按照该册所列人名之先后秩序排列座位，并请鉴核指定搭乘飞机日期，以利早日成行。无任公感。

国立复旦大学叩

　　附名册一份（略）

路顺奎就接洽复员工具事致章益函
（1946年5月18日）

友三校座赐鉴：

　　数度在渝接洽复员交通工具，以公路方面最为顺利，员生取道川陕、川湘、西南各路自动东下者，约千人左右。教育部原允复旦在五月份三名筹备复员人员机座，现又因五月份教部仅分得机座卅名，此事又渺茫之极。而行政院所允给四十机位，名册于昨始送去，未知何日能成行。轮船之运输量，最近仍甚小，据宗氏云（船舶调配委会副秘书长），川江中原该十九艘船上下驶行，近有十五艘迫运湘鄂日俘卅二万，故运输量不能增加。中大本月份仅走八百名额，除自动复员者外，尚有千余人待运。曾与江良规先生商谈,并已蒙伊允许,将中大缓期东下之员生舱位一千座与复旦对调,中大在宜昌之招待站亦允与本校合作。船舶调配委员会亦已默认可行,乃教部韩帮办庆濂坚持谓,此事有关复员整个计划,可能引起极大纠纷,万万勿可。本校迁委会亦极注意此事,此关打通,便利匪少。兹特呈钧座,能否在南京教部疏通。又军政部拨给缴收伪军用卡车事,教部尚无消息,便间再行探询。肃此。谨叩公绥。

晚学 路顺奎敬上
五月十八日

复旦就增加复员机位致行政院秘书处函
(1946年5月29日)

行政院秘书处钧鉴:

本校复员事宜,以交通阻滞,迄无法进行。现时亟待东下教职员暨一部分眷属,除前次奉准搭乘复员机位之四十名外,尚有八百余人,或以校务要公,或以教学实习事项,均属万分急迫。顷见报载,东下船位大部用以运粮,嗣后复员将以空运为主。本校上项教职员迫不得已,一部分拟循公路东迁外,一部分拟搭机赴沪或赴汉转道去沪。谨特电呈,并请本校李院长仲珩、刘主任泽霖、路主任顺奎前来奉洽,务恳于前准之机位四十名外,再赐核准本校复员机位二百名,俾利复员,实为公便。

国立复旦大学(谦)叩

复旦关于学生复员事宜布告
(1946年6月5日)

本校先修班学生下学期由学校保送免试升学者,可请领旅费

（七万元）自行东迁或随校东迁，办法与大学生相同（试读生亦同）。其不合保送标准学生，不得随校东迁。但籍隶收复区者，发给补助旅费七万元，至籍隶后方者，按其路途远近及实际需要致予补助，惟至多不得超过七万元。合亟布告，希该班学生一体知照为要。此布。

教务处 林一民
训导处 芮宝公
总务处 恭　彦
六月五日

迁校委员会第十八次会议记录

（1946年6月11日）

时间：卅五年六月十一日
地址：教员休息室
出席人员：陈子展、何恭彦、伍蠡甫、胡继纯、林一民、芮宝公、张明养、张孟闻。
列席：蔡振邦
主席：林一民　记录：王叔磐代
讨论事项：
一、关于公布教职员及其亲属人口之办法如何决定案。
决议：
甲、教职员所报亲属人口，凡有人认为不实者，均可检举；检举方式，具名或不具名均可。其具名者，由本会核后，分别答复。
乙、公推陈子展、萧承慎两先生，根据本会五月廿四日通知书及历次审查亲属人口之标准，起草"随校东迁教职员及其亲属人口名单"之前言。

丙、上项名单由各处调员到会缮写底稿，经核对后再行复写。

丁、上项名单，定于六月十八日以前在登辉堂内公布。

戊、设意见箱一只，置于登辉堂内楼梯下，以收受各方意见书。

二、关于东迁之船只车辆及起程先后等问题如何处理案。

决议：

甲、由会敦请张孟闻先生及俞征先生、蔡振邦先生、路顺奎先生于本月十四日赴渝，接洽船只、车辆等有关事项，以安全第一为原则。

乙、由本会通告，凡愿循川陕公路东迁之教职员及学生，希于本月十五日起至廿日止到人事股登记，并定于廿二日抽签后，由庶务组派员前往重庆调查，并接洽川陕公路车辆。

三、关于正式复员日期问题如何决定案。

决议：本校自六月份起正式复员，一切重要公文，定期由沪校收发，除请校长呈部外，并即在沪、渝两地登报声明。

四、关于发给工友还乡费问题如何处理案。

决议：除已会同北碚各国立学校，以比照中央大学决定之办法办理，呈报教育部备案外，本校并即按照是项办法分别办理。

五、关于现在其他机关服务之教职员配偶，可否随同本校东迁案。

决议：现在其他机关服务之教职员配偶，愿随本校东迁者，须缴验未在服务机关领取旅费之证明。

六、关于学生循川陕公路东迁办法如何商定案。

决议：

甲、凡尚未领取东迁补助旅费者，可在规定日期内（十五日起至廿日止），凭学籍证亲到人事股登记（不准代登记），随缴相片一张，过期不再登记。

乙、抽签以斋室为单位。

丙、抽签后须遵照指定的时间及车辆上车，不得申请改期。其至时不上车者，即取消随校东迁权利。惟公布抽签结果后，在规定期间内可自行交换乘车次序，由交换双方具函向人事股声明。逾期不得再有任何变更。

丁、每人得携带行李十五公斤，手提三公斤，并得寄校廿五公斤，由校代运。

戊、除车费由校供给外，并每人每日发给食宿费一千元。如系公费生，由校垫发三、四、五、六月份伙食、副食费增加数，于行前两日发给。（不拟循川陕公路东迁者，在未奉部令前，此项公费生副食费增加数暂不垫发）

己、学生眷属不得随校乘车东迁。

七、关于学生庄国浩申请随校东迁事如何处理案。

决议：先请训导处查明现在生活情形，再提会审核。

散会。

林一民

教育部关于复员经费致复旦电
（1946年6月13日）

国立复旦大学：前据该校呈请，将复员修建费划出六亿元在沪支拨一案，经转函国库署核办去后，兹准该署五月十七日署三字第四四八〇号函，以业经签填普拨字第五三三四号支付书，于四月十八日饬由上海收支处照拨。并另通知洽领等由，合行电仰知照。教育部。总三已。（印）

迁校委员会第十九次会议记录

(1946年6月13日)

时间：卅五年六月十三日

地址：教员休息室

出席人员：陈子展、何恭彦、芮宝公、伍蠡甫、林一民、张孟闻、胡继纯

列席人员：蔡振邦

主席：林一民　记录：王叔磐代

报告事项：（略）

讨论事项：

一、关于教职员及其家属循川陕公路东迁办法如何商定案。

决议：

1. 教职员及其家属经登记抽签（本月十五日至廿日到人事股登记，随各缴相片一张，廿二日抽签）决定乘车次序后，在规定期间内，可自动交换乘车次序，惟须由双方具函向人事股声明。

2. 教职员登记抽签后，如因特殊事故不能成行者，须在规定期间内，向人事股声明，自动放弃乘车权力。如逾规定期间始声明不乘车者，不得享受随校东迁权力。

3. 教职员已登记乘飞机并已领取旅费者，不得再登记乘车。其已登记乘飞机，但尚未领取旅费者，得改行登记乘车，惟改行登记乘车后，其以前登记之乘飞机权力，即行作废。

4. 教职员之家属经审查合格者，始可登记乘车。其须缴验证明文件者，须于登记以前缴交证件，以凭审查。

5. 职员本人暂不登记，其随校东迁办法另定之。惟职员之家属（以经审查合格者为限）可以参加登记抽签。

6. 职员被派定东迁，其家属可随同东迁。

7. 教职员及其家属登记，以每一家为单位，如数家自愿组合乘坐一车者，得以每一组合为登记单位，惟此种组合，一经登记抽签后，即不能变更。

8. 教职员乘坐火车等级，俟向交通机关询问清楚后，照教部规定办理。

9. 每乘车辆设领队一人，副领队一人。领队请教职员担任，副领队由学生担任。担任领队之教职员抵沪后，由学校按照规定，即送出差旅费。

10. 教职员乘车，每人所带行李重量，照交通部规定办理。（每人十五公斤，六岁以上十二岁以下者，折半。手提重量，每人可三公斤）其余未逾原定东迁限量之行李，可交由学校以后运送。

11. 教职员乘车，每人每日应发食宿费（行李力费在内），依照规定，为国币一千五百元；六岁以上十二岁以下者，折半；六岁以下无。

二、关于学校公物应否改由陆路运输案。

决议：重要之图书、文件、印信及学生成绩表册等，改循川陕公路运输。

散会。

林一民

迁校委员会第二十次会议记录
（1946 年 6 月 20 日）

时间：六月廿日

地点：教员休息室

出席人：何恭彦、胡继纯、张志让、张孟闻、芮宝公、陈子

展、林一民、萧承慎

　　列席：蔡振邦

　　主席：林一民　　记录：王叔磐代

　　报告事项：

　　张孟闻先生报告十四日其本人与俞征先生、蔡振邦先生、路顺奎先生赴渝交涉东迁之交通工具，经过綦详。略以到渝之后，分别与有关复员机关及人士交涉飞机、轮船、车辆等，终日奔波，时不暇给。最后结果，除飞机、轮船因种种问题，日期尚遥外，川陕公路车辆获得圆满解决（1. 车辆供可应求。2. 车辆可开来北碚）。又木船接洽，亦称满意。

　　讨论事项：

　　一、循川陕公路东迁有关事宜，应如何继续商定案。

　　决议：

　　1. 乘车（包括教职员及其亲属与学生）之登记日期，延止廿二日下午五时止，抽签日期改于廿四日举行。

　　2. 廿日以前登记者，与廿一、廿二两日登记者，分别抽签，廿日以前登记者列为先行。

　　3. 学生登记改以斋室为单位。

　　4. 教职员及其亲属与男同学、女同学乘车坐一车之分配，交人事股办理，以比例分配为原则（教职员自愿组合乘坐一车者除外）。

　　5. 同一车辆之上车次序，以教职员及其亲属最先，女同学次之，男同学最后为原则。

　　6. 十二岁以下六岁以上者，为半票，两半票得共一座位。

　　7. 每次车辆出发前，迁委会全体委员均到场照料。

　　8. 行车以安全第一为原则，各车行使，不得争先。出发须在同一时间，住宿须在同一站口。如发生意外事件，各车应互相救助。司机应由校酌予津贴，惟须由领队等监视，其不得有白昼饮酒、夜间赌博等行为。

  9. 制定《乘客注意各点》（全文列后），油印多份，分别张贴校内及各教职员公告处，并发给每位乘客一份，此外另在每车张贴一份。

  10. 火车等级依照政府规定，教授为头等，雇员为三等，其余（包括副教授在内）均为二等。

  11. 教职员佣仆（有婴儿哺乳之乳娘在外），如随校东迁，只可乘船，不得乘车，其乘船食费等与之同（每日七百元）。

  12. 教职员及其亲属乘车东迁之食宿杂费，依照教育部规定，每人每日支送一千五百元，但如旅程阻滞，或各地物价骤涨，领队人得斟酌实际情形，商请学校酌予补助。

  13. 随校乘车东迁学生之食宿杂费等事项，由学校统筹办理。关于用膳，在汽车行程内，以每日三餐，早餐每人吃肉丝面一碗；午晚两餐，每人吃普通饭店之经济客饭一客为标准。火车行程内，以每人发钱自理，每日三餐，早餐以行程起点地之肉丝面一碗价格为标准；午晚两餐，每人每餐吃普通炒饭一客为标准。关于住宿，以借住公共场所或于普通旅馆内打地铺为标准。行李短途转运，以每人自行提携为准。每日应力求撙节，以不超过部定标准为原则，但遇行程阻滞，或各地物价骤涨，领队人得斟酌实际情形，按照上述标准，权宜处理。

  14. 以学校名义电请夏四滨先生之令尊、令兄及其他服务路局校友，于本校东迁之铁路沿途，惠予一切照顾。

  15. 随校东迁者，无论取公路或水路，照章均须持有打足防预针之证明文件，否则不得上车或上船。

  二、关于包雇木船以运输公私物资案。

  决议：

  1. 包雇木船二只，其一名复旦号，其二名长寿号，以运输公物及教职员（亲属在内）、学生之行李书籍，由渝至沪。船费为复旦号国币二千六百万元正,长寿号国币二千四百万元正。其一切办法另与船主订立合同(合同附后)。

2. 木船运送公私物资以保水险为原则,但如保险手续过程繁重,致影响航行安全申请时,即不予保险。

3. 通知教职员及学生,如在后列规定内之行李书籍,拟托学校代为运输者,须于本月二十八日以前自行包装妥当,交由总务处保管室点收,以便即日装载起运,逾期不再收运。

附行李限量

1. 乘机、乘车者,每人为代运八十五公斤,教职员之亲属大口同,中口折半。

2. 以后乘轮者,每人可代运六十公斤,教职员之亲属大口同,中口折半。

3. 木器家具暂不代运。

附乘车注意各点

请乘车诸君注意各点:

1. 乘客数额及所带行李件数与重量绝对不得超过规定限度。

2. 乘客在行车时,切勿与司机谈话,其座位与司机邻近者尤应注意。对于行车事宜,尤望勿直接对司机有何指点。

3. 乘客于行车时,切勿将头或手臂伸出窗外。

4. 乘客对于旅行一般问题,如有意见,请向总领队接洽,如有关于本汽车旅行问题,请向本车领队接洽。

5. 乘客对于旅行事宜,务须遵照总领队与各车领队之决定,以保秩序。

6. 乘客于行车时,切勿在车内吸烟,以免危险。

7. 各车所备医药品,计有下列各种:(一)碘酒;(二)酒精;(三)红药水;(四)纱布包;(五)药棉;(六)绷带;(七)胶布;(八)急救包;(九)阿士比林片;(十)甘草片;(十一)奎宁片;(十二)苏打片;(十三)哥罗颠;(十四)困基巴比特鲁丸；（十五）阿的平片；（十六）消炎片。均由各车领队保管，乘客需用时，请向其洽领。

三、传达东迁有关消息或办法之方式如何改进案。

决议：以后有关复员东迁消息或办法，为争取时间起见，改用公告方式（分别在登辉堂门内、新村及南轩公告），不再专函通知各教职员。

林一民

迁校委员会关于携带行李布告
（1946年6月22日）

学校现已包就大木船二只，以运公私物资，凡未领自行东迁补助旅费之同学，拟将后列规定内之行李书籍请由学校代运者，限于本月二十八日以前，包装妥当，送交总务处保管室点收，以便即日装载起运，逾期不再收运。合亟布告周知。此布。

1. 乘机乘车，每人可代运八十五公斤。
2. 以后乘轮者，每人可代运六十公斤。

迁校委员会
六月廿二日

迁校委员会第二十一次会议记录
（1946年6月24日）

时间：三十五年六月廿四日下午
地址：教员休息室
出席人员：陈子展、林一民、张孟闻、芮宝公、萧承慎、胡继纯、何恭彦、张志让、章益

列席：蔡振邦、萧自强

主席：章益　记录：萧自强

决定事项：

一、凡学生东迁者应一律随大队到上海江湾校本部报到，非有特殊原因经领队核准者，概不得中途分程。如有故违，以后即不准到江湾报到入学。

二、凡此次随校东迁之学生，每生每日各发法币二千五百元作为膳宿杂费，动身时由校一次发给十四日之费用共计三万五千元。公费生所领者内有五千元作为按照部定重庆区公费标准，由校垫发各该生七月份应领之十四日公费，抵沪后即由校扣还，另三万元即复员旅程中之膳宿杂费，两项合计如上数（三万五千元）。自费生所领之三万五千元全作复员旅程中之膳宿杂费。

三、领队人员于复员专车在沿途各站停车时，当尽量设法代觅公共处所住宿，所需茶水费、杂费均由各生本人负担。如无公共场所之地方而须住宿旅馆，其旅馆之一切费用亦均由各生本人负担。

四、各生由南京到上海之旅费，俟到南京后，由领队在下关按火车三等票价发给，并由领队率领集体洽购车票。

五、每辆车预备费二十万元，由各车领队保管。

六、自抵达上海江湾本校之日起，即按教育部规定上海区学生公费标准发给公费。

七、凡本校教职员及其家属（经本会审查通过公布有案者）随校东迁，如欲中途分程，自分程之站起至其珂里之旅费、又由其珂里至上海江湾本校之旅费均由其本人负担。本校因复员经费支绌，恕不能予以补助。又本校曾代其购买之联运票，由分程之站起至上海江湾止，所付之票价亦不请其退还。

八、教职员及其直系亲属（经审查通过公布有案者为限）

乘车随校东迁，动身时由校一次发送乘车旅程中"十四日"之费用，每人每日以三千元计算。

九、本会人事股定于本月廿六日起至廿九日止，续办公路汽车座位登记，期满后公开抽签决定动身先后次第。

十、教职员之旁系亲属经本会审查通过公布有案者，得登记随校乘车东迁，动身时由校按照部颁国立各级学校迁校办法之规定，每人每日发送膳宿杂费法币一千五百元，行车时间以十四日计算（每人计二万一千元）。

十一、凡教职员之佣工（经本会审查通过公布有案者），登记随校乘车东迁者，由校照政府规定津贴其由渝至沪之活动统舱官价船票相等之费用，如不足购买由碚至沪之车票时，其不足之数由该佣工之主人补足之。

十二、本校复员如由水路运输，按照教育部规定之次第排列较后，且目前因运粮关系，船位稀少。如等候轮船运送物资，为时必久，希望亦微。本校因上海房屋关系，既经本会决定提前复员，并决定留渝师生工友假由公路包租汽车运送。但所有公私物资如由公路以汽车输送，不但运费庞大，包车困难，且到宝鸡换火车时大量物资购买火车货票，必更无办法。兹经本会详细研究，慎重考虑决定，包租木船运送公私物资。

十三、学校公物如图书、仪器、档案文件等，一律交木船运输。

十四、凡已离校师生寄存校中之行李、书籍等件，均视同公物，由校交木船运输。

十五、凡未离校师生之行李、书籍等件，请其自行决定。惟必须郑重声明者，雇用木船运送公私物资，实属万不得已之办法。盖候轮船运送物资，在本年度内恐无希望，若由公路运输，困难已如上述。至于暂时寄存校中，由校代为保管，在本校大队东迁之后种种危险尤难例举。例如盗窃、水火等灾害，以及其他意外，均非本校人力所能防范。木船输送，本会自当尽最大之努力，以减少其危险性，但事实上难确保其安全。用特缕述，特请各先生自行斟酌决定，于本月底以前亲向本会物资迁运股何恭彦先生洽商办理。

十六、押运木船人员在押运旅程中，每日得列支膳食杂费法币三千元。俟木船安全抵达上海后，另发酬劳金二十万元。又押运人员，请本校总务处公开征求，采取自动报名，自愿服务方式。如报名人员多，请校长圈定之。

章　益

李文蔚等上迁校委员会建议书
（1946年6月）

敬启者：迁校委员会自成立以来，对于学校东迁事宜备尽辛劳，煞费苦心。而对于员生东迁各项困难及福利，更行多方予以解决，而考虑尤俱周到，此为诸同仁之备极赞扬与感激者，固不能不感谢迁校委员会诸公之赐予也。然其中难免尚有未能尽善尽美之处，故同仁等有鉴于此，对于各项议案似应有所补充，特建议下列数端：

1. 关于迁校委员会第六次议决案内规定：专任教职员本人及其眷属先期东迁者，学校垫借东迁补助旅费之标准，援照国立中央大学之规定，以等级分订之。查各校有各校行政计划与东迁方针，似不必全部仿效。同仁等平日在校工作，因学历、资历及能力之关系在薪金上有等级之分，吾等自应无所异议。然抗战胜利，人均须复员，其旅费似不应有等级上之区分。即或援照中央大学之规定，每日以路程之远近而有所不同，因中大为由渝至京，而吾校则为由碚至沪，其首末各多一段路程，为何则不酌予增加？但根据目前水陆空由渝至沪之票价而言，与实际相差本已甚远，更不应加以等级上之区分。

2. 依据第六次迁校委员会规定：教职员之眷属欲借东迁补助旅费，亦以本人之等级而区分。按教授等之父母与副教授、讲师、助教，乃至雇员、书记等之父母同为父母；同为子女，亦似不应随本人而有等级上之区分。盖同为眷属均应享受同等待遇也。

3. 吾校第一次请求飞机票座位，乃依据全校教职员人数比例而呈请者，然既得机票之后，则仅为教授享有专权，他人则无权申请，此点有否部令或院令之根据？且既借全体教职员之名，却不予以应享受之权利，迁校委员会诸公何厚于彼等而薄于吾等耶？

4. 关于教职员中有特殊情形者，似应予以享受乘飞机之权利：例如：①六十岁以上者；②有孕之女教职员或眷属（惟怀孕在五个月以内者，得须产科医师之确实证明）；③有五岁以下之幼童者（如航空委员会规定不准携带小孩当可废除）；④有特殊之疾病，经医师证明实不堪舟车之劳顿者。（以上各点如院会不准，当可予以废除）

5. 依照院令规定，各项人员仅分四级，而吾校则分为五级，即令东迁补助旅费有等级之分，亦应将讲师与副教授享同等之待遇。

上述数端，尚祈予以公正考虑与改善，则不但同仁等之幸，亦为复旦之幸也。临书迫切，并盼予以讨论后见复。为感为祷。此致迁校委员会公鉴。

建议人：李文蒨、俞礼彬、张浩、朱乃洪、张人隽、詹敏、赵彬、叶炳、桑士俊、李广平、向眉寿、李伯黍、冯康、李顺成、赵承鎏

国立复旦大学雇用木船返沪合约

（1946年6月）

立合约人：国立复旦大学、健美实业社，以下简称甲、乙方。

兹因甲方返沪公文、公物一批包由乙方用木船由渝装运上海，双方议定，互应遵守合约，分条如后：

一、木船名称及吨位与价格：

计复旦号中元船一艘。复旦号计一八七五吨，由甲方装运公文、公物，由乙方负责在渝江北探沱码头船上接载起，到上海外白渡桥码头卸载止，沿途所有拉滩、过挡及一切杂费均在内，复旦号共计二千六百万元正。

二、装运品名数量如所附清单。

三、运输路线及办法：

由重庆以木船运达宜昌后，由乙方另加雇用拖轮运至上海，过青、叶二滩及沿途滩险提拨各费均由乙方负担，与甲方无涉。

四、行船责任：

甲方交乙方承运公文、公物，自装备后，如船主有领款潜逃事，乙方应负责赔偿。如中途无故停顿，乙方应负运费赔偿之责。但遇天灾人祸、军事非人力所能挽救以致损失者，乙方应会同甲方押运人员向失去地点区保甲与政府机关取得证明文件，得免赔偿。该失告船主已领运费免追，未领运费扣发，而乙方需会同协助打捞，打捞费由甲乙双方平均负担。

五、乙方对甲方保证办法：

该出船之船舶检查证书应由乙方于订约后交由甲方保管，俟抵沪将所装各物点清无误后，再由甲方交还乙方。

六、付款办法：

合约签订后，乙方需先觅取殷实铺保，甲方对保合格后，即付定金全数百分之三十，俟正式开船前再付百分之六十。以上两宗款项，均交由保人转交乙方，俟将全部公物装齐运达上海，点交清楚后付清尾数。

七、交提手续及日期：

乙方将船备妥靠岸，通知甲方。由甲方将公文、公物件数搬送自码头，列册点清数目，交由乙方上船，由乙方出具收据交由甲方收存。到沪后，甲方按照乙方收据清点提取。如无损，将原收据退回乙方，并付清尾数款，乙方解除责任。如所运物品有缺少或损失者，概由乙方与保人负责赔偿之。自开船之日起，限五十天到达上海，即自卅五年七月八日到八月廿二日止，若天雨、大风无法开航，由甲方随船监视押运人员证明，得按日延长之。如无故停泊迟到，一日罚四十万元，以次类推。

八、乙方保人责任：

自合同订就后，乙方向甲方领到定款之日起，甲方所交乙方运沪公物等件，不论在途、在船，均由乙方负完全责任。木船到宜昌后，乙方需加雇汽轮拖驶，以资迅速安全。如中途发生被保人有领款潜逃及停航与遗失公物等件情事，乙方保人应负乙方担负之全部赔偿之责。

九、乙方随船驾驶应有员工，均限制单身。除船主家属及屈慎行先生大小家属七口，又李冠亚托运灵柩两口外，不得夹带其他人员与违禁物品及私自带货。乙方员工伙食由乙方自理。甲方随船赴沪之员工伙食，由乙方代办，至副食物由甲方自理，乙方不负供食之责。

十、该条木船内除太平舱应由乙方支配用作储藏食料及燃料外，其余各舱上下均应由甲方使用。

十一、本约自签定之日起，经双方盖章后即行生效，双方遵守。

十二、本合约合缮六份，除甲乙双方各执一份外，余四份由甲方呈报层峰核备。

十三、本约自在渝签定之日起，至运沪出卸清楚之日止，为有效期间。

甲方：国立复旦大学

代表人：何恭彦

乙方：健美实业社　临江路大井巷十一号，来龙巷之庐五十二号

代表人：李肇安

甲方见证律师：潘震亚

乙方保证：同义永

担保经理人：熊乾亨、涂银清

审计部代表：邹亚生代

国立复旦大学会计主任：蔡振邦

改正：

第一条第一行去七个字

第一条第二行去六个字

第一条第四行"六"字改为"七"字，另去三个字

第一条第五行去十八个字

第五条"两"字改为"该"字

第六条第二行"五"字改为"六"字、第三行去九字

第十条"两"字改为"该"字

合同签字

甲方：何恭彦

乙方：李肇安

审计部代表：邹亚生代

国立复旦大学会计部主任：蔡振邦

行李计七百六十五件、公物木箱计一百七十七件，共合九百

四十二件。

复旦号大木船一只载运木箱行李等由渝至沪,于卅五年七月十九日圆载。

代表人：李肇安

押运人：冯学道、邱桂林、饶剑雄、周尧阶、廖正湘

奚铭已就东迁经过致迁校委员会函

(1946年7月8日)

迁校委员会诸先生：

敬启者：六日自磕出发，六车蜿蜒进行至壁山，见渡桥已被洪水冲塌，尚未见动工修理，且闻前去数公里尚有一较大之桥亦被冲坏。询车站，据云：壁山之桥需时五日方可修好，前面西温泉大桥，工程更艰难。同人等遇此情形，合议改道成渝公路前进。就商于六司机，结果每车另加加程汽油等费三十万成议。此数虽巨，或较全部留在壁山等待修桥或折回夏坝之所费为少。全体同意决定改道，遂立刻改道启行。其时正午，惟各车速度不同，因此参差进行。是日，本等三车宿于隆昌外站。七日晨续进。九时抵内江轮渡处，候渡五小时以上，至下午三时许达内江城。汽车须修理，颇需时间，遂宿于内江。由路局得到消息，资阳附近路桥亦被洪水冲坏，大约需一星期之修理。在资中及稍前之小市镇上，有一二百辆车被阻，食宿均成问题。第二、四、六车事先未明此消息，已向资中前进，第一车尚在荣昌修理。本第三车及第五车在此商定，即在内江等候，免到资中发生食宿之问题。并此军车络续在途，必须限期北上者，修桥或可不需七日之久。此行计已四日，仅走一日之路，旅宿食费颇虑不足⋯⋯。

弟　奚铭已启

七月八日

章益就复员事宜致林一民等函
(1946年7月13日)

一民、恭彦、晓绿三兄惠鉴：

　　昨日揖别，下午到渝，暂住办事处。行期尚难确定，候机者过多，有出月可能。顷悉广元候渡之车有三四百辆，住宿费用甚大，不知是否确实。昨日开碚之车计三辆，不及止之。其余所包之车，似宜暂缓出发。俟第一批人员到达广元，必有电来，再定行止。如果须至广元等候，则所携之款必更不敷用，须早准备。又闻部中人传说，中大员生所得船位忽因改作军运，已令中大退票。交通大学包国庆轮载三百余人，价一万六千万元，但被强迫搭运米二百石，反复交涉，尚未成行云云，不知是否属实。教部现有职员一百六十人，眷属数百人，确无交通工具，滞留重庆。民生船只，似可早日接洽。出发员生如沿途来电，请随时酌办，再行示知。请转告萧秘书，上海来信，随时转渝，送北碚邮局寄较速。信封纸，托便带来。即颂吉安。

弟　章　益
七月十三日

陈恩凤报告车行情况函
(1946年7月15日)

　　敬启者：本批六车，其机器似均陈朽不堪，行驰极缓。一日仅能行驰数十公里，抛锚多至七八次。本三车自碚出发，至昭化九日间三易发电机，小修数十次，车灯七坏，只能缓行。一路虽无意外之事，然车行之缓，令人焦急万分。十日抵内江渡口，军车、商车甚多，候五小【时】方始渡过。十二日抵剑阁前之渡口，军、商车拥挤不堪，无人维持秩序，纷乱不堪。军、商司机纠纷殴打，本三车于混乱之中乘机前进至河边，翌晨抢渡河。五车亦如法渡过，可为侥幸，然司机惶恐，终于无事。十四日午抵昭化，见军、商车数百辆均在候渡。宝轮渡据云非候一星期不能渡过。急切无办法，与子展先生互商，适胡继纯车亦到，决做黄鱼，就商于军车，遂以每辆十五万六千之代价（军车在昭化前已渡河者）运送至廿七公里外之河西坝，再步行四五里渡过广元河（原车无法渡过，只能在昭化前渡弃去）。分别投宿于车站茶店。今晨即到广元站登记，候换车。何日得车前进（尚未知也）。

总领队陈子展1、2、4、5、6号复员情况报告
（1946年7月6日—7月18日）

报告第一号

　　本日九时许，六部车自磙启行，约十一时许到壁山。水冲桥断。有在此候修桥至三日者。闻桥修复约需六七日，届时能否通过尚不可知。当经各领队先生、副领队、诸同学集议，拟改道成渝公路。惟闻司机诸君云，须加汽油等用费。此刻他们正在集议。如果可改道，同人以为虽稍加用费，较滞留中途尚觉合算也。今晚到宿站时再具报告。

　　　　陈子展　薛仲三　奚铭已　徐墨耕　高　迈　王师复

报告第二号

　　顷经领队诸先生、副领队、诸同学集议，决定改道成渝公路，当与各车司机再三磋商，每车增加各费共三十万元，六车（大）共一百八十万元。此刻即需开车到内江住宿。详情再报告。

　　　　陈子展　薛仲三　王师复　徐墨耕　高　迈　奚铭已

报告第四号

　　因待二号车，故昨日迟至十二时左右，车始由隆昌开出。行

不数里，二号车又因内胎破裂抛锚。将外胎还交第五号车。前晚二号车抛锚于荣昌安富镇时派副领队来借外胎，第六号有外车胎两个，不允，谓系保险车胎，防路上破胎者。故改向五号车借。司机谓：只余一个当留备不虞，今日已连破二内胎；我们系商车，为路局雇用者，中途有何问题，路局不管，你们何不向六号车去借。二号车副领队乃央我代借，并谓二号车到内江后即还车胎。我即向五号车司机保证车胎只借用到内江，因内江有车胎可买。不料昨日十一时二号车到隆昌时，该车同学随领队高迈教授来要求，借用之车胎，要到绵阳时始还，否则以车停隆昌须总领队负责来要挟。同时，五号车司机以车胎被借占不还，如中途破胎抛锚，他不负责相责难。正在子展与高先生谈话时，二号车同学即群起咆哮："揍你"，"拖下来"，"扣留"，"取消总领队"之声如沸。子展以高先生未加制止不便多话了事。不料车开行后，二号车又因内胎破而抛锚，为之叹惋。此次，子展被派为总领队，事前未征同意，事后未与权宜。仅校长面嘱，各车宿站不必在一起，所负之责并不甚大，仅有名义而已。所以，当子展拈阄未拈中时，其他五部车并不要求总领队同行。又第二次拈阄系子展与高迈教授二人对拈，路主任不曾说高先生不必拈，须让总领队先行；高先生亦未让总领队先行而不拈，可见总领队之有无并无关于各车之行止。何以二号车抛锚时，必须留总领队同行？又各车皆有保险车胎以备不时之需，何以二号车必须借占五号车之保险车胎，使之不敢放心行动？又二号车副领队何以不强迫借用路局六号车之车胎，而必强迫借用路局雇用之五号车之胎，并啧有烦言？子展于此皆所不解。我之所以说此，不在责备他人，而在他人责备之来有以自解而已。要之，子展于此事处置，抱疚殊深，无以对高先生及其所领之同学，即无以对学校给与之任务。俟到达上海时，当即面请校长处分也。

今日午后六时，曾与三号车奚先生同拍一电，想先此函收到。明晨三、五两车即由内江前进。刻闻军用便桥即将竣工，不知果否，即桥不通，亦须赶已前去之一、四、六各车也。古人谓蜀道难，难在山路。吾人叹，蜀道难，难在路桥。川陕公路如此，成渝公路亦如此，何必改道？但在当时却不得不赞成改道，难乎其为总领队矣。

陈子展上
七月八日晚十时于内江

报告第五号

六日宿隆昌，七、八两日宿内江，九日宿简阳，十日宿成都，曾先后有函电报告，想蒙察阅。十一日宿绵阳，与第二批束、沈、张、胡各车会合。第一批同到此者，尚有薛、奚两车，薛车且于当日渡江前去。徐、王二车从成都同开出后，不见到绵阳，想已中途抛锚。今日（十二）展车与奚车同渡江，同于午前十二时左右到梓潼。第五号车待修，故展与诸同学、诸先生、式先生家属同宿于此，以待明晨前进。今日十时左右在渡江后约五公里之地方，吾人之车被后面跟来之空军车抢路先行，于吾司机者停车路旁后，该空军车故意猛撞，致将吾车前叶子撞坏，险些将吾车撞入水田中。幸而吾司机者机敏，立即煞车，得以不翻。而该空军车倒横过吾车而翻倒水田中。吾车师生立即全体下车赤足赶往救护，仅一女客微伤。肇事后评理，该空军车司机自知理屈，出有证明书以明责任谁属。有四川省立体专讲师关志鸿先生在场见证。吾人之车稍修理后乃得赶到梓潼。第五号车老旧，幸司机熟练又极刻苦，同学亦皆遵守纪律，不然已遇到危险，不待今日矣。今日化险为夷，到旅馆后心跳略平，借笔作此报告。

陈子展
七月十二日

报告第六号

一、前日（十七）陈、薛由宝鸡趁火车出发。昨日徐、沈亦由此出发。明日子展及胡、张、束将由此出发。奚、王、高三车已到广元，尚未到宝鸡，大约明日可到，后日亦可乘火车矣。

二、子展所领车在梓潼过夜，遇空军寻衅，所赖同学二百人能遵守约束，未肇事端。空军索慰劳金十万元，由子展与陈恩凤先生决定付与，一路得以平安无事到宝鸡矣。

陈子展

七月十八日午

向清海就复员经过致芮宝公函
（1946年7月26日）

宝公夫子函丈：

前呈三电，谅已达阅，生等于昨晚已安抵广元。廿三日全体借宿遂宁县立女子师范，廿四日宿绵阳国立六中，廿五日宿剑阁简易师，昨夜借榻此地福音堂。沿途尚称清洁，食宿亦较舒适，希吾师释念。

所经路程，以绵阳至广元最为艰险，多为山地，路小崎岖，斜度颇大，稍一不慎，乃有翻车之虞。所幸司机技俩纯熟，彼此相处亦甚融洽，尚能与生协商合作，以决定沿途速度之大小、适当停宿之地点。若系平原坦途，则加强速度，每时可达五十余公里。危溢之地，不妨降低速率，以安全为主，小心从事。凡遇古迹胜地即稍停小游，以解同学旅途之闷。

全车同学对生印象尚佳，因此支配亦较容易，时以同舟共济，以身作则之精神相导。离校后尚称相安无事，秩序井然，毫无纠纷口角之事发生。值堪告诉者，数日来尚无同学染病或晕车等现象（后来者亦可往北碚江苏医学院配购数剂晕车特效药，便可免除晕车之苦）。

本车组织情形如下：每排由同学自行组合六人，除一二排永不变动外,其余各排均按次于每日清晨上车时交换座位一次,停宿时由各排轮流负责照看行李,留宿车内。

此次途中,最感头痛者莫如车辆渡江,常于渡口集车数十以至数百辆不等,有停渡口数日或十余日未获渡江者。因渡口轮渡汽船失灵,全赖人力引渡,每时最多可渡车四辆。其渡江先后又分为五级:一级有委座手谕者得优先渡江;二级为特殊军车(意即载有军火、军粮、军队者);三级为吉普车;四级为普通军车;五级为复员专车(而复员车又分军事机关复员车、行政机关复员车、教育机关复员车、其他复员车四等普通客车及商车)。日来军车又络绎不绝,渡江之难尤如登天,同行第四号仍留宝轮渡,不知何时方得来此。生用尽方法,绞尽脑汁,曝日五小时之久,始将第三号车越过五十二辆提前渡过,使同学未受露宿之苦。因该渡口原系一江边荒地并无旅馆餐厅之设备,虽有临【时】茅篷小店,其物价之昂不下于京沪。

据闻我校第三批复员专车昨晨始离广元。时间促迫,详细容后再呈。敬请教安。

受业 向清海敬呈
七月廿六日

漆琪生关于接洽船只函

(1946年7月27日)

敬启者:昨日抵渝后,当晚即赴民生蔡金先兄寓所商洽。一切情形颇好,决照所谈原则进行。惟经办程序尚须经过卢总经理之批核权,甚盼学校日前交与卢子英代转之公缄,能早交出,或由学校再备一公缄急交人带来,由弟径交业务处转上,当面定夺。如此则上下沟通,毫无问题也。如何如何?民联、民贵下月初直开南京,下月半民本应开上海。我校如办理得快,可望分搭此轮（民本）。整批全包，价钱较大，非学校所能担负，只有分批搭运。其余一切经俟公缄到后，始能着手，切盼能于礼拜一带来为祷。余不一一。敬候钧安。

弟　漆琪生手上
廿七日

储剑虹就复员情形致何恭彦函
(1946年7月28日)

恭彦先生钧鉴：

第十八车于本月廿日复由遂宁出发，甫出城即发觉车胎漏气，折回遂宁修理。三小时后方续北进，是日宿于三台东北大学。廿一日由三台出发，将近绵阳时，车由驶道上陷入河内，其不倾覆者几希，否则必有数人受伤。是日至绵阳，住绵阳渡口茶馆内。廿二日由绵阳至剑阁，住于剑阁师范。廿三日至宝灵渡，渡口停集车辆八十余部，幸本车司机以人情设法得救济车一辆，即行渡过。至广元约下午五时许，借住城内申心小学。廿四日在广办理换车手续。廿五日由广乘大卡车二辆驶宝（卡车每辆载卅人，尚宽通）。是日宿大安镇。廿六日宿双石铺。廿七日续驶宝鸡。途中经秦岭时，驾驶盘螺旋脱落，幸司机发觉尚早，否则结果实难想像。三时安抵宝鸡。同日到达者有第三批四、五、七及第四批第一辆车。沿途生活，自广元以后，即逐渐高涨，宝鸡菜每盘须六七百元，白饭三百元一客。陇海路全线仍通车，惟洛阳过去有一段因桥梁冲毁，经自行设法渡过。第三批四、五、六、七及第四批第一辆均定明日离宝。第四批第二辆今日仍未见到，不知为何。由广至宝，途中高山峻岭既多，且颇曲折，翻车时有所闻，能无意外，即算幸事。各车救济金均已将用去半数，预计日程尚需十日方能抵京，而已费十一日时间，至京款项尚需救济。余不一一。敬颂勋安。

          晚　储剑虹顿首
            七月廿八日

国立复旦大学、私立相辉学院合约

(1946年7月)

  国立复旦大学出借，私立相辉学院承借校地、校舍、及校具合约。

  一、国立复旦大学（以下简称甲方）今因复员东迁，愿将四川北碚夏坝校址及所有校舍，均凭重庆复旦同学分会借与北碚私立相辉学院（以下简称乙方）为办学之用。

  二、甲方借与乙方之土地及校舍，在出借期内均不收受任何费用。

  三、甲方借与乙方使用之土地及校舍，期限暂定为三年。如甲方在期限之内随时需用时，应于三个月前通知乙方收回。如期限届满时，甲方并未通知乙方收回，则乙方得有优先续借权。如乙方在三年以内不用时，应在三个月前通知甲方收回，不得以任何名义转借与第三者使用。

  四、甲方原有校址内所收购及受赠之土地，均仍保有主权，乙方如未经甲方允许，不得变更地形或添建房屋。

  五、甲方原有校地内所租用之土地，仍以甲方名义在规定期限内继续承租，惟每年应出之租，应由乙方担负。至在此项土地上之建筑物，则仍由甲方借与乙方。甲方原有校舍内有青年馆及新闻馆各一座，合作社全部房屋，其处理办法另行规定，不在借用范围以内。

  六、甲方在原有校地内因零碎土地不便栽种植物或因人工过贵而转租与当地人民耕种者，仍由甲方自理。但必要时，乙方应受委托代为清理。

七、甲方借与乙方之校舍、码头等，在出借期限内如有修理情事，所有费用概归乙方自理。如遇有自然倒塌情事，乙方需向甲方报告其剩余之建筑材料；乙方得受甲方委托，代为处理并负责报告其结果。

八、甲方出借与乙方之土地内有原系甲方所租者，乙方于租期届满时，应视实际需要与原出租人洽商续租。

九、甲方借与乙方土地上所有农作物及花果树木，乙方应随时协同甲方分场人员妥为保护。

十、甲方所装置之高压线、低压线及室内外一切电灯装置，均暂借与乙方使用。

十一、甲方存于原处之校具，得造册借与乙方使用。

十二、甲方借与乙方之校具如经破坏，不堪再用时，乙方应向甲方报损，于将来期满交还时按实扣除。

十三、政府对于本约所涉及之甲方所有校地、校舍、校具等如另有处置办法时，甲方对乙方不负履行本约之责任。

十四、此约共订六份，甲方四份，乙方两份，于签字日起发生效力。

甲方　国立复旦大学代表留渝办事处主任
乙方　相辉学院院长
见证　复旦大学同学会重庆分会
　　　　　　　　　　　　　　　　复旦大学会计主任
　　　　　　　　　　　　　　　　相辉学院董事会代表

章益复留渝办事处电

（1946年8月2日）

夏坝国立复旦大学留渝办事处：本校专机教职员三十四人，

昨日午后安抵沪市。益。二日。

留碚迁校委员会谈话会记录

(1946年8月2日)

登辉堂总务长办公室
出席人员：何恭彦、萧承慎、芮宝公、张志让、林一民
列席：萧自强、蔡振邦
主席：何恭彦　记录：萧自强
决定事项：
一、目前交通梗阻，顷多方设法，洽得船票若干张。超过官定价格，其票价应由校实报实销。
二、乘船人员如所乘舱位与政府规定等级不符，可由校照官定等级票价补足其间相差之官价。
三、送轮船公司之名单，凡十二岁以下之家属，一律不列。但校中仍照本会所核定家属名单，先由校致送。其在轮船公司名单中未列之家属，按照等别照将规定票价致送。如上船后，船上必须补票，则所领之旅费应如数缴出，不足之数由领队人员补足之，到沪后实报实销。
四、乘船之人员，一律照乘汽车复员膳食费之标准，每日三千元致送，在各埠候船之膳食费，暂以九日为限，如超过九日，到沪校后补足之。
五、船上所需小费，由各乘船人负担。特别开支由总领队支付，到沪校后实报实销。
六、由南京到沪校之车价，按照政府规定等级，先由本校致送。
七、自夏坝本校至重庆之旅运费，由校负责。
八、船上之医药用品，请训导处体育卫生组李主任准备。

九、漆琪生先生及其家属，照此次随校乘船东迁各项规定办理。

十、第一批复旦轮船请林一民先生为领队，张志让先生、芮宝公先生为顾问，漆琪生先生为交际，宋彦科先生为出纳，孙道远先生为会计。

章益就设立相辉学院事致于右任、邵力子、李登辉、钱新之、吴南轩函
（1946年8月6日）

敬启者：热心教育之川省名流卢作孚先生及我校一部分川籍校友，鉴于抗战胜利后旅川各大学纷纷迁回原址，万千无力负笈东下之川籍学生势将由此蒙受失学之厄。爰经征得我方同意，就我夏坝原址创办一私立相辉学院，藉广栽植而示崇敬并纪念我马、李两位先生，并使我校辛苦经营之校地校舍得为适当及最善之利用。作孚先生等更殷盼院座、师座、先生出任该院名誉董事长、校董，俾一切遵循有自。素仰院座、师座、先生对于教育事业维植不遗余力，敢请俯允担任，无任企祷。专肃。祗请道安。

晚生弟 章　益拜启、谨上
八月六日

章益就相辉学院事宜致卢作孚函
（1946年8月6日）

作孚先生大鉴：

展诵八月三日琅函，敬悉一是。筹设相辉学院一事，已与朱部长面谈，结果圆满。兹特奉告如下：一、创办相辉学院以便利川省青年升学，朱部长在原则上甚表赞同，但请先办农学院，工

商科系暂缓。二、为顾念事实需要,招生可以提前办理,惟立案手续请依法迅速进行。三、校地产权之转移,应依中央规定办法办理。四、于、邵、李、钱、吴诸先生处已转致尊意,约任校董矣。专复。祗颂筹祺。

弟 章 益顿首
八·六

郑效亮等关于复员情形致何恭彦函
(1946年8月9日)

何总务长先生钧鉴:

本校复员第四批第四车已于八月八日安抵郑州,近因陇海路军运统制,致中途滞阻,不易前进。昨晚降雨如注,以至路基冲坏,约于明后天离此。这种种原因,以致超出日期。抵西安时已电请钧座将沈校友宗范处高迈先生未领款五十万元转拨四车用,或另汇接济。抵郑州后,电询沈校友,悉尚未接钧座电谕,以致无法前进。如在郑州候校款接济,每日开支过巨。职等现在决定向本车富裕同学暂借款五十万元,以利行程,且省无为开支。除函告沪章校长外,谨此奉闻。敬请公绥。

职 郑效亮 龚仲鑫敬叩
八·九

卢作孚就设立相辉学院事致教育部代电
(1946年8月10日)

南京教育部钧鉴:查自国府还都以来,原随政府迁渝各学校,均已先后迁返原址。以致陪都及四川原有大学顿感不敷,而莘莘学子多感升学无所,遂致本期重庆及四川两大学招生投考者均逾万人以上。以有限之学校何能容纳此众多之学子。远道来此者多因升学失所而流落，且有因时久旅费耗尽而典质衣物，其状至为可怜，其志实堪嘉许。如不设法予以救济，对于社会秩序实不无相当影响。况彼等青年，意志尚未坚定，甚易受人诱惑而误入歧途。且四川人口众多，每期升学人数逐渐增加，似此现象值此建国时期，于国家实属重大损失，似有立予救济之必要。作孚因鉴及此，乃邀集社会贤达于右任、邵力子、钱新之、李登辉、余井塘、吴南轩、刘航琛、康心如、何北衡、康心之、杨成质、刘国钧、何乃仁、章友三等发起组织相辉学院，内设文史、英文、经济、会计、银行及农艺五系，以期救济一部分升学无所之青年，并已筹足基金二亿元，从事筹备一切。兹以时间迫促，除正式立案手续另文呈请鉴核外，拟恳准予借用国立复旦大学北碚黄桷树旧址先行招生，并恳借调东北大学代理校长许逢熙先生为院长。是否有当，理合电呈，敬乞迅予示遵。私立相辉学院筹备主任卢作孚叩。冬。

何恭彦关于处理校产事宜呈章益函

（1946年8月10日）

兹有数事奉陈候示：

一、北碚校舍、校址、校具及电灯装置各项之出借与相辉学院，兹拟定草纸约，乞核。

二、夏坝农场前经呈部拟改为本校农学院，附属农场四川分场如决照办，拟即将茶场茶叶研究室及前农场办公室房屋留作办公之用。将来派由何人留此办理，并其范围大小、员工数目暨开支及工作动向与学院方面如何联系，敬请核示，以便指定负责进行。

三、夏坝合作社地皮经以竹篱为界，出租与相辉学院，期限三年。该社房屋如出售于地方人，价格及承办人何人，现均无人负责，如何办理？

四、上月底彦曾陪同林一民、芮宝公、漆琪生诸先生赴渝民生公司接洽船位，该公司已允本月份搭运一百人东下，并可搭运公物若干。票价须照官价外另加手续费（所谓黑市价），货运价亦较陆运为廉。以诸先生急需东下，已照此办理。现林、芮诸先生三十人（均职员）已去渝候轮外，正继续积极接洽中。

五、本月二日留碚迁校委员会曾开谈话会一次，谨检附谈话会记录一份呈阅。

六、俟陆路情形好转，而水路较难设法时，本月底拟再车运若干人由公路东下，如何，乞核。

七、重要木器及教职员行李暨布置校址之花草树木（暂订一万株），拟俟秋冬之间江水低落再雇木船运沪，可否，乞核。

八、前装载公物之木船，据来电已于本月十一日安抵宜昌。

九、朱长志、蒋泗生两先生须俟此间事结束方能去沪。羊鸡除留种外，是否全售？李正清、李家宦是否遣散？

十、锅炉等件（帮浦除外），已凭审计部代表来校，以二百二十万元售与广生公司。教育部未有代表来校，交接手续将延迟办理。

十一、孙道远先生夫妇已不拟留相辉学院办事，但须协助其成立，赴沪将较迟。

十二、萧焜先生或留相辉学院办事，但彼与张默生先生等复员旅费可否按级先发，免借用期满后多一麻烦。

十三、四批第四车阻开封，已汇款，嘱设法由汉转沪。

十四、王慧泉地已由校建屋部分仍允由校续租。新闻馆、文摘社、合作社等屋，是否亦同样借与相辉学院用。谨呈校长。

恭彦

八·十

郑效亮等就复员情形致何恭彦函

(1946年8月12日)

何总务长钧鉴：

于郑州寄上草函，谅必收阅。不知近况如何，深以为念。敬维福躬清泰，公私绥和为无量颂。职等于郑州时拟打电话至汴京问吴念劬校友，只因电话不通，未能通话。职等即于十号离郑州，于当日晚间三时安抵汴京。本定次日九时乘车去徐州，不料十一号晨四五时，共军破坏罗王封间铁路。次晨七时，职等均已上车候驶（此时已与三车相遇，同坐车）。八时车站得悉路断，九时未能照开，十二时方公告停驶，命令旅客下车，当即宣布次日开车。不料十二日仍未开行，同时报纸悉时局紧张。汴京城周，均筑堡垒。城门时开时关，天天戒严。本日午后二时，至铁路局访吴念劬、蒋清凡二先生，悉吴、蒋均去徐州未返。于午后六时车站又公告，汴站往各站客车，奉命一律停驶，所开各车均为军运。职等因此近期难行。新发八十万元均已用完，祈钧座速示办法遵行。明日仍拟召本地校友商讨办法，如何决定，另行函告。肃此。敬请公绥。

第四批四车 郑效亮 龚仲鑫谨上

八月十二日晚

兴桂就复员情形致其岳父函

(1946年8月24日)

岳父大人尊前：

数月来以生活未臻安定，故少作书候安，罪甚。

婿与美桃及粤、川、渝禾三孩于七月九日随复旦大学自北碚动身，循川陕公路出川北，入陕西，经河南至郑州，转车回武汉。一行周后又趁轮东下，经江西、安徽、江苏于八月十日抵上海江湾。此次东迁，途万数里，时历匝月，辛苦困难达于万分。所幸未受共军阻害，大小都安。到校后休息旬余，又以居处未定，美桃及川、渝二女均病，生活总未进入常轨。迩日，桃病已痊，二女病亦有起色，尚祈大人释念为祷。此次东迁，仲义哥以改应重庆磁器口四川省教育学院专任教授之聘，故未随行。伯母大人与第三、四二男孩均随仲哥留川，浩美嫂则率长、次及第五三孩到沪，一切亦称平顺。想仲哥已有函上奉矣。

沪上物价极贵，程度甲于全国。米每担六万余元，衣服亦高。婿等近以房屋未定（暂住学生宿舍），无法自炊，系在饭堂包膳，每人每月四万元，菜极少。迁入正式宿舍，不悉尚在何日（复旦所接收敌人大批房屋，为空军眷属占去近二百幢。屡经交涉，尚无结果）。

婿等原来计划拟到沪后，再设法兼营小商店，在武汉亦可。现以房屋奇缺（每栋须出黄金数十两作为"控费"），物价又较今春高过数倍，一切打算均无法实现。沪上谋事，无论各界，均较重庆为难。浩美嫂父亲现亦赋闲家中，生活极困。大人近住何处？以前贩运商货往来港澳广州之间之计划若何？若一切不能开展，婿等欢迎大人来沪暂居，看以后有否机会觅适当工作。目前婿月入约可敷支出，拟谋一兼职，但甚难如愿。以沪上友人事业（出版业）亦在折本收歇中。大人接信后，乞即赐函告以一切状况（愿否来沪暂居），俾释远念。耑此上奉。谨候金安。

婿 兴桂谨上
八月廿四日

唐芝轩就处理善后事宜致章益函

(1946年8月25日)

友三校长学兄大鉴：

　　一函普发，适接奉致邹郑叔兄电，并汇款一百五十万元，交由黄昭同兄转向君查收。惟以同时电码误为三百五十万元，乃予复电敝沪行查询，惟已照付一百五十万，想无差误也。关于复旦校友龚君六十余人，刻已接洽上海实业公司轮船，分二批轮东下，并免船票，惟需付伙食而已。因该轮系装运盐斤，与敝行有押款关系，又落得为复旦校友一卖交情也，弟已代为致谢。如校友平安到达，一切开支甚省。业经面谒校长报告后，即乞赐函汉口德明饭店隔壁上海实业公司黄总经理恕之道谢，则更美满。又关于邹伯威复大外文系一年级开学事，请另行赐致邹伯威一书，由弟转交，大意准其来校补考，亦即对于邹郑叔表示好感，弟亦可以调停其父子骨肉间之冲突，宁非功德圆满者耶。

　　邵力子老师对弟甚厚，感激当年改文章之盛意，亦思报答。尚乞谅察。此请道安。

弟　唐芝轩顿首
八·廿五

何恭彦就处理农场事宜致严家显函

(1946年8月28日)

家显院长吾兄有道：

　　别经数月，时念贤劳。此间滞留师生眷属尚有近两百人，业向民生公司商洽，允予分批搭轮东下。如无特殊变故，可能于九月间全部运清。惟关于农场部分，现有土地均在荒芜，此间是否续办本校分场，员工人选如何聘用，经费如何支付，每月若干房屋如何保留，究与相辉学院如何联系。又职员李家宧、蒋泗生、李正清均不愿随校东迁，应否给费遣散。再牧畜部如奶羊虽有受主，但不出高价，以致延宕未绝，仍在饲养。而朱长志先生亦不能即时去沪。留渝办事处系临时性质，弟意如员生公物在短期内顺利运行，则办事处九月底即可结束。以上问题务希速予分别示复，俾有遵循。弟病经旬余医药始减轻，惟系因贫血过甚，精神一时难恢复耳。顺以奉闻，并请释念。专颂教祺。

弟 何恭彦拜启
八．廿八

种羊、种鸡、种猪如上海可以购到，是否不需运去？并希示知，以便全部出售。

马震百就与空军交涉退还房屋事致章益函
（1946年8月30日）

友三校长我兄大鉴：

日前在沪，曾与101运输中队杨队长道古长谈，渠称曾与兄晤面数次，并允将嘉陵新村之房屋设法迁让一部分与复旦应用，一切困难已邀兄谅解云云。最后，渠保证该房屋决于九月十日之前迁让一半，后并当设法继续腾让，请校方联络接收。至此可称已获部分之解决。弟对母校问题关心甚于空军，只因空军实际困难无法解除，而又不便使同袍尤以下级员士为甚感受万里调差无处容身之苦。致兄尊之托付，迟难以应命，但暗暗之中无不随时留意关说，谅兄亦必深信不疑也。在沪时适逢假日，未及趋候，嘱祖龄兄便中致意矣。崇仰。顺颂大安。

马震百
八．卅

何恭彦就处理善后事宜致章益函

（1946 年 8 月 30 日）

校长勋鉴：

前报各事谅登记室，兹复有数事再请察核：

1. 川籍留渝同学，除随校包车东行及现在校候船（约六十件）者外，究尚有若干已领费而未成行者，无从查询。该会亦有呈文寄办事处，已早分别代为函介设法矣。

2. 交通工具困难不易，开学（改期否）后赶到注册（何时注册）学生，如何办理？是否由办事处证明者即准从缓注册？

3. 因时局紧张及上海生活程度日高关系，一部分川籍学生事实不能东下，应请学校从速与川大及重大商交换借读及转学办法，并各放宽人数。

4. 冯学道来信抄件一件附呈，如撤查时，可供参考。该木船如安全到沪，只有一成未付（二百七十万元），冯处存有合约可查。

5. 现在校教职员除留相辉之张默生先生及拟休假之白季眉先生等复员旅费前请即发可否？全家复员旅费应否照发？请示。连同家属尚有百人，最近洽船位者，一批约廿二人，旬日内未知可成行否。马宗融、蔡振邦、萧承慎、张定夫诸先生一批，可能有卅人，正在自行设法船位中。教育部一概不过问，尚将本校员生洽成之船位抢去十五张（漆先生来信提及）。至于学生随校者约尚有七十人，自费者约卅人。如不得已时，可否仍由川陕从郑州转汉赴沪，请示（自有教职员随行）。

6. 公物拟将木箱先运（正分别洽商中），私物拟用木船运，木器及树苗拟稍缓，亦用木船运。盼对木器需用者，开一单来表示非运不可,否则相辉似有全盘接受意。

7. 与相辉所订合约稿早已寄沪,请修正寄下,并示何时与之成立。

8. 此间农场分场,教部是否准办。如准办,如何组织,应用几员工,经费如何。与相辉学院如何联系,牲畜部如何处置。均急盼与严院长商妥赐告。

恭彦谨上
八月卅日

章益就复员补助费呈教育部部长函
(1946 年 8 月 31 日)

谨呈者:查本校请领复员迁校补助费,名册早经呈报在卷。兹大部分教职员业已复员来沪,值此上海生活程度继续长增高,对于甫自外乡回来者,一切衣食住设备倍感艰难。为此,备文呈请钧部迅将复员补助费核发本校,以便转发而解倒悬。敬祈鉴核赐准,实为公便。谨呈教育部部长朱。

国立复旦大学校长 章 益
八月卅一日

张志让等就复员情形致何恭彦电
(1946 年 8 月)

复旦大学何恭彦兄:弟等四十人,公物五十箱,从东由宜(昌)乘招商江(轮)顺赴沪。志让、琪生、自强。

何主任:十三日到奉节,十四日抵宜昌,并与押木船人员相遇。德耕。

王坤就复员情形致何恭彦函
(1946年9月2日)

恭彦先生：

　　职自碚违别以来，一月有余，迄未申函问候，甚为不当。谅先生近日精神康健，诸事顺遂，为祝为祷。

　　职廿三日由碚出发，一路倒还顺利。第四天将到广元，需过宝轮渡口。因每日只渡二三十辆汽车，而军车有优先权，故依次需三五日方可渡河。经领队向清海先生多方交涉，能于廿六日晚抵广元。抵广需换车，等待一天，廿八日又行，卅日中午抵宝鸡候车，卅一日上午十时离宝，八月二日行抵陕州，五日到硖石，夜晚步行三十里到观音堂。六日抵洛阳，七日晨抵郑州，八日抵开封。因几夜未睡，日间烈日当空，大人小孩病者数人，休息二日。铁路破坏，其时经济断绝，进退两难。郭海长校友等多方协助住豫中中学。后连三日三夜炮声不绝，决取平汉路。十六日启程，十八日抵郑州。等车等了二天，票极难购买。找到刘涤宇校友的父亲刘峙协助，方购得车票。廿日下午到汉口，找交通银行邹经理及王振寰先生、张楚信先生借款，并协助找船免费搭乘，廿九日晚抵南京。当晚即搭夜车，卅日晨七时到校。当天见过校长，面呈路上一切。即此简单报告。敬请公祺。

职　王　坤谨上
九月二日

教育部机票涨价训令
(1946年9月4日)

令国立复旦大学：

案奉行政院卅五年八月三日节京嘉丙字第七七三五号训令内开:"查中国中央两航空公司客机标价业经本院核准增加百分之一百五十。所有中央各机关,卅五年八月一日以后由渝搭机还都人员及家属所需机票费,由各机关在迁部经费原预算内,向航空公司每票由渝至京者缴付十万元,由渝至汉转船来京者缴付七万元。其余十一万及七万元差价准由各该承运航空公司分别造具名册,并检同盖有各机关印信之乘机申请书一联,于每月底报由本院核计贴补,俾免个别办理追加,藉资简捷。非本机关还都人员及眷属,各机关不得代予申请机票。如查有不实,应由各该机关赔缴。其在文到前业已照调整票价缴款者,准凭证向航空公司申请,照数退款。除分行外,合行令仰知照,并转饬知照。"等因,奉此。除分行外,合行令仰知照。此令。

部长 朱家骅

章益就校舍交涉事致马震百函
(1946年9月6日)

震百学长兄左右:

两奉惠书,敬悉。关于嘉陵村宿舍为空军驻用一节,屡渎清神代为上下关说,兹已得其逐部迁让,少可解决一部分教职员及其眷属住屋问题,感慰何极。惟本校房荒严重,求全部解决尚期待嘉陵村房屋能扫数归还。尤于筑庄一区(即第二地勤大队所占),寄以极大之希望。必如是而后,同人住屋可得到普通合理之分配,学生宿舍并得减少若干严重性。为敢不揣望蜀之嫌,续恳惠加出力,俾竟全功,企望之至。吾兄关垂母校,既笃且厚,历来嘘拂之诚有加无已。来示犹以迟缓自谦,殊使受惠者益滋感恧也。专布悃忱,敬希惠察。袛颂台安。

弟 章 益顿首

孙道远就处理善后事宜致章益函

(1946 年 9 月 7 日)

友公校长吾师函丈：

　　敬禀者：现碚校教授均已分批搭轮东下，讲师及助教虽仍有少数尚未成行，但均已领费自行东迁。其中仅有张默生与白季眉教授留碚未行，因其有留任相辉教授之可能。讲师中有邹抚民兄因其家事牵累，亦有暂留相辉之意。其余职员仅有总务处一部分及农场方面少数尚留此间办理结束外，大部分均于最近搭部派轮位东下（会计室主任及一部分职员亦随八日前后部派轮位人员东下）。总务处亦有少数职员拟留相辉者，如路顺奎、郭立德、萧焜及余薪桂等。相辉此次招生系由生主办，投考者约近千七百余名，拟录收五百名，现正评阅成绩。本月十二日前即可发表，并拟招第二次。至留碚校随迁学生，除最近配搭部派轮位九位学生外，现留碚者仅有十六名（连病生在内）。此次学生亦拟于本月廿日前后搭轮东下，舱位正在分头接洽中。生与内子拟率同此最后一批残兵东下。但以相辉许院长坚留生在此担任教务工作，恐届时难于成行，用特函陈钧座，惠予指示。如暂不需生来沪，则拟应许公一期之聘，以答其雅意。如急须生来沪，烦即函知，以藉向许公婉辞后，即可成行。因最近东迁员生行将走完，生不须留此。以后仅有公物及移交相辉事宜，何公似不须生协助。另，原已领东迁费而又来校登记请设法轮位之学生（约四十余名），拟于随迁学生送完后，即零批介绍，自行搭轮东下。匆此，肃禀。敬颂铎安。

　　　　　　　　　　　　　　　　　　　　生　孙道远拜上
　　　　　　　　　　　　　　　　　　　　　　　九月七日

何恭彦请拨运费事致章益函

(1946年9月9日)

校长：

前上各函请示各点，务恳早日分别指示，以便遵办。并拟将办事处月底结束。下月初，彦等即可成行。再因水运，林、芮诸先生第一批携去现款过多，超过实际需要甚大，嗣后各队照样而行，难以拒绝。故目前预计留此未运员生及公物，需留之运费尚约缺二千万元，至请转饬即日汇还二千万元（仍汇重庆，以不用公库支票较为便利），以便结束。

恭彦谨上

卅五年九月九日

章益就处理善后复员事宜致何恭彦函

(1946年9月23日)

恭彦吾兄惠鉴：

迭奉惠书，藉悉一一。兹分别会复于后，即希台察为荷。

一、本校教员被相辉学院留聘者有张默生、白季眉两先生，复员补助费似均已领过，复员旅费亦可照规定预发。惟薪津，自十月份起，请改由相辉学院致送。职员熊世杰、萧焜准留相辉学院，本校薪津发至九月份止，复员旅费不另发给。路顺奎可继续支本校薪津，按照中央规定之重庆标准支给。俟兄回沪后，即请路驻渝办理本校迁运未了事宜。郭立德改相辉学院学生，李家宦不愿离川，郭、李两人均照遣散法办理。其余职员不愿来者，遣散；愿来者，应即随兄来沪。

二、借用合约大体可行，计修正三点如次：

a）原第一条修正为：国立复旦大学（以下简称甲方）今因复员东迁，愿将四川重庆北碚夏坝校址及所有校舍除本约内专条言明另行处理者外，均凭重庆复旦同学分会借与北碚私立相辉学院（以下简称乙方）为办学之用（分别详别另册）。

　　b）原第五条修正为：甲方原有校地内所租用之土地，仍以甲方名义在规定期限内继续承租。惟每年应出之租，应由乙方担负。至在此项土地上之建筑物，则仍由甲方借与乙方。又甲方原有校舍内有青年馆及新闻馆各一座暨合作社全部房屋，其处理办法另行规定，不在借用范围之内。

　　c）原第十三条改为第十四条，增第十三条：政府对于本约所波及之甲方所有校地、校舍、校具等如另有处置办法时，甲方对乙方不负履行本约之责任。

　　三、北碚夏坝农场全借与相辉，本校不在该处设立实验分场。李正清暂留夏坝，按重庆标准支原薪津办理。苗木保管及运输以本年年底为止，受路顺奎指挥。一部分苗木花种等出卖，牲畜全部出卖。李家宦先遣散，蒋泗生、朱长志等可即来沪。

　　四、相辉学院董事长卢作孚先生既坚辞不就，可改让康心如先生，已请卢代洽，尚无复音。

　　五、川籍学生拟借读川大、重大者，可径函教务处申请。但须叙明原前曾否申请，以免前后重复。

　　六、赵星桥业已解职。

　　七、四川省农工银行李冠亚处所存之款，一部分作为复小基金，一部分作为清寒奖学基金，宜汇沪以便处理。

　　八、青年馆似已移交团部，新闻馆房屋保留不借，于借约中保留，但可另行借用。合作社地皮及房屋不必另行出售，以免破坏相辉之完整。其余茶厂、茶叶研究室、文摘社、复旦小学、回教食堂等，俱可借给相辉使用。

　　九、出售锅炉，如教育部有公文来，则再呈复。如无公文，可函陈秘书说明（陈为教育部驻渝办事处主任）。

十、渝地工友可速全部遣散。

十一、王华明可暂准照渝地标准支薪，留相辉学院办事。

十二、上海此次招生费用甚大，超支甚多。现考试业已完毕，秩序至为良好。

十三、二千万元早已汇渝，九月十一日台函所谓工友遣散费需一千万元，是否已包括在内？

十四、夏坝所存之公私物资，尚有几计许，是否可全部交轮船运沪？较好之办公桌等木器，请设法运沪。雇木船一节，系兄八月间之提议，现尚有此需要否，请示知。

十五、夏坝校景相片请购全套寄沪，存为校史资料。

十六、重庆办事处房屋，于本校员生全走后，请交重庆同学会继续承租，手续交割明白。

十七、木船于九月十九日抵江阴，因无拖驳，须用人力下驶。

十八、萧承慎兄自宜昌来电，本月廿三偕同人乘江新轮赴京。

本校拟于十月十一日注册，十七日开课，知注特闻。贵恙谅早占勿药，至念。余续谈。此颂秋绥。

弟　章　益拜启

九·廿三

国立复旦大学、和通商行合约

（1946年9月25日）

立合约人：国立复旦大学，以下简称甲方。和通商行，以下简称乙方。

兹以甲方公物木箱及员生行李等共一二二·七七吨，计一一二六件，委托乙方用木驳由长征轮自渝拖宜，再由乙方转装民生公司宜申段大轮运申。经双方协议，应守之条款如下：

一、甲方公物一二二·七七吨，计一一二六件，交与乙方由重庆运至上海交卸。

二、运费议定每吨国币四十六万元，共计五千六百四十七万四千二百元正。中途转驳等费在内，不另收费。

三、吨位按量尺容量计算（每四十立方尺为一吨）。

四、重庆上力，上海下力，费用统由甲方自理。其他一切下舱保管等费概由乙方承担。

五、航程自开航日起，至到达上海日止，不得超过二十五天。如无故迟延，每超过一天按运费总额退还百分之三。但中途遇有人力不可抗争之情事发生，不在此限。

六、甲方交乙方承运之公物及行李，由甲方自行投保平安险，由乙方妥为保管，并负件数责任。

七、甲方得派员工六人随大轮东下，但须照章购票。

八、订约之日，甲方付给乙方定金二十万元。于货物装舱完毕后，付给运费二千万元。余款于取得民生公司宜申段提货单时，全部付清。

九、乙方如中途停止履行合约，或领款图赖或短交案情事，则乙方保证人应负乙方担负之全部赔偿之责。

十、本合约经双方同意签章后发生效力。

十一、本合约一式二份，各执一份为据。

立合约人：甲方　国立复旦大学留渝办事处　何恭彦
　　　　　乙方　和通商行　万季达
乙方保证人：民安保险股份有限公司重庆分公司

中华民国三十五年九月二十五日

罗潜渊等就相辉学院事致章益函

(1946年9月27日)

友三校长先生道席：

母校复员建设，千绪万端，想见先生辛劳备至。兹谨代陪都同学略申致敬之诚，并乞鉴察。相辉学院事，于今春承公建议发起，并嘱于二中全会时邀请井塘、健中、绍棣诸中委中监学长集议于胜利大厦，继复在川盐之里银行公会，指示至再，并为校题名曰相辉学院。西河之风未灭，以先生之诚笃而益彰矣。惟有数事即须就教者。

一、董事长一职既经作孚先生坚辞，拟请钱新之先生肩任。如由先生陪同登辉夫子亲往敦促，当无问题。此事解决后，方可行文，否则如何策动。盖闻教部高等教育司已签准准予立案之意。是则必须积极进行立案，奠定校基，以为首图。

二、北碚校舍、校地、设备及农场畜产等应请早日指示，办妥委托相辉学院代管借用书面手续，以资应用。并闻何恭彦先生以未获钧谕，现已将设备一部交运东下，畜产则以低价售与田庄，来极亨鸡已告绝种矣。北碚规模为母校私立时代迁建挣扎之心血，一草一木皆足以表示复旦精神之苦斗。故登辉夫子为相辉事，近赐手谕曰"与初意相合"，老人欢慰之情溢于言表。故北碚基础复旦同人有充分理由作有益国家使用之措置，光明正大，谅获当道之扶持。先生于复旦不愧一脉相承，发扬光大有待贤者，故委托移交手续盼早电告留守人员遵谕办理。

三、相辉既属草创，在此一年时期中非以服务牺牲苦斗精神出之，则难观急效，故图书、仪器等设备刻不容缓。现渝中国、交通、邮汇、农民、信托五行局，每一行局可对学校低利贷款数百万元，但如有各该总行局之指示，则每行局之贷款可达三千万元。逢熙先生月来与愚等随时保持接触，商拟借贷一亿元，期必得之，由燮康、伯华觅行保证，庶于学校经济有所裨益。即烦向祖龄、新之两先生一言，请此两公尅即分函渝行局介绍，由相辉出票承借，由银行承允，手续正当轻而易举，最获实惠之办法也。

四、教部方面虽有乐于赞助之消息传来，仍以先生迅速代为催促转圜为上策。闻刘参事英士与高等教育司司长主持此事，尤盼东风及时，于事方属有济。

五、逢熙先生以苦于校地、校舍、设备尚未接收，经费缺乏（本期收支预算不敷约三千余万元）及董事长虚悬立案无从着手诸项，颇有倦勤之意，并明白表示如公不助力，则渠即将已录取之新生全部移送上海母校，仍赴东北大学任职。此固为开办时期办事繁难，情绪焦灼之说，但陪都同学感此先生于上陈各节，迅即赐予最大之助力，一面并请致函慰藉以安其心。否则相辉中途发生阻碍，则登辉夫子与吾侪两万校友必时贻笑社会，公欲善其后，亦莫能及也。专此渎陈，敬候复示。并颂教安。

罗潜渊 邓燮康 韩季贤 唐贤轸 颜伯华谨上
卅五年九月廿七日

章益等就校产处理问题致许逢熙函
(1946年10月8日)

季康院长吾兄道席：

前次在沪晤叙甚慰，遥维公私延釐为颂。兹查本校所属留渝房产、家具业早移借尊处接收。至土地方面，往年由本校名义租出一部分，租期一年，现届满，拟于今年秋收后一并借与贵院，改由贵院名义出租，另换新约。应付之北碚管理局及王慧泉、左福厚堂等租谷，即请贵院径付，应收实物亦归贵院。至校产所有权如何移转，自仍当依法办理。又本校职员王华明君，事实已无保留之必要，惟念该员于抗战期内对于本校征收土地时不无微劳，经收地租现仍由其负责，除由本校一次发给薪津三个月（八至十月）以示优待外，拟请兄处雇用以便于继续服务。尚希惠允，不胜感盼，专此奉达。祗颂教安。

       弟　章　益　芮宝公同启
          十月八日

教育部关于增拨复员经费代电

（1946年11月26日）

  国立复旦大学：兹加拨该校（院）复员费一〇〇，〇〇〇，〇〇〇元款即电汇。仰即连同历次核拨数额，合并编制分配预算七份，呈部核办为要。教育部。

教育部关于复员车辆回空贴补费代电

（1946年11月29日）

  国立复旦大学：准交通部十一月五日公字第三一三八号函，以本年下半年度公路部份复员车辆回空贴补费，虽经奉准拨发三个月十五亿元，但因院令奉到延迟，且系照原预算减半核发，不敷其巨。故贴补办法规定，公商复员车辆，已收回空费者不再予以贴补。复旦大学已缴回空费三千六百余万元，格于规定，歉难发还，等由。合行电仰知照。教育部。

教育部关于增拨复员经费代电
(1946年12月10日)

国立复旦大学：兹再分配该校复员经费五〇〇，〇〇〇，〇〇〇元。款另汇发，收到补呈即领。再此，顷复员经费，奉院令不再增拨，务仰就历次行政派额，统希计划，撙节支用，并合并编列分配预算八份（注明历次奉拨数额及部令文号），连同有关附件呈核。教育部。

教育部关于增拨复员经费代电
(1946年12月19日)

国立复旦大学：卅五年十一月十日总字第九七八号呈件均悉。准增拨该校复员费二亿元及核准贷款三亿元共五亿元。款已另文拨发，并函请四联总处注销贷款。仰即知照，件存。教育部。

复旦就复员经费事呈教育部函
(1946年)

谨呈者：本校上海江湾校舍，顷经校长亲往查勘，该项校舍过去曾为敌伪占用，颇有部分损毁。自敌寇投降，抵沪国军遂入内暂住，刻经商洽，业允完全迁让。为免以后续有侵盗及占用，本校上海补实习部原系暂设租界旧址以内，兹拟即行迁返本校江湾校舍原址继续课业。惟员生数千人以及图书公物，此项迁移所费颇巨，据估计迁移费共约需三百万元。至本校江湾校舍以历经损毁，若不及时修缮，不特危险殊多，抑且倾圮堪虞。经招工估计，择要整修约需六百万元。两项共需九百万元。此尚系就上海现时物价情形而言。若再有迟延，或物价波动太巨，则所需将尤不只此数。为济紧急之需，理合呈请鉴核，速予赐准如数核拨，以利缮修迁运之用，实为公便。谨呈教育部长朱。

国立复旦大学
卅五年

复旦就军队占用校舍事致蒋介石电
（1946年）

主席钧鉴：本校校址原在上海江湾，复员后奉命迁回原址。惟以校舍于八一三之役首遭炮火，继经敌伪占用，损毁尤多。前经呈准行政院，秉承钧座战后建设首重教育之旨特予求助拨租敌伪房产数处，其地点恰在本校对面，勉可济用。讵甫经遵令办毕承租手续，略加整修以后，在沪空军即将所租筑庄校舍多栋占用，嗣当本校数千员生分批东下，正在途中之际。复于七月六日又由渝飞沪之空军一二团士兵及眷属，将所租嘉陵村校舍强行占用。查本校近年员生较过去增多数倍，校舍狭窄，连同拨租房舍在内，尚属不敷分配。而嘉陵村与筑庄更为本校租用房舍中之主要部分，若听任占用，不独下期招生开学事宜无法进行，即全校员生冒暑东迁途中，备历艰苦之余，一旦抵沪，更将陷于栖止无所之绝境。其情可悯，其事甚迫，不得已，谨渎呈鉴核，赐饬该空军士兵速予迁让，俾全校员生有所栖止，得以安心教学，则叨沐仁施，非惟本校员生感戴，实亦国家教育之幸。国立复旦大学叩。

教育部关于经费预算等问题令
(1948年3月)

令国立复旦大学：

　　一月廿四日（卅七）会字第一四五号呈一件，为呈送卅五年度复员经费预算及会计报表祈鉴核由。呈件均悉。查该校卅五年度复员经费，先后共核定一，八八七，四八〇，〇〇〇元。经核赍到分配预算计溢列三八，八〇五，一〇〇元余，其中三三，〇〇〇，〇〇〇元应将拨款日期文号申复凭核外，其余五，八〇五，一〇〇元据称系代收教职员家属旅费及私物运费之款。查核该项收入事先未据呈报有案，姑准于该校旅费支出数内照数分列核减，不得并入复员费内分配编列，毋庸另编岁入预算，以符手续。再分配预算应于经费核定及即行编制呈部核准，俾为执行之依据。查该校卅五年度复员费，时隔年余始据编报分配预算，自属不合。应饬嗣后切实注意，除将赍件分别存销外，仰即遵照办理，并重编分配预算呈凭核转为要。此令。

中华民国卅七年三月

克鲁季科夫回忆录选译

陈 晖 译

说明： 康·阿·克鲁季科夫，1941年就读于苏联东方学研究所中国部。从1943年至1949年，他先后在重庆苏联驻华大使馆、南京苏联使馆工作，担任过从顾问到临时代办等各种职务。后又出任苏联驻上海总领事、苏联驻柬埔寨大使等职。

克鲁季科夫的回忆录《在国民党南京，1946—1948年》讲述了这一时期中国政局的发展、中苏关系的重大事件、苏联外交官与中国政界要人和美国外交官的接触，以及自己的所见所闻。虽然受自身的立场所限，对一些重大事件的评述，难免存在一些片面性，但对于研究这一时期中苏关系仍具有一定的参考价值。原文发表在俄罗斯《近现代史》杂志2004年第2期上。

日本投降已近9个月了。1946年5月5日，中国政府和外交使团终于从重庆迁回了南京，国民党又在那里统治了中国三年。飞抵南京那天，我们目睹街上仍有许多日本官兵，这使我们大吃一惊。众所周知，还在1945年8月驻华日军司令部已接到蒋介石和麦克阿瑟将军的命令，不允许共产党人占领城市和重要的交通线，特别是华北和华中地区。因为战时中共部队和游击队在那里积极开展行动，建立了游击区和大片解放区。9个月后，蒋介石借助美国的帮助向华东调动自己的主力并向解放区展开大规模进攻。与此同时,国民党又借助日本人和美国海军陆战队控制了南京和上海周围地区。正如我们观察到的那样,这种独特的三方"维持秩序"的合作关系,在推迟还都南京后仍持续了一段时间。

在1937年日本占领南京以前,苏联全权代表处在那里存在了5年多时间。回到南京后,苏联大使馆已经没有自己的房子了。令人遗憾的是,现在苏联使馆没有找到合适的住房,也没有为大使本人找到体面的住宅,尽管我们在重庆有这样的房子。苏联大使馆承租了位于大方巷路口的一幢不大的两层楼房,院子里面还有一个荒芜的小花园。举办礼节性活动还得使用离大使馆不远的大使官邸。使馆工作人员的住处一开始离使馆较远。南京以炎热的夏天和炽热的政治问题迎接我们,因此我们没有时间安置设施,也没空悠闲。

形势要求苏联大使馆立即恢复工作上的接触和所有政治外交工作。中央要求使馆提供关于中国政治军事局势的发展、马歇尔调停下的国共谈判和中苏关系的各个方面,特别是与中国东北有关的问题等情报。前几个月,苏联与中方就东北——传统上常被称为满洲,产生了错综复杂的尖锐问题。在1945年8月14日签订中苏条约前,中方首先担心的是苏军应在结束军事行动后三个月从满洲撤走。应中国政府的请求,我们军队两次延长了驻扎的时间。由于中国政府来不及向东北运兵,所以不能对当地实施控制。几个月来,国民党的宣传机构散布谣言说,我们军队似乎有意赖着不走,以便让中共获得时间来巩固在东北的势力。但是,苏军司令部事先将撤军的工作计划通知了中方,我们最后一批部队于1946年5月3日前已撤离满洲。可见,苏联完全履行了8月14日中苏条约中自己所承担的义务,而当时美国却保留在华军事存在。在这种情况下,我国就不可能介入国民党在东北挑起的战争。

国民党分子为了煽动反苏情绪,放出关于苏联士兵对中国居民犯下骇人听闻的暴行的诽谤性传闻。实际上却发生这样的事实,即在南满的许多地方,我们的同胞包括派到中长铁路的苏联工作人员,遭到残酷迫害。苏联政府被迫从国民党控制的满洲地区撤回了所有的铁路工作人员。

　　蒋介石打算国民党军利用大连港登陆,因而引起我们与他的关系急剧紧张。10月23日,阿波龙·亚历山大诺维奇·彼得罗夫大使对蒋介石说,苏联政府不能同意中国军队在大连登陆,因为根据中苏协定,这个港口纯属商港,开始履行条约时就不能违反它。因此,蒋介石想就此问题直接同斯大林交涉,大使强调说,斯大林本人也会赞同苏联政府的这一观点。在所有关于大连问题的会谈中,大使都讲道,中国在大连的主权是无可争议的,但关于大连港的协议规定在那里建立特别机制,苏联不能违反该协议。蒋介石在会谈中提出自己的要求,并"从履行条约的观点"出发,承认我们立场的正确性,但要求莫斯科在这一问题上也要根据友好和同盟关系来行事。接着他谈到,在此情况下,1945年的中苏条约和中国主权遭到侵犯等问题。1945年底,中国东北局势如此之紧张,以至于蒋介石采取两个措施向苏联施压:第一,他派自己的儿子蒋经国作为其私人代表去和斯大林商讨所出现的局势;第二,他示威性地将东北行营从长春撤至北平。这样一来,东北问题便备受国内外关注。对此国民党的报刊大肆加以利用。其宣传机器以各种借口加紧进行反苏活动。例如其中之一就是宣称,苏军司令部宣布,为关东军服务的东北企业均为自己的战利品。当时报刊上关于"掠夺东北"的问题炒得沸沸扬扬,许多人对此并不相信(不仅仅是进步人士),但应当承认,归根到底,对于中国各阶层来说,这一情况导致产生了长期敌视我们的影响。

　　我们大使馆的人注意到,这一时期以及以后的岁月,中国当局害怕严重激化与苏联的关系，蒋介石有时也表示不赞成粗暴的反苏行为。他亲自并通过自己的人告诉大使，他谴责这种越轨的举动。故而，中共中央政治局委员、中共与国民党谈判的代表团团长周恩来，在1946年4月26日与彼得罗夫大使会谈时说，蒋介石对苏联持敌视立场，但他害怕苏联。下面我们必须谈到许多敌视我国和苏联公民的行为，这些行为无疑得到了蒋介石的允许。正如苏联大使所知，我也注意到，蒋介石命令军政部长陈诚建立拥有广泛全权的特别反间谍部门，以开展针对苏联的工作，卜道明将军兼任这一部门的领导。

　　回到南京后，我们很快就投入紧张的工作中去，仍然是处理一组又一组的东北问题。这些问题使国民党领导深感不安。他们自然要求大使馆坚定地捍卫我国的立场和利益。所谈的又是关于大连、旅顺港、中长铁路、苏联在满洲的财产等问题，当然也是关于苏联公民的命运和安全问题，首先是在满洲特别是在被国民党控制的南满地区的那些苏联公民。蒋介石任命其子蒋经国为中国外交部驻东北特派员，这便说明他认为这些问题具有何种意义了。蒋经国到达南京后，既没有和苏联大使也没有和大使馆参赞讲过什么最令人不愉快的事情。中国政府的主要代表发出照会并发表外交部长王世杰讲话全文。对于大使来说，难以就许多问题同中方进行讨论，因为中国人提出的事实或实际详情，大使馆并不知晓，在与中国人谈判过程中要弄清它们经常是不合适的。显而易见，我们驻满洲军方和其他代表并没有把所有情况报告莫斯科，莫斯科因此也没有经常向大使馆及时通报情况，只限于中央简要指示里所列举的情报。尽管有这样的困难，但彼得罗夫还是合乎逻辑地、令人信服地反驳了中方的论点。我不能不注意到，阿波龙·亚历山大诺维奇（彼得罗夫）在和王世杰谈判时表现出很高的智慧以及非常讲究分寸。他同王世杰的谈判，甚至是关于最困难问题的谈判都进行得特别平和。他的文化修养和极强的克制力赢得了人们对他的尊敬，据我观察，这些素质都使王世杰羡慕不已，他也是个最稳健、最有教养的人。彼得罗夫这样对我说，在谈判中，王举止非常自如，不知他是遵循蒋介石的明确指示，还是准确地知道蒋的立场。我记得王为大使夫妇举行家宴的情景：当时我陪同他们出席宴会，既没有中国外交部的人，也没有其他客人，部长夫人和他两个女儿操办家宴。我们在热情的气氛中度过这个夜晚，宾主双方饶有兴趣地讨论了中国文化史，当然还有国际事务了。

苏联大使和其他驻南京的外交官继续积极地与许多中国人和外国人交往。的确，在南京与民主人士和文化界人士的接触，没有像在重庆那样频繁和广泛。绝大多数社会活动家和文化活动家都从重庆迁移到上海去了。他们当中很多人是老上海。他们只是来南京办事时才出席外交使团的招待会。以周恩来为首的中共办事处主要设在上海。但是，中共、民主同盟和其他党派在南京也有不大的办事处。在那里，他们就"落实政治协商会议决议"，特别是关于筹备国民大会和其它问题，同国民党和美国"调停人"进行接触。完全不能指责彼得罗夫，说大使馆不和右翼人士接触。他能够在我们为国民党极右翼活动家举办的宴会上营造无拘无束的气氛，出席者中好像有陈立夫和白崇禧等人。值得一提的是还有一次为国民党反间谍部门和"三民主义青年团"领导人（同一个人）举办的宴会，只有一个最令人不快的要人——戴笠没有来（后来才弄清楚，原来他在此前不久就死于空难）。这伙人表现出使人反感的个性，但彼得罗夫居然能在他们当中制造出正常乃至活跃的气氛，结果了解了关于这伙人的观点，听取他们就当前大家最关注的事件畅所欲言是有益的。各类知名活动家都乐于前来使馆做客，特别是拜访大使本人。例如令人有趣的是，我们结识了从美国回来的胡适——旧中国最保守的历史学家和文学家。胡适在和我们交谈时完全是一副外交举止，分析中国和平民主问题时不拘言笑。但在宴会结束时,彼得罗夫和他还讨论了一点哲学问题。

冯玉祥元帅——反对帝国主义及其代理人的老战士,在我们老朋友中显得与众不同。在1923年至1926年,莫斯科向他在华北的"国民军"提供了大量援助。伟大的爱国者冯玉祥赞成国家统一,反对内战。冯虽然是国民党中常委,名义上占据国防最高会议成员的高位,但他在和大使交谈时说,所有决定都由蒋介石一人作出。在重庆和大使谈话时,冯玉祥对为他及其陪同人员安排访苏的可能性表示感兴趣。此行的目的听上去很含糊,"为了解这个国家而去学习"等等。我们明白,他打算离开蒋介石的中国。大使馆没有得到莫斯科的答复。于是,在1946年9月,他携家人去美国"考察水利"。临行前,冯在南京玄武湖的游船上设便宴招待苏联外交官。我还保留着他用优美的书法亲笔书写的请柬,为此他挑选新字体来书写我的名字。主人和他夫人李德全给这次聚会创造了这样真正友好的气氛,这样的气氛是我们这些年没有经历过的。我记得当时提议为民主的新中国干杯。唉!在新中国,我们只是经常非常满意地与李德全见面。她是中华人民共和国的卫生部长,中苏友好协会活跃的领导人之一。而冯玉祥本人却悲剧性地死于1948年8月,当时他乘坐的"胜利号"客船距离奥德萨不远。在离开美国前举行的记者招待会上,冯玉祥说,他要回到中国以帮助推翻蒋介石政权。

苏联大使馆的私人客人中有国民党著名活动家张治中和邵力子。他们一直对我们两国关系问题感兴趣,并尽可能对它们的妥善解决施加影响。他们常受蒋介石的委托行事。两人都是国民党和中共谈判的代表团成员,因此总是熟悉这些谈判的。当然,他们向我们说明国民党的立场,这时我还记得一些,他们通常没有试图使我们相信共产党人的固执或使我们卷入对谈判前景的评价。张治中将军偶尔在中国首都出现,因为在1945到1946年,他面临着实现新疆和解这样的任务。我们早就得出结论认为,张治中是蒋介石周围最灵活的、最正派的人之一,有一次周恩来也证实了这一点,在国共谈判过程中,他有十多年必须与张治中密切接触。

伊宁(库尔勒)、阿尔泰和塔尔巴哈台等地区的维吾尔、哈萨克、吉尔吉斯和当地其他民族发生的动乱,具有广泛的反对汉人的起义的性质。当时我们在南京对新疆所发生的事情呈报不多。就南京政府而言,事件的规模是出乎意料的。蒋介石接到前往乌鲁木齐的卜道明的报告,接着又是蒋经国的报告之后,他决定使用政治手段解决冲突。他将这一复杂的使命委托给张治中将军——以亲苏而闻名的、有威望的、灵活的政治家。

张治中获得广泛的全权,担任新疆省主席。在与彼得罗夫交谈时,张开诚布公地谈到新疆事件的起因。将军斥责前省主席盛世才和其他中国政权机构对该省穆斯林居民的行为以及对苏联的不友好政策。后来在谈话中,张治中感谢大使协助驻乌鲁木齐和库尔勒的苏联领事馆来解决冲突。实际上,在谈判过程中,起义者从正面领会了我们的建议。彼得罗夫提醒将军注意斯大林对蒋经国讲的话:由于起义者不反对我们调停,我们准备继续这种调停。大使强调说,依据1945年8月14日中苏友好同盟条约的第5条,我们按照不干涉中国内政的原则行事,对最近的新疆事件持不干涉内政的态度。张治中对大使说,应当排除一切妨碍在新疆巩固中苏友好的障碍。顺便说一句,当时除了新疆之外,在国民党统治的地区实际上都没有中苏文化协会。张治中多次对彼得罗夫讲,中国不会在新疆扩大与英美的合作。根据张治中的倡议,中国政府提出中苏在新疆开展经贸合作的建议。将军指出,对于新疆省和我们双边关系来说,它是稳定性的因素。

蒋介石借助美国大举进攻华北后,决定将政协决议一笔勾销。他没有同其他党派协商就宣布召开国民大会的日期,同样取消了政协关于修改宪法草案和准备大会日程的决议。1946年大约2/3的代表是国民党挑选的。政协决定25%的席位应当给中共和其他民主党派（通过宪法需要75%的票数），但蒋介石独断专行地任命国民党所有中常委，满洲、台湾、西藏和新疆等地的"独立代表"为"国大"代表；对中共和民主党派而言，只保留了象征性代表的可能性。

如果一开始马歇尔将军还促成政协的成功并谈到建立民主和平的话，那么他在1946年却大力帮助国民党建立打击中共的军事潜力。此后，美国帮助国民党在北方训练并扩充了几十个师，向国民党供应武器弹药、飞机和军舰，扩大机场和海军基地网，11万美国士兵守卫华北的战略要地。在马歇尔"调停"的一年后，中共失去了他所控制的大约50%的地盘，然而，他的军队却重创了国民党军。

美国和马歇尔本人帮助蒋介石撕毁政协决议，其中包括关于召开国民大会的决议。我们知道（特别是从马歇尔本人口中），他要求民主党派的活动家暂时保持耐心。马歇尔劝他们说，实现民主来日方长，也就是说，重要的是通过宪法，以后才能消除其不足之处并继续改革。

1946年期间，中共反对扩大内战，但他不得不注意到国民党军事力量的优势，不能不考虑到蒋介石的"宪法"策略和维护和平的蛊惑宣传引起了部分居民相当的幻想，一些民主人士也对国共和解抱有希望。共产党人一面要求履行政协决议和蒋介石于1946年1月10日许下的停止军事行动的诺言，一面努力向人民解释道，现实情况说明不要对南京政府的意图心存幻想。共产党人对摇摆不定的盟友讲，如果中共做出让步，参加畸形的国民大会的话，那么他就要承担新的政治义务，从而给党和人民造成重大损失，而蒋介石反正一样是要打内战的。

我们大使馆的人有时担心，中共领导人的个别言论自然包含宣传的成份，他们发表的言论也许没有准确地考虑到国内的力量对比。我们密切关注朋友提供的秘密情报，但这并不完全与我们从其他人特别是可靠情报源获取的情报相符。大使馆尽量避免将不准确的评价以及相应的不充分的形势报告发给莫斯科，因此，有时在战术形式上试图公开讨论此刻引起怀疑的问题。这样一来，11月15日彼得罗夫在与周恩来会谈时说，我们有时会产生这样的问题，即中共是否总是完全客观地评价国民党的力量。对此周恩来回答说，低估敌人的力量当然是有害的，但考虑蒋介石的力量时，应当把他在纸上存在的力量与实际力量区分开来。这番话可能就是对当时武官罗申得到的一些关于国民党陆海军具体情报的答复。谈话者进一步解释说，像交通运输系统崩溃、政府动员能力弱、粮食供应困难、部队训练差和士气低落等因素，在很大程度上削弱了国民党军的实际力量。

10月26日周恩来在与我国大使会谈时作出以下评价：1946年国民党分子发起全面进攻，中国人民解放军进行防御作战，尽管解放军失去了许多地区，但这并没有对中共及其军队产生影响。这些失利"不仅对国统区而且对国际舆论来说，将具有政治意义"。解放军留在日本投降时所占领的主要地区。无论国民党还是中共都有自己的强项和弱项，因而军事行动不可避免地呈现持久的特点。国民党和美国人指望迅速结束战争，中共必须要考虑到持久战的可能性。解放军的弱点——武器弹药不足。至于军事行动的前景，周恩来说，在短时间内优势还是归国民党，但不久国民党就开始经受人力资源方面的严重困难。周恩来强调道，共产党依靠人民大众，其军队军事行动的主要方式——运动战。由于弹药不足，所以解放军必须采取运动战的战术——切断敌人后方交通线，围歼敌军个别集团，"我们将对它的所有薄弱之处予以打击"。

在周恩来回延安之前举行的会谈中，彼得罗夫问道，可不可以认为国共关系已完全破裂了。周恩来回答说,一切取决于国民党以后的立场。董必武留在南京进行联系。但是,1947年3月,董必武和他的同事以及留在上海和重庆的中共工作人员紧急撤回延安去了,自1936年起,中共中央和中共武装力量司令部就设在那里。

1946年11月7日,周恩来出席苏联大使馆在国际俱乐部举办的节日招待会。我受大使委托,一段时间守候在大厅出口处,向退席的客人道别。周恩来离开时精神抖擞,情绪良好。我一直把他送到轿车旁。临别时他笑着说:"不要紧!我们的事业是正义的!胜利属于我们!不久我们就会再见的!"11月19日他飞往延安。我们深切体会到这一戏剧性时刻。周恩来与国民党人从1936、1937年开始的历时十年最复杂的马拉松式谈判就此结束了。

美国人和我们交谈时并不回避讨论事件进程、南京政府具体的失败和自己对华政策的失算等问题。当然,在这种情况下,马歇尔、司徒雷登大使和其他美国外交官试图为自己的行为辩护。例如,在我们大使馆于12月4日举行的宴会上,马歇尔企图粉饰提交国民大会的宪法草案,他强调说,国共之间的相互指责和不信任似乎是难以克服的障碍。彼得罗夫对此说道,不信任是有根据的。马歇尔生硬地、神经质地反驳说:"对国民党不信任是有根有据的,但不在于美国的调停。"显而易见,马歇尔将军深切体验到自己调停的结果令人失望以及公众舆论和外国政府对此的评价。

我们与司徒雷登的会面比与马歇尔更为频繁。有一次他悲叹道,他再也看不到与中共恢复谈判的任何前景。彼得罗夫简明扼要地说:"国民党是有过错的。"司徒雷登沉默不语,然后却表示同意。后来他考虑打算改组南京政府,称之为治标的办法。早在1946年司徒雷登就时常谈论希望苏联参加美国的调停。9月

16日他对彼得罗夫说,苏联应和美国一道参与解决中国问题,对此他并没有失去希望。在重申我们不干涉中国内政的坚定立场后,彼得罗夫又说道,开诚布公地讲,如果中国的两方处在孤立地位,中国问题就能够得以解决。但是,国民党接受大量援助这一情况,并没有导致状况的改善,却导致了内政形势恶化和内战加剧。应当注意到,当前司徒雷登呼吁"共同参与中国问题的解决",过了两个月后听起来就像蒋介石已经决定按自己的方式砍开中国问题的死结。7—8月间,蒋和最亲近的顾问以及马歇尔将军召开了一系列会议,决定最终撕毁政协决议,用"宪法"来给国民党一党独裁统治举行洗礼,并尽全力消灭中共。

蒋介石尽管作出了重大决策,但不能不考虑苏联对他所作所为的态度。伟大的卫国战争胜利后,苏联的威望在上升,甚至在欧洲局势紧张和"冷战"开始的情况下,南京仍然努力维持与强邻的关系,以便确保苏联对中国面临的事件保持更为稳重的立场。蒋介石制订计划要大打内战并将战事转向中国东北,于是决定应当对莫斯科采取明确的外交措施。

7月23日,蒋经国拜访彼得罗夫并说,蒋介石想和大使会谈,邀请后者到牯岭的避暑别墅去见他。补充说一句,在这些炎热的日子里那儿可以休息得很好。牯岭——位于江西省(南京以西)庐山山地中的一个疗养城。我们8月初启程,大使的随行人员有他的夫人尤莉娅·帕夫洛夫娜、Б. С. 伊萨延科(他为会谈做翻译)和我。一架小飞机把我们送到九江——长江上的一个大码头。我们坐了半个小时的小汽车来到庐山脚下,轿夫在那里等候我们。我们在牯岭住了一个多星期,下榻在由俄国商人——茶叶商修建的一座结实的大房子里,这样坚固的俄国公馆为数不少。中方委托邵力子来安排大使的活动,有几次他安排我们在牯岭周边游玩。在晴朗的天气里,我们欣赏着鄱阳湖独特的风景,平静的湖面上波光闪烁,山的支脉郁郁葱葱,延伸到湖边。阴雨的日子里,整个城被云雾笼罩,呼吸着凉爽的空气真是令人心旷神怡。要知道,此时在南京和不远处的九江,人们忍受着8月热浪的煎熬——"伏天"——日夜酷热和闷热使人难以忍受的季节。

蒋介石于8月9日接见大使。会谈进行得很艰难,气氛也非常紧张。蒋介石当然完全了解我们的立场,但他直截了当地提出这个问题,他根本没考虑会得到赞许的答复。显然,他希望向莫斯科的立场施加压力,以便减少苏联对他已决定采取的行动作出不利的反应。

大使回答了主人的问题并坚定地说,中国首先需要和平。当时蒋介石问道:"中国能不能实现和平呢?"彼得罗夫再次坚定地回答说:"不仅能够而且应当。"他更加明确指出,无疑各党派可以达成政治协议,为此政协协议是良好的基础。蒋介石开始争辩道,他似尽全力与中共达成政治协议,但共产党人企图阻碍避免冲突的和平建议。他进一步问道,根据大使的意见,不履行政协决议的过错在哪一方,是共产党还是国民党。实际上,彼得罗夫宁愿回避直接回答这个问题。的确,蒋介石不可能不知道彼得罗夫多次就该问题对马歇尔、司徒雷登和其他许多人给出的明确答复。会谈因长时间冷场而中断。蒋介石表情忧郁地坐着,痛苦地决定是否应当再说些实质性的话。最后,他请大使在牯岭多住几天并补充说,蒋经国不久要到牯岭来,他想和儿子一起再次会见大使。8月13日会谈时,蒋介石对彼得罗夫讲,他请求告知斯大林大元帅,"他想在中国内政形势稳定后亲自与他见面"。

我和大使都明白这一策略的目的。在新的条件下,蒋介石企图维持巧妙应对苏联的可能性,他完全清楚,如果以前苏联没有邀请他访问莫斯科(早就知道他希望会见斯大林),而现在随着全面内战的爆发,就更谈不上最高层会晤了。蒋介石后来在他的

《苏俄在中国》一书中臆造出的东西显得非常荒唐,他说斯大林似乎两次邀请他访苏,但这些邀请好象均被他婉拒了。在自己冗长的著作中,蒋介石甚至推测道,"斯大林邀请蒋经国访俄的真实目的",用他的话讲,是"非同寻常的步骤",即安排蒋介石本人访问莫斯科。事实上,苏联没有给蒋介石或蒋经国发出任何邀请,后者是遵从其父的提议作为其私人代表来到莫斯科的。蒋介石也证实,关于他要求会见斯大林的传闻,据说是"斯大林常见的策略",意在"引起中美之间的误会"。

作为牯岭会晤的继续,10月31日蒋经国前来拜访彼得罗夫,他承认"中苏关系有许多反常现象",蒋介石似乎对此深感不安。同时,他对大使说,中国政府努力排除中苏友好的一切障碍。然而,我们大使馆的人看到,中国当局方面的善意姿态、言论乃至献媚,都没有被实际情况所证实。大使馆向中央通报时指出,我们在和掩饰其反苏路线的外交游戏打交道。事实上,南京政府在所有国际问题上都支持英美,对于中苏共同利用在满洲的日本企业、中国在大连的民政机构及其维护他的警察当局和其他许多问题,都拖延解决并使其复杂化。中国当局实行歧视性措施,并对苏联的机构和公民进行挑衅。

像所有外交使团一样,我们密切注视国民大会筹备过程中局势的尖锐化。在1946年6月戏剧性的下关事件之后,国民党展开了对反对派和广大民众阶层的镇压和恐吓。当时在下关火车站,"一群流氓无赖"突然袭击了前来首都请愿的上海民众代表团的成员,宪兵把包括前教育部〔次〕长的马叙伦在内的一些代表团成员,驱赶到车站附近,毒打了5个小时之久。半年来,对于那些反对加剧国家分裂和内战的知名活动家,国民党采取恐吓和暴力等手段。与此同时,国民党领导人在许多情况下还借助马歇尔和司徒雷登,企图使无序的反对派脱离民主力量。他们得以用部长和其他职位诱惑曾琦和其他两个小党的部分领导人以及一批"独立"活动家。这就使国民党有机可乘,声称1946年11月—12月召开的国民大会不是国民党一党包办的,因而完全有权通过宪法。我们坐在来宾席上看到,有很多赞成宪法的代表缺乏像其制订者那样的热情。亲国民党的自由派报纸《大公报》,在评价民众对"国大"和通过宪法的态度时,在社论中写道:"人民漠不关心"。

然而,宪法闹剧并没有阻止内战的爆发,各阶层民众的注意力还是被吸引到美国人在内战爆发中所起的作用、以及在中国城市街头的无数美国兵上来。青年学生举行大规模游行示威,高呼"美国佬滚出中国去!"这样的口号。司徒雷登大使甚至在和彼得罗夫会谈时也承认这些行为是自发的。南京发生大规模游行示威,与此同时,由于通过宪法,政府也组织了游行。大使馆工作人员看到,保护当局组织游行的警察,是如何对待学生队伍的反美标语的。

另举一例,我们和大使乘车绕过被示威者封堵的市中心,在一条巷子里遇到了学生游行队伍,他们表现得非常积极,立刻在我们乘坐的小汽车上贴满了传单和标语,并高喊"美国佬滚回去!"等口号。彼得罗夫实在是被他们的士气所鼓舞。我们马上将此情景与我们大使馆门前的反苏示威者的被动举止相比较,后者显然是些低年级的中学生,成年人在他们后面时不时高呼口号。

中国外交部和王世杰积极活动,以便不让在1947年3月举行的莫斯科外长会议上讨论美国在华驻军问题。当时,美国也阻挠讨论这一问题,而是建议会议局限于美苏代表团之间交换意见。然而,我们在会上采取的措施却在中国和世界上引起了强烈反响,各种各样的谈话者对我们说,苏联的这些外交行动得到中国爱国者的赞同,他们高度评价那一时期苏联按照1945年12月苏、美、英莫斯科外长会议的精神所做的发言,该决议要求苏美军队撤出中国。在中国，人们高度评价苏联政府在1946年春苏军撤离满洲时所采取的措施。与此相反，美国完全不打算将自己的军队撤出中国。苏联领导始终如一的行动，许多国家报刊上的文章和社会舆论，包括美国本身各阶层，无疑都对美国鼓吹扩大其对华干涉的势力产生了遏制性的影响。正如蒋介石后来在自己书中写道，所有这一切使得美国政府难以向南京政府提供军事和财政援助。我们注意到，蒋介石有些夸大我们的批评对美国行政当局的影响。众所周知，国民党不能改革和挽救自己的政权，也使华盛顿越发失去信心。1948年魏德迈将军在结束自己在华使命时便直截了当地谈到这一点，而他来华的目的正是确定如何挽救南京政权的途径和手段。

彼得罗夫必须经常听取王世杰的抱怨，他指责苏联报刊对中国政府和蒋介石本人的不友好言论。1947年5月30日，王世杰递交一份照会以及我们报刊上"不符合1945年中苏条约字面意义和精神"的辛辣材料。大使在回复照会中声明，正如审查表明，在所列举的任何一篇引文中都没有包含攻击中国政府的意思，中方对报刊作出了武断的解释。彼得罗夫多次请部长注意，国民党报纸粗暴攻击苏联政府及其领导人，《建国日报》厚颜无耻的狂妄行为已经是家常便饭了，除了对我国大肆造谣外，它还包含这样的内容，如要求与苏联断交，呼吁美国对俄开战。王世杰不得不谴责这些攻击性言论，有一次说他建议查封《建国日报》和其它同样的报纸，但是，中国现在有"宪法自由"，对此仿佛他也无能为力。顺便说一句，"宪法自由"并没有妨碍蒋介石不久就查封民主派和自由派的报纸，也没有妨碍他取缔民主同盟和其它左翼组织。

1946—1948年，苏联大使馆面临许多复杂问题。令人不能容忍的是，国民党中我们的敌人暗中企图进一步恶化苏中关系的气氛，开始出现大规模歧视和迫害苏联公民的事件，对他们进行非法搜查、逮捕和掠夺。在天津、青岛和其它城市发生了恐吓和劝说富人并企图使他们退出苏联国籍的事情。尽管中国外交部许诺协助遣返3千名苏联公民的家属，但当局给我方人员离境设置重重障碍。苏联大使馆得知，中国当局和美国情报机关一道，瓦解当地的苏联侨民协会和他们的社会组织（1948年我去青岛出差时对此深信不疑），从中招募间谍并建立反苏的侨民组织。当局企图剥夺苏联公民的土地所有权，尽管这一权利在1935年苏中贸易协定的第12条予以保证。中国当局开始实行掠夺俄国教会、教堂和其他财产。他们初步打算让约安主教当教会首领，他夺取上海教会的收入并以国外东正教最高会议的名义行事。僧侣中的苏联公民遭到迫害，俄国教会首领维克多大主教被逮捕，这件事造成对我们大使馆声望的打击，因为他是莫斯科大主教的代表。由于大使馆的强烈抗议和彼得罗夫大使的要求，在无休止的拖延之后，根据蒋介石的指令，维克多大主教被释放，并阻止了许多胡作非为之举。

　　大使馆坚决地调查并解救了1946年我军撤离满洲时由于各种原因掉队的官兵，费了很大周折才把他们从蒋介石的刑讯室里救出来。仅举一例，在北京李宗仁将军行营的大楼里，我们的外交官偶尔遇到被押解的洗切科大尉。此后三年，当局对我方询问的答复是，他们对洗切科大尉一无所知。还在重庆的时候，大使就向王世杰递交了一份关于洗切科的备忘录，而后多次向部长提出关于他的问题。我们递交照会、备忘录，发表各种级别的声明。我负责处理洗切科问题，每次与卜道明会谈时都提出这个问题。后来我才知道，最终洗切科被押解到新疆，在那里移交给我们的代表。

　　1946年夏内战全面爆发，蒋介石投入了自己的450万军队来对付人民解放军，当时他声称中共军队主力将在5—6个月内被消灭。当然，没有人会相信蒋介石及其将领的夸夸其谈。解放军依靠自己的运动战术成功地围歼了南京政府军的个别集团。后来我们才知道,一年以后即1947年中旬,120万国民党士兵就这样被歼灭了。这些损失以及严峻的经济状况引起统治阶层的恐慌。在1947年3月国民党第六届中央执行委员会第三次全体会议上,出现了回光返照的情景。进攻延安被安排在全会召开之前。不言而喻,这一事件对外交使团、新闻记者以及上海、南京和其他城市的居民产生了影响。然而,全会的参加者为军队损失增多感到不安,于是要求采取非常措施。全会宣布"戡平共匪叛乱"的命令,并决定全面展开对民主人士和自由派人士的镇压。在全会上,右翼极端分子指责王世杰"对苏政策软弱无能"。全会之后组织了"反对赤色侵略"和"国际干涉"的"抗议示威",后者是与苏联和国际社会一贯反对美国驻兵和它以其他形式干涉中国内政有关系。

我们不怀疑蒋介石政权是注定要灭亡的,但对大使馆来说,及时地评价和预测军事政治形势却并非易事,况且也不能不考虑到美国更大规模军事干涉的可能性。然而,对国民党不利的因素表现得更加明显:中共力量的增强和它在人民群众中影响的增大;国民党内部矛盾激化,它不能解决国家的基本问题——土地问题及中国灾难性的金融形势。

1947年中旬,南京似乎还能守住战略要地并进行局部的进攻作战。延安陷落后,中共领导转移到新的地区,解放军总部在继续给予敌人造成无法弥补的损失的同时,准备展开决定性的反攻。当时,苏联大使馆自然无法掌握充分的消息。消息常常是自相矛盾的。个别与我们交谈的人(如民主同盟活动家罗隆基)表现出明显的悲观情绪。很久以后才知道,当时中共领导人本身也考虑到战争可能会拖更长的时间。因此,1947—1949年战局进展得比我们预测的要快得多,这就不令人奇怪了。必须注意到,1946年9月21日周恩来在与彼得罗夫会谈时对中共战略战术的上述解释，有助于我们对军事政治形势作出正确的分析。

1947年夏，在东北、华北和华中展开了激烈战斗。刘伯承、邓小平、陈毅和陈赓的部队将军事行动扩展到淮河以南的辽阔地域。农民到处在自发地展开抗税、抗丁、抗粮及反对警察胡作非为的斗争。国民党军的团和旅，特别是那些匆忙组建的部队，不愿去打仗，而是放下武器，投向共产党一边，这些都不足为奇了。在城市里，抢粮风和其他群体骚乱层出不穷。1947年国民党军队用去的军费比预算高出4.5倍。滥发纸币使一年内物价上涨了27倍。1947年7月25日，蒋介石下达总动员令，规定没收一切用于军事需要的人力物力资源，禁止集会，对那些幸免于难的独立报刊采取残暴措施。蒋介石的新举措包括组成以张群为首的新政府这样的阴谋勾当，外交使团评价此举意在请求华盛顿给予新的"政治"援助来挽救其政权。官方宣传当然支持讨伐令，呼吁美国迅速增加援助。新任的行政院副院长孙科，以前被认为是国民党左派，现在却公开威胁要惩治所有那些决心反对蒋介石命令的人。国内掀起大规模逮捕学生、教授、记者和文化活动家的浪潮，社会团体被解散。国民党再次瓦解民主同盟没能得手后，因此于1947年10月27日宣布将之取缔。数百名民盟成员遭到镇压，杜斌丞和11名民盟支部的领导人在西安被枪杀。一些人消失得无影无踪。的确，许多被公开列入失踪者名单的人逃到了香港。

听到南京绝望地呼吁援助，美国毫不掩饰对蒋介石的不满，因为他不能找到摆脱危局的出路，并且不能实施某种有效的改革。为了讨好华盛顿，国民党开始谈论改革，宣布宪法生效，安排国民大会的选举，任命被收买的两个小党和无党派活动家为部长。1948年春召开了无聊的"国大"会议。我们外交官两度旁听了演说者的空谈，并试图弄清一大堆决议草案、呼吁书和请愿书。不过，我们还是搞到了令人感兴趣的文件。我们所了解的一组"国大"代表提交的一份文件承认，在国民党控制的地区，有70%的居民期待共产党快点来，它进一步说："中共在自己的区域拥有100%民众（的支持），在我区有70%；我们在他们的区域却没有支持者。"蒋介石当选总统，获得"戡乱总动员时期"独断专行的全权，但却遇到自己的影响力下降和国民党内意见分歧等不利因素。代表们没有通过他提出的关于选举孙科为副总统的建议，而是选举李宗仁将军担任此职。美国人促成李宗仁的当选。司徒雷登大使对罗申说，李赞成实行重大改革，"可以发挥非常重要的作用"。我们把美国大使这番话理解为证实了这种传闻，即当时华盛顿在讨论让李宗仁取代蒋介石的方案。在另一次谈话的时候，司徒雷登说道，蒋介石"顽固坚持自己的阶级偏见"，"地方上的封建地主不允许实行破坏他们安宁的任何措施"。

1947年7月彼得罗夫去休假。在莫斯科，他的夫人尤莉娅·帕夫洛夫娜出人意料地遭到逮捕，指控她与美国情报机关有联系。龙·帕·彼得罗夫娜是人种学家、历史学博士，曾在美国学习过，研究美国印第安人问题。据说在中国期间，她收到自己导师从美国寄来的文献资料。她像我们大使馆许多工作人员一样，去找美国大使馆的医生看病，这位医生又是武官助理。斯大林去世后，尤莉娅·帕夫洛夫娜被平反，继续从事科研工作，担任《苏联人种学》杂志主编。彼得罗夫被任命为苏联外交部档案司专家。阿波龙·亚历山大诺维奇·彼得罗夫卓越的外交活动就这样突然荒唐地中止了。1949年1月，这位天才的年轻外交官、东方学学者因心脏病发作而去世。

Н. В. 罗申少将成为新任大使，他担任驻华武官大约十年。1948年5月罗申递交国书及蒋介石礼节性设宴招待时，双方没有谈及两国关系的严重问题，但中方基本上给予罗申更多关注。

特别是,除了外交部司长沈剑虹到火车站迎接他外,蒋经国和西亚司司长卜道明出乎意料地到来了。蒋经国的出现好象暗示着准备与莫斯科进行新的接触,或许蒋介石身边的人闪过一些念头,是不是应当尝试或开始新游戏——在大国调停下同中共谈判或者其他外交策略。

1948年,人民解放军进行了三大战役——辽沈、平津和淮海,150万国民党军被歼灭,主要是被俘。11月7日,我们从参加节日招待会表情抑郁的客人那儿得知淮海战役开始了。炮声一天天逼近南京,我们亲眼目睹政权开始垂死挣扎,当地精英惶惶不可终日,有钱人纷纷跑到香港去了。国民党维持对金融哪怕是不切实际的控制的企图归于失败,还在8月,1100万元法币兑换1美元。9月蒋介石下令只有警备司令部批准才允许离开上海出国。国民党采取残暴措施来制止收购和出口国内的贵重物品。蒋经国被派到上海,委以特别全权以打击经济犯罪。所有这些措施结果都是徒劳无益的,政府变动频繁便是当局束手无策的表现。张群辞职,翁文灏只履行了几个月行政院长的职务,孙科又试图组成新政府。

美国大使馆的一些老外交官在谈话时突然开始以简短的插话方式批评蒋介石,几乎异口同声地希望李宗仁或随便哪个人也许都会比蒋表现得更好。他们非常气愤地评价蒋介石的将军们,尽管依靠美国的援助,还是打了败仗。必然会听到这样的言论,即共产党是由于莫斯科的支持才取胜的。在这样的谈话过程中,美国大使馆的新人(一个秘书)突然一口气说道:"你们可以高兴了!你们赢了!我们输了!"我回答说:"我们没有进行比赛,是中国人民胜利了。"谈话者又冒出一句话:"林彪有苏联武器!"我对他说,数百万解放军战士是用美国武器打仗的,魏德曼将军、司徒雷登大使和美国个别报纸都承认这一点。我记得一个美国记者报道说,装备美国武器的刘伯承、陈毅的共产党军队，现在正冲到扬子江岸边。应当注意到，我们与美国同事的交谈通常不一定都是这样的相互讥讽，一等秘书和参赞级的关系表面上仍然是正常的，他们甚至当我们在场时也不羞于讨论美国内政问题。因此，我记得，一些老外交官和他们的夫人对杜鲁门蝉联总统的消息表现得是多么失望，其中一女士称杜鲁门是"地道的小人物"，可没有人试图反驳她。

1948年12月我六年的外派任务就要结束了。我在下关火车站等候去上海的列车，而通常寂静空荡的车站，此刻却被前所未有的混乱气氛所笼罩着，甚至在通向站台的长长走道上，箱子和手提箱堆积如山，四周是忧心忡忡的主人和脚夫。我们大使馆的一位同事触景生情地说道，这幅景象使人联想起我国影片中描写国内战争在南俄结束的一个镜头。

黄昏时"斯莫尔尼号"轮船驶离上海。船在公海上遭遇风暴。船长请求我在晚饭后给全体船员讲讲中国的事情。尽管船颠簸得厉害，我还是花了一个多小时向水手讲道，解放军和国民党军展开的大决战，最终决定了中国的命运。

邱昌渭往来函电选

邱凯云 选编

说明：邱昌渭（1898—1956），字毅吾，湖南芷江人。毕业于美国哥伦比亚大学，获哲学博士学位。回国后先后在北京大学、东北大学、清华大学、中山大学任教。1932年起出任南京国民政府情报司司长、广西省政府委员兼教育厅厅长、民政厅厅长。1942年调任国民政府国防最高委员会中央设计局副秘书长。此后历任第四届国民参政会参政员、立法委员。1949年7月，被代总统李宗仁任命为总统府秘书长，直至1950年3月蒋介石在台湾"复任"。

本篇资料均选自1949年7月至1950年3月邱昌渭在"总统府"秘书长任上往来函电，包括部分邱本人所藏国民党军政人物的函电。这些函电反映了国民党在大陆的最后时期及败逃到台湾初期的情况，尤详于蒋介石和李宗仁之间的矛盾和政治斗争。函电中不乏对中共的诬蔑不实之辞，为保持资料的完整，未作删改，希读者在使用时加以甄别。

1. 董其武①致阎锡山电（1949年8月2日）

院长阎②钧鉴：巳感展六奉悉。所示各节，谨当遵妥为处理。半年来，绥远军事即系如此计划与准备，惟事实尚不无可虑者。兹将事实详报于后：（一）当前归绥东北南三面及大同、阳高间地区共有奸军十五个师及四骑兵师，取包围压迫形式，坚决与战，必无结果；若向后套撤退，匪即乘势西犯，不徒绥包陷落，而后套亦难立足。因各蒙旗观望不定，如向后撤退，均起而张目，甚至零散溃乱，难得预期效果，且影响所及，关系全局安危。（二）绥远部队多系地方壮丁，处此情势下，多不愿离家他去，若再向后撤退，除地方部队大多均不能随队西进外，恐正规部队亦不愿逃去，如前次西移时即逃亡步骑约一团，此中事实不得不向钧座详述。（三）绥远十万人马，二万七千干部，如处置得当，当能保持力量完整，俟反攻时期，必有重大贡献；如处置欠当，恐自归毁灭，反为匪军增加力量。（四）在以上情况下，已成进退为难。（五）职与多数高级人员再三研究，适应情势需要，决不为个人计较，故拟暂时藉采政治手段，应付缓冲。匪军派兵西北，藉以配合西北作战，而免后顾之忧；一面暂派大部主力西移，以作甘宁之支援。此种苦心因利在国家，且忝属多年部属，故敢一再渎陈，请钧座详加指示，以便遵循。职董其武。午冬十时高。

2. 董其武致阎锡山电（1949年8月10日）

转院长阎：绥远近情业于午冬十时电详陈，计呈钧览。当前绥远情形，若纯用军事，不独绥包难保，恐后套亦难立足，已于

---

① 董其武，时任西北军政长官公署副长官。
② 院长阎，指行政院院长阎锡山。

午鱼将部队西移归绥,只留轻装步兵一部,绥南、绥北各留骑兵一部,撑持局面;一面藉政治应付,维持绥包,缓冲匪军西犯,压迫后套,俾保持战力及屏障西北门户与反攻基地。当前政治应付较用军事与国家有利,然无论在任何情况下,决赤忱为国奋斗到底。绥远部队为钧座部属,干部亦多为钧座多年培植,均期保持战力,遵钧座意旨,听供驱策,请多予指示,俾资遵循。职董其武。午灰二孚。

3. 张君劢致李宗仁函 (1949年10月23日)

德公总统赐鉴:

在穗承教为快。政府迁渝,局势更形严重,本党①今后更有先事准备,展开工作之必要。惟本党经费困难,久在洞察之中,兹请万委员仞千面达一切,务悉赐予协助银元五万元,以应至切需要,不胜企盼之至。专此。祇颂崇绥

张君劢拜启
十月廿三日

4. 曾琦致邱昌渭函 (1949年11月9日于美国)

毅吾秘书长仁兄惠鉴:

违教经年,时殷怀想。弟于去冬奉命出国考察欧美宪政,先到美京治疗宿疾,因工作时有断续,故时间不免稽延,前已陈明(代)总统,拟俟政府续汇旅费,即转赴欧完成任务。昨蒙(代)总统复函允许,不胜忻感。兹再上书略摅所见,敬祈转呈为荷。广州弃守以后,大局愈趋艰险,吾兄荣膺内翰,参赞大计,定有良谋挽兹危局。尚祈赐示以慰远怀。弟于双十节日曾赴纽约中华公所讲演,并撰有《抢救中华民国》一文,载于《美

---

① 本党,指中国民主社会党。

洲日报》，兹特剪陈，敬希指正。耑此。敬颂箸安。

弟 曾琦拜启
十一月九日

5. 邱昌渭致李宗仁电（1949年11月11日于重庆）

即到。桂林长官白①转呈代总统李宗仁。密。军事逆转，日来情势与钧座离渝时已不相同，中枢无主，人心浮动。台湾方面一再表示，如钧座返渝，蒋公即来渝，弦外之音，倘钧座不来，则蒋公亦必不来。似此情形，首都告急，而元首远出，中外指责，无以自辩。十月来忍辱负重，所博得之中外同情，未可弃之于最后之五分钟。职意无论蒋先生来渝与否，钧座似应早日返渝，以示钧座有始有终负责到底，且并以表示大政治家之风度。谨电陈词，伏祈裁夺为祷。职昌渭呈。真。

6. 邱昌渭、刘士毅②致白崇禧电（1949年11月12日）

即发。桂林长官白崇禧。极机密。密。军事急转，人心惶惑，目前情势已与一周前不同。德公行止有重行考虑之必要。蒋公已表示倘德公返渝，渠即来渝。倘德公迟迟不返，则蒋公更可观望不来，将来失败之责，渠可推卸。而德公身为元首，久出不返，在客观方面有藉出巡以逃避责任之嫌，此不独失去国人同情，且甚足以影响将来在政治上之领导。倘蒋公于此时挺身而来，以总裁地位从中主持，更可向中外宣传，表示其勇赴国难，不顾名位，挽救危亡之真诚，虽失败亦必能博得中外之同情与拥戴。在此情况下，德公进退必更为尴尬。时机迫切，盼公与德公对职等愚见，予以郑重之考虑为祷。职昌渭、士毅仝呈。立。

---

① 长官白，指华中军政长官白崇禧。
② 刘士毅，字任夫，江西人，陆军上将，总统府参军长。

7. 邱昌渭、刘士毅致李宗仁电（1949年11月12日）

桂林代总统李宗仁。密。据接近陈立夫之人透露，谓蒋不愿钧座有单独作法，在现阶段渠愿支助钧座反共，并无复职之企图。但第三次世界大战爆发时，渠盼钧座让位，由渠出而领导等语。是否属实，谨电陈以备参考。职昌渭、士毅仝呈。立。

8. 刘士毅、邱昌渭致李宗仁电（1949年11月14日）

限一小时到。桂林代总统李宗仁。密。顷据秦绍文①兄自阎院长处得息，谓总裁将于今日下午或删日来渝。谨闻。职士毅、昌渭叩。寒申。

9. 刘士毅、邱昌渭致李宗仁电（1949年11月14日于重庆）

限一小时到。分拍南宁、桂林代总统李宗仁。密。总裁于本日下午三时半抵渝，职等闻讯当即赶赴林园，适岳军、墨三、骝先、立夫、子惠②诸人在座。职等辞归时，总裁一再面嘱电告钧座，盼能于删日来渝面商一切。谨闻。职士毅、昌渭呈。寒。

10. 邱昌渭致李宗仁电（1949年11月14日）

限一小时到。南宁、桂林代总统李宗仁。密。（一）今晚郑彦棻兄以中央党部秘书长地位发表谈话，略谓总裁此次重莅战时首都，一本促进团结之旨，协助钧座暨阎院长共挽危局，并与西南军民共同努力保卫西南，奠定反共基地等语。（二）总裁及此间军政首长均盼钧座删日来渝，职意钧驾不宜再迟。谨闻。职昌

---

① 秦德纯，字绍文，时任国防部次长。
② 张群，字岳军；顾祝同，字墨三；朱家骅，字骝先；杨森，字子惠。

渭呈。寒亥。

11. 抄录白崇禧致蒋介石电（1949年11月15日）①

毅公钧鉴：
兹遵示抄奉电稿二件，敬乞察阅为祷，并颂钧安。

杨受琼叩
十一月十五日

一、抄呈总统蒋亥敬电。民心代表军心，民气犹如士气。默察近日民心离散，士气消沉，遂使军事失利，主力兵团损失殆尽，倘无喘息整补之机，整个国军虽不辞任何牺牲，亦无救于各个之崩溃，不仅中国版图变色，我五千年之文化历史将从此斩断。言念及此，忧心如焚。职辱承知遇，垂念余年，当兹国家危急存亡之秋，不能再有片刻犹豫之时，倘知而不言，或言而不尽，对国家对钧座为不忠，对民族为不孝，故敢不避斧钺，披肝沥胆上渎钧聪，并贡蒭荛。（一）先将真正谋和诚意转知美国，请美、英、苏三国出而调处，共同斡旋和平。（二）由民意机关向双方呼吁和平，恢复和平谈判。（三）双方军队应在原地停止军事行动，听候和平谈判解决，并望乘京、沪、平、津尚在国军掌握之中，迅作对内对外和谈布署，争取时间。白崇禧。

二、抄呈总统蒋亥全电。当今局势，战既不易，和亦困难。以言战争则战力悬殊，外援不继；以言和平则敌焰方张，不易接受。观敌近日广播宣布战争罪犯，可以判断其乘我士气不振继续用兵，使我京沪平津失陷，革命武力消灭，以遂其赤化整个中国之野心。顾念时机促迫，恳请乘早英断。职意似应迅将谋和诚意转告友邦，公之国人，使外力支援和平，民众拥护和平。对方如果接受，藉此开和平之机；如其黩武穷兵残民以逞，则国人不直

---

① 此为抄录日期，白崇禧原电无日期。

所为,友邦亦将扶助,所以恕我而隋寇也。总之我方无论和战,必须迅谋决定,整个团结方有生机,万不可被敌分化,以陷各个击破之惨境。白崇禧。

12. 黄雪邨①致邱昌渭电（1949年11月15日）

即到。重庆总统府邱秘书长昌渭。密。寒酉、寒亥电均奉呈阅悉。一、阎、朱②均有电来促驾,一〔已〕复电文曰:"仁此次出巡,意在分赴西南各地鼓励士气民心,因预定行程尚未完毕,删日不及赶回。特闻。并请转报总裁为盼"等语。二、神仙洞官邸因迁曾家岩,不能不将用具搬走,外间不明真相,请相机说明。职雪邨。戌删。邕③。（印）

13. 程思远④、黄雪邨致邱昌渭电（1949年11月15日）

限即到。重庆总统府邱秘书长昌渭。密。极机密。迭电均已阅悉,一切照冬晚所谈进行。远、邨。戌删。邕。（印）

14. 刘士毅、邱昌渭致李宗仁电（1949年11月15日）

限即刻到海口。采呈代总统李宗仁。密。寒及寒亥电计邀钧览。钧座何时来渝,乞电示为祷。职士毅、昌渭呈。删午。

15. 刘士毅、邱昌渭致李宗仁电（1949年11月16日）

限一小时到。南宁代总统李宗仁。密。极机密。远、邨两兄戌删邕电敬悉。现在情形与冬晚所假想者不同。刻蒋公已来,宣

---

① 黄雪邨,总统府局长。
② 阎、朱,指阎锡山、朱家骅。
③ 邕,广西南宁。
④ 程思远,立法委员,国民党中央非常委员会副秘书长。

言为促进团结，协助钧座暨阎院长共挽危亡，是复职之说已成过去。蒋公更电请钧座克日返渝，共策国是。此间军政首长、立监委员及友党人士均渴望钧座早日返渝，且纷纷以钧座归期相问，职等难于答复。因在一般人看来，今蒋公为促进团结，协助钧座而来，而钧座反巡视不归，致误认我不愿团结。且首都危殆，人心浮动，谣言繁兴，民心士气需要钧座在此鼓励者更为迫切，倘仍不速来，似乎轻重倒置，对于钧座损失太大，凡此批评，两日以来耳闻甚多。职等忝长僚幕，不敢缄默，钧驾应否即返，迅乞睿夺赐复为祷。职士毅、昌渭呈。铣午。

16. 黄雪邨致邱昌渭电（1949年11月17日）

限一小时到。重庆总统府邱秘书长昌渭。密。昨晚由此间中央社发出一电讯，文曰："李代总统近十余日来巡视西南各省，因旅途劳顿，饮食欠调，以致胃病复发，且患十二指肠出血。今日（十六日）自海口回邕后，精神颇感疲倦，晚餐未进饮食，亟需休养，返渝之期，恐须展缓一二日"等语。渝报已否刊出，乞电示；如未刊出，请设法透露为祷。职雪邨。戌篠。邕。（印）

17. 刘士毅、邱昌渭致李宗仁电（1949年11月18日）

限一小时到。南宁代总统李宗仁。密。极机密。自蒋先生抵渝，宣言为促进团结协助钧座及阎院长共挽危亡后，各方暨川省军民渴望钧座返渝，久候未至，责难日深。职等无法解喻。现敌寇逼近重庆，政府无主，慌乱万状，首都命运三五日内即可决定。钧座如来，盼即日启航；如决意不来，亦请明白表示，促蒋先生早日复职，以释国人疑虑，而表钧座之政治风度。迫切陈词，伏乞垂察为幸。职士毅、昌渭呈。巧午。

18. 邱昌渭、刘士毅致李宗仁电（1949年11月18日）

限一小时到。南宁代总统李宗仁。密。彭水已失，匪一小部已渡过乌江，重庆甚为慌乱。卢汉①向政院辞职，阎院长已徇卢之请，准病假半月。昨日阎欲昌渭召集五院秘书长会议，当经一致协议，政府应即迁成都办公，但仍候政院作最后决定。刻政府无主，形同瓦解。职等行动究应如何，恳即电示，俾便遵循。职士毅、昌渭呈。巧午。

19. 李宇清②致邱昌渭电（1949年11月18日）

限一小时到。重庆总统府邱秘书长昌渭。密。（一）闻美龄号专机来此换班。（二）德座希望我公与空军联络，如能赶及，搭该机来邕一行。（三）敬达并乞示复。职李宇清。巧晨。邕。（印）

20. 邱昌渭致李宇清电（1949年11月18日）

限一小时到。南宁代总统官邸李侍卫长澄寰兄。密。巧晨电敬悉。据查专机并未换班，但228号运输机则已换班。如必须弟赴邕，盼即电复。昌渭。巧亥。

21. 邱昌渭致李宗仁电（1949年11月19日于重庆）

限一小时到。南宁代总统李宗仁、分送桂林白长官。密。已另呈代总统李。（一）顷接美联社电话，谓今晨旧金山广播：（甲）香港第三方面人士与李代总统代表谈判成立默契，共军不攻广西。（乙）广西军队集中南宁，企图武装和平。职当即以极坚决语气否认上项消息，并斥为造谣挑拨。（二）此间日来传播

---

① 卢汉，时任云南省政府主席、云南绥靖公署主任。
② 李宇清，即李澄寰，时任李宗仁官邸侍卫长。

一种谣言,谓夫人①与于右任先生潜赴北平。(三)顷李雅仙来告,谓蒋先生候钧座至本月二十二日,届期如仍不返,则渠即宣布复职云云。(四)今晨此间《新民报》载关于蒋先生复职事,其标题为《蒋总统是否复职短期内可见分晓》。该报称此系根据某有资格之权威人士于离台前对《中央日报》记者之谈话,并谓以目前西南政治空气而言,则可能性颇大云云。(五)顷刘诚之来告,谓黄埔军要而素来对钧座有好感者称,无论蒋先生复职与否,钧座均应来渝,倘一去不归,则人将视为开小差云云。(六)马介廉昨日抵渝,经已面晤矣。职昌渭呈。皓晚。

22. 邱昌渭致黄雪邨电 (1949年11月23日)

电。急。香港坚道九十八号转黄局长雪邨兄。密。本日此间《世界日报》请代总统力疾还都。社论内称,希望钧座效法国父于十三年抱病北上精神,卧主大计,并云如至必须易地治疗的程度云云,在今天实不相宜等语。除将全文剪寄外,特电奉闻,并乞转报。弟昌渭。梗。

附件:三十八年十一月廿三重庆《世界日报》社评(略)

23. 邱昌渭致白崇禧电 (1949年11月25日)

限一小时到。柳州白长官崇禧。密。极机密。前日有立委数人,约昌渭与陈立夫切实交换意见,曾认支撑当前危局,必须蒋先生与钧座彻底合作,其具体方式为蒋先生复任总统,而钧座则来中枢任职。次日立夫先生请莫委员萱元②来谈,谓倘钧座入赞中枢,究竟以担任何项职务为适宜。昌渭答以不便表示意见,一则不知蒋先生之意向如何,二则如此重大问题,事

---

① 夫人,指白崇禧之夫人马佩璋。
② 莫萱元,立法委员。

前未得钧座同意,昌渭亦不便表示。莫委员谓不妨彼此以私人资格研讨一下。经交换意见结果,认为不外三种办法:(一)任行政院长兼国防部长;(二)任行政院副院长兼国防部长;(三)专任国防部长。莫委员谓如欲变成真正的战时内阁,且为表示蒋、白的真正合作起见,则以蒋先生复职,而以钧座任行政院长兼国防部长最为理想,德公则以副总统身份赴美。昌渭表示此事要看蒋先生的作法,同时也要问问钧座是否愿负这样重大的责任。莫委员谓立夫很愿意向蒋先生去说。又蒋肇周①、王力航两兄顷来谈,谓闻日来有人主张成立陆海空军总司令部,以钧座为总司令,愿墨三为副总司令,刻蒋先生对此提议正在考虑中云。昌渭叩。迥午。

24. 邱昌渭致黄雪邨电 (1949年11月26日)

急。香港坚道九十八号黄局长雪邨兄。密。诺兰②参议员等一行感经南宁、海口赴港,顷面告将于抵港后访晤德公,时间将由美代办约定。特闻。昌渭。寝酉。

25. 邱昌渭致白崇禧电 (1949年11月26日于重庆)

限一小时到。柳州③长官白崇禧。密。(一)昨日下午美参议员诺兰夫妇抵渝,陈纳德及麦帅顾问惠勒上校同来,均寓林园官邸,由总裁派员招待,并于今晚欢宴,渭与任夫被请作陪。渠等在渝留一日,拟明日赴柳晤公,然后再赴昆明、海口。(二)右任、觉生、骝先、兰友④、彦棻诸先生昨日下午返渝。渠等在

---

① 蒋肇周,立法委员。
② 诺兰,美国国会参议员,11月25日到重庆,同行者还有白尔吉、吉普恩等。
③ 此电原拟发广西柳州,临时改发广西南宁白崇禧所在地。
④ 洪兰友,国民党中央非常委员会秘书长。

港与德公共谈话三次。第一次均由朱、居等发言,德公所答与渠对新闻记者所发表者相同。第二次德公发了一大顿牢骚。第三次德公表示请蒋先生复职,渠愿以副总统身份赴美诊病,并盼早日解决。今晚蒋先生约岳军留宿林园,钧情如何,容续电陈。(三)德公抵港即嘱叶公超通知美政府,告以赴美就医之意。嗣顾大使复电谓,美国务院远东司长的答复是,正在向国务卿请示中,这等于碰了一个软钉子。昌渭一向认,德公在现在局势下赴美就医为不易办到之事,以至今日进退尴尬,而公等则视为极容易。公等一错再错,即吃了主观太深之亏。(四)昌渭盼蒋先生早日复职,俾自己得早日解除职务,从此后不愿过问政治矣。昌渭叩。亥。

26. 邱昌渭致白崇禧电 (1949年11月27日)

急。邕宁长官白崇禧。密。交通部路政司长洪伸兄暨成渝路局长兼总工程师邓益光兄均系我国第一流工程人才,而又系有志之士,刻渭嘱其偕马股长介廉赴邕,免其流落,而为敌用。倘钧处不能延用,则乞予以协助使之去港为祷。昌渭叩。未。

27. 刘士毅、邱昌渭致李宗仁电 (1949年11月27日)

急。香港坚道九十八号李建宏兄。密。转呈代总统李钧鉴:(一)本日下午中常会会议开会,听取居、朱、洪、郑①诸先生报告赴港经过,昌渭被邀列席。会场空气尚和洽,发言者甚多,最后决议仍请总裁复总统职,但为表示党的意志,乃又推派朱家骅、洪兰友两同志代表常会赴港,敦劝钧座力疾回渝,并盼钧座对中央决议予以郑重之考虑,万一因病不能回渝,则盼将考虑结果予以函复。当时出席常会者,多谓刻局势紧张,应速请总裁复

---

① 居、朱、洪、郑,即居正、朱家骅、洪兰友、郑彦棻。

职,骝先先生尤力持此说。但有人谓钧座只口头表示,致使常会讨论无所根据,故陶希圣有戎马可以皇仓,但政治不应皇仓之语。朱、洪两先生定艳日赴港。(二)綦江于昨日失守,重庆进入混乱状况,本府一钱莫名,刻正设法使员工能于艳日开始分批向成都疏散。谨闻。职士毅、昌渭叩。感亥。

28. 邱昌渭致蒋介石函 (1949年12月4日)

窃昌渭自承乏秘书长以还,适当局势板荡,政府播迁,心力交瘁,终无补于时艰,事与愿违,尤有悖于素志。今后国是益艰,决非材辁如昌渭者所能胜任,用特恳祈钧座俯准辞去秘书长职务,另简贤员接替,俾免贻误,至深感祷。谨呈总统蒋。

职 邱昌渭(印)
十二月四日

29. 邱昌渭致白崇禧电 (1949年12月4日)

即到。邕宁长官白崇禧。密。江晚中常会开会,听取朱骝先、洪兰友两同志报告赴港面谒德公经过,当经决议两项要点如下:(一)恳请蒋总裁复任总统职。(二)李代总统因病出国,不能行使代总统职权,应解除代字,以副总统名义赴美就医等语。常会除将决议案全文电告德公外,并推骝先先生代表中常会恳请蒋总裁即日复任总统职。昌渭已将辞呈送去,静候交代秘书长职务。惟成都又在紧急疏散,昌渭势须赴台,方能了却责任,且以示负责到底之旨也。谨闻。昌渭叩。支午。

30. 邱昌渭致白崇禧电 (1949年12月4日于成都)

即刻到。邕宁长官白崇禧。密。支午电计邀鉴察。今晨总裁电请我公抽身即日来蓉,商决大计,务盼命驾,以免长期陷入无政府状态中也。昌渭叩。支戌。

31. 邱昌渭致白崇禧电（1949 年 12 月 6 日于成都）

即到。海口白长官崇禧。密。（一）顷奉总裁面谕，昌渭与刘任夫兄随政府行动，将先赴西昌。（二）总裁切盼钧驾来蓉，面商一切后方允复职。德公毫无交代而走，若钧驾又不来蓉，则局势更僵，前途绝望矣。昌渭叩。鱼午。

32. 刘士毅、邱昌渭致李宗仁电（1949 年 12 月 19 日）

海口华中长官公署白长官。请饬密转华盛顿中国大使馆转呈代总统李宗仁。密。前电谅邀钧鉴。本府职员抵台者仅十余人。篠晨总裁召见，垂询钧座病况甚详，并嘱转致关切之意。谨闻。职士毅、昌渭。皓。

33. 邱昌渭、刘士毅致李宗仁电（1949 年 12 月 24 日）

香港坚道九十八号李建宏兄密转呈代总统李钧鉴：（一）此间各方对钧座健康均甚关切，总裁处暨中央元老盼钧座常与函电联系。（二）李鹤龄[①]抵台述职。桂省地区什九陷匪，华中处境艰危万状，成都旦夕陷匪，胡宗南部颇难突围，川军邓、刘、潘三部均叛。中央各机关职员抵台者甚少，本府留用人员全部百余人，现留蓉尚未运出者三十余人。昆明仍在匪手。（三）府务当遵谕负责维持。职昌渭、士毅。迥。

34. 白崇禧致李宗仁电（1950 年 1 月 2 日）

香港坚道九十八号李建宏兄转纽约代总统李宗仁。密。禧于卅日由海口抵台北，因总裁赴日月潭，尚未晋谒。国内形势较钧

---

① 李品仙，字鹤龄，广西省政府主席。

座动身时更为恶化。川军潘、刘、邓叛变,胡宗南部、李振、裴昌会①及罗广文、孙元良②等十二将领通电投共,李弥③亦有不稳之息,余程万④部现集中蒙自,川滇已濒绝望,桂省局势亦极艰危。整个大陆尽沦匪手,现只海南、台湾两个孤岛可作最后挣扎,非团结无以图存。美国援助台湾计划自郑介民⑤返后,即将具体实现,白宫发言人且已证实。钧座乃全国元首,对争取美援应为全国袍泽打算,勿分地域。日前周锦朝先生对记者谈话,为海南岛争取美援之言论,似未顾及全体。伏祈婉告所属及友好,值兹九死一生之际,应共体钧座相忍为国之旨,则今日之事或有一线希望也。职白崇禧。子冬。(印)

35. 邱昌渭谈李宗仁病状（1950年1月5日）

李代总统自十二月五日由港飞美就医后,迄今转瞬匝月,各方对于代总统在美近况,均极表关切,记者为此特走访总统府邱秘书长昌渭,承发表谈话如下:代总统出国就医时,病状确甚严重,初非一般人所能明了。代总统抵美后,即入纽约长老会医院留医,经一星期之检查,并将X光所摄胃壁及十二指肠溃疡部份照片,与以往在北平、重庆所摄者比较,结果较前更加严重。由该院各主要医师共同研究决定,将溃疡部份予以切除,乃于十二月十九日上午施行手术,在手术室留达四小时之久,共切除胃达四分之三,经过情形极为良好。据医生云,经割治后百分之八十五可保证不致复发,惟以切除部份过大,完全康复需三星期至

---

① 李振,第十八兵团司令官兼第六十五军军长;裴昌会,川陕甘边区绥靖公署副主任兼第五兵团司令官。
② 罗广文,第十五兵团司令官;孙元良,第十六兵团司令官。
③ 李弥,第十三兵团司令官兼第八军军长。
④ 余程万,第二十六军军长。
⑤ 郑介民,国防部参谋次长。

五星期之久云。

36. 刘士毅、邱昌渭致李宗仁电（1950年1月11日）

香港坚道九十八号李建宏。密。代总统李宗仁。密。极密。据查华中情形，张淦①、李本一生死未明，所部分散，究存多少迄今不知。徐启明②仍失联络，所部亦损三分之二，闻在宁明安南边境。黄杰③率部入越已被法方缴械。刘嘉树、鲁道源④在靖西镇边。总计华中实力据该总部宣称尚有十五万人，但据国防部估计仅四至五万人。桂省几全陷匪手，周祖晃投降，其余情况不明。华中总部⑤已移榆林港⑥，其部队获运琼者，只步兵一团、炮兵一营，故健公⑦在琼至为苦闷清闲。伍鸿卿已被法俘虏，入越计划将大受影响。法方对我变幻不定，前途殊为困难。谨据实密陈。钧座出国逾月，钧恙如何及出院行止如何，乞密示为祷。职士毅、昌渭。尤。

37. 白崇禧等致李宗仁电（1950年1月16日）

急。香港坚道九十八号刘荣才密译转代总统李：迭呈各电谅达。此间国大联谊会⑧曾决议请总裁复职，并推代表面谒劝进，惟尚未接见。昨日监察院又有人提议弹劾钧座者，钧驾离国愈久纠纷愈增。职等意见：（一）美政府对华政策已定，似

---

① 张淦，第三兵团司令官。
② 徐启明，第十兵团司令官。
③ 黄杰，湖南省主席兼第一兵团司令官。
④ 鲁道源，第十一兵团司令官。
⑤ 华中总部，即华中剿匪总司令部。
⑥ 榆林港，即海南岛榆林港。
⑦ 白崇禧，字健生。
⑧ 国大联谊会，即国民大会代表联谊会。

非私人所能转变。(二)援华已成美民主、共和两党政争问题，我对两党态度似宜暂时冷静旁观，不可偏倚，免增来日困难。(三)中枢日久无主，舆论责难日增。改组行政院几成普遍要求，立院开会在即，但无总统提名，各方尤为焦急。(四)海南现有五个军，由陈、薛①主持。华中到琼直属部队只有数千人，在大陆者损失过半，局势至为艰危。台湾情形一切如昔。(五)为留将来旋回余地，现在不妨暂退一步。(六)国家存亡，间不容发，为大局计，法理事实似应兼顾。因此职等建议，以钧恙未痊，须继续在美休养，深恐久旷国务为理由，自动解除代总统职务，致电中央，其他不必提及。此种处置，同志中大部同意，想钧座必有同感。再，职等迄未奉钧示，故不知钧座在美接洽情形，倘美援有望，今假期已满，则乞速归，以慰民望。迫切陈词，乞迅赐采择示复为祷。职禧、仙、殷、毅、渭叩②。铣。

38. 朱家骅辞呈（1950年1月19日）

昌渭吾兄勋鉴：

兹有上李代总统呈一件特此附奉，乞察收是幸。顺颂勋祺。

          弟 朱家骅（印）

            元月十九日

附件：谨呈者：家骅承命受任行政院副院长以来迄逾半载，举凡足以防患于机先、补苴于事后者，知无不言言无不尽，奔走劻勤尤所不辞。但时局阽危日甚一日，劳形瘁力，鲜有微助，深夜扪心，惶愧交集。兹者国府迁台，复兴巨业，与夫攻防大计，所有一切，皆须涤旧布新从头做起。家骅夙有胃疾，迄未平愈，

---

① 陈，陈诚，东南军政长官；薛，薛岳，海南防卫总司令。
② 禧、仙、殷、毅、渭，即白崇禧、李品仙、雷殷、刘士毅、邱昌渭。

似不宜再令以劳顿疲惫之身仍行继续备位助勷政事，致多遗误，沥情陈词，伏祈鉴察，准予辞去行政院副院长职务，不胜屏营待命之至。谨呈代总统李。

行政院副院长 朱家骅（印）
三十九年元月十九日

39. 王力航、邱昌渭致程思远电（1950年1月19日）

香港坚道九十八号转程思远兄：自德公赴美就医月余来，国内局势益趋严重，国政无主。此间国大代表日前集议，推派代表促请总裁复职。此固一部人意见，而格于宪法规定，在德公未自动解除代总统职务前，事实上尚难实现。日昨留台监委复径电德公，对其赴美就医，显欠谅解，词多责难。此间同志意见，请兄即与留港诸立监委及各友党筹商，速联名致电德公，敦促于病愈即行返国，主持国政，以挽艰危如何。敬希卓办示复为盼。弟力航、昌渭。皓。

40. 白崇禧致李宗仁电（1950年1月19日）

急函港坚道九十八号李建宏密译转（发香港转发纽约）代总统李宗仁。密。留台监委昨日集议，并致电钧座（全文已公诸报端），谅蒙垂察。该电对钧座赴美就医似欠谅解，拟恳即婉复，述明此次就医经过，并告归期，如钧恙告痊，暂不归国，并予表明今后态度。谨乞裁夺，伫候电示。职白崇禧。子皓。秘。台。

41. 白崇禧等致李宗仁电（1950年1月20日）

香港坚道九十八号李建宏兄。密。代统李宗仁。铣巧两电、雪邮篠电均奉悉。前途既有办法，极慰。如能先促成杜、艾①公开

---

① 杜，杜勒斯；艾，艾森豪威尔。

欢迎钧座赴华府,且表示支援回国,则雪邨电意自易达到目的,且有利于将来与运用。雪邨何日启程,乞先电示。职禧、仙、殷、毅、渭。哿。

42. 白崇禧致程思远电（1950年1月22日）

香港坚道九十八号李建宏兄。密。请告思远兄,关于雪邨篠电所言之事,万勿向外泄露,待雪邨返港面谈后再说。禧。养。

43. 白崇禧等致李宗仁电（1950年1月22日）

香港坚道九十八号。密。代总统李宗仁。（一）哿电谅达。职等详商,美方既有意支援,钧座似应由其公开表示,倘得外援,则内部窒碍自易减少。（二）雪邨致少谷、兰友函如未寄邮,乞取消作罢,一切待雪邨返港后再行计议。职禧、仙、殷、毅、渭。祃。

44. 邱昌渭、刘士毅致黄雪邨电（1950年1月27日）

香港坚道九十八号黄雪邨兄。密。健、鹤、渭诸公暨此间各方,对德公病况至为关切,盼兄即来台面报,并望先示行期,届时当派员至机场候接,俾免入口麻烦。昌渭、士毅。感。

45. 叶公超①致邱昌渭代电（1950年1月27日）

毅吾秘书长勋鉴：兹检附本部美洲司陈司长②与美代办本月廿五日谈话纪录一份,敬请察阅为荷。弟叶公超。

附件：陈司长与美（国驻华大使馆）代办师枢安谈话纪录

---

① 叶公超,外交部部长。
② 美洲司陈司长,外交部美洲司司长陈岱楚。

时间：一月廿五日下午　　地点：本部

师：关于李代总统回国事，国务院现已探悉，知渠尚须在美休养一个月，并诊治肝疾，此种情形确属真实，同时国务院相信一月以后，李代总统即可回国，李代总统亦保证疗养后即行返国。由于此种情形，李品仙将军去美促驾，似无必要，现美国国会及报界正对中国问题意见纷纷之时，李品仙将军之赴美尤为不宜。

陈：李代总统允于一月后返国，不知系向何方面所作之表示。

师：李代总统赴美之前，曾在香港郑重表示，在美治疗完毕后即回国。本日邱昌渭君来访，本人已将此意告知，惟邱秘书长仍请本人转请国务院，对李品仙将军之护照予以签证，此事恐难办到，因本人只能转达邱君之意，而不能向国务院有所建议，况在事实上，李品仙将军赴美实不能发生作用，反有不妥之处。邱君并告以李代总统出国期间，阎院长可代行职务三个月，满三月之后即不能继续代行，届时行政方面甚有困难。本人据悉，李代总统请将护照展期，未知系指何种护照。

陈：李代总统本人仅有自由通行证，据张平群①总领事近日来电，亦谓李代总统及随员之护照延期，究指何种护照，俟查明后再行奉告。

46. 白崇禧致李宗仁电（1950年1月29日）

香港坚道九十八号代总统李宗仁：闻钧座已出院休养，尊体如何，至念。益以国内情形复杂，拟公推鹤龄兄赴美面谒，并报告一切，惟此间美大使馆谓必须得到国务院许可，对鹤龄兄护照方能签字。职等意拟由钧座向美国务院表示，请其会知美大使

---

①　张平群，国民政府驻纽约总领事。

馆，准许鹤龄兄赴美为祷。职禧。艳。

47. 邱昌渭致李宗仁电（1950年1月30日）

代总统李宗仁：朱副院长骝先书面呈请钧座准予辞去副院长职。谨此呈报。职昌渭。卅。

48. 邱昌渭致黄雪邨电（1950年1月31日）

急。香港坚道九十八号黄雪邨兄。密。俭电敬悉。此间高唱团结，报纸已载兄抵港，前日总裁对叶公超亦询及，且日来各方纷纷电话询兄何日来台。无论为公为私，兄亦应来台向中枢报告德公近状。倘兄不来台，更启怀疑，则弟与鹤公更不便赴港。健公暨此间同志极盼兄速来。我等均在台北，吾兄何必过虑，万一将来返港入口证困难，尚可由海南绕道澳门。再，今晨兰友亦询兄何时来台，谓已接到兄函，云德公回国尚有待，还想争取美援云云，此外并未提及其他。并闻。弟昌渭。

49. 邱昌渭转李宗仁致于右任电（1950年2月1日）

右任院长先生道鉴：

兹送上代总统艳电一件，即希查收为幸。耑颂道绥。

邱昌渭谨启

二月一日

附：李宗仁致于右任电（1950年1月29日 纽约）

台北。总统府邱秘书长转监察院于院长并转全体监察委员勋鉴：哿电前日始转到，雅荷远注，至用感慰。仁患胃病迄已十余年，前者南巡至邕突然增剧，乃来美就医，由哥仑比亚医科大学外科主任教授等检查，决定应割去全胃四分之三，以免溃穿胃壁致招不测，现创口虽已平复，而饮食起居仍由医师严密护视，须再有一个时期之静养方能自由行动。长老会医院之两次公告，叙述至详。仁每念中央诸同志及各地将士之辛勤劳瘁，弥增忧愧。所幸在此留医期间，除施行手术之三数日外，对府院及各方所来函电均亲自批阅，府院命令照常公布，并未因仁之病而受丝毫影响。至于执行部份，系由行政院负责处理，故不特府务无废弛之虞，政务亦无中断之虑。目前国内局势，美援至为重要，仁在留医期间曾与美朝野直接间接密取连系，以冀有所补救。披沥奉告，诸希察照是幸。李宗仁。艳。

50. 李宗仁致居正函（1950年2月2日）

觉生先生勋右：

　　病中承令爱惠临并携来手教，欣慰无似。自弟出国疗治胃疾，不意转瞬间西南半壁竟遭赤匪席卷，举世震骇，群情悲愤。今国军孤悬台琼，既乏饷械，复无外援，闻美政府对我总裁成见极深，曾一再声明不援助台湾，近更公开嘲骂。在此情形之下吾党同志应警惕国家之危亡，不再感情用事，权衡利害，改弦更张，以挽回既失之民心，俾友邦对我增加信心，乐于相助。倘仍固步自封，一意孤行，逆料美国民主党主政期间有效援助决无希望，则反攻大陆扫荡赤氛更为空谈，即希冀固守台琼势亦难持久。言念及此，不寒而慄，凡有血气爱党忧国之士谅有同感。日前接监察院哿电，对弟似有误会，颇为婉惜，察其言外之旨，觉别有作用，醉翁之意，路人可知。本党廿余年来，政治暗潮中此种作用屡见不鲜，固不足怪。际兹国脉如缕，民不聊生，且政情复杂，积弊已深，虽思革新与民更始，无奈障碍重重，阻力横生，名为元首，实等傀儡，尸位素餐，如坐针毡，有何留恋权位之足云。故每感蝼蚁无能，难胜重任，早拟引退以谢国人。无如再四思维，弟若下野，依法由行政院长代行职权，为时仅限三月，今既无法召开国大选举总统，则代理如逾法定期间即为违宪。或曰可敦请蒋公复职，殊不知弟所代者为总统职权,而非代理蒋公本人,国家名器何能私相授受。譬如宣统逊位后贸然复辟,国人群起声讨之。专制帝王尚不能视国家为私产,蒋公首倡制宪,安可自负毁宪之责,何忍为个人安逸计而陷本党于创法始而毁法终。少数同志倡斯说者,不仅毫无宪法常识,抑且故意歪曲理论以乱视听,实属荒谬,贻害至深。国事败坏至此,诚非偶然也。先生明达,未卜以为然否。弟创口虽已平复,惟元气大伤,尚须休养一个时期,现正与美国朝野接洽反共复国计划。盖美国虽对我政府现时措施表示不满,然在其反苏政策下并未放弃中国。事在人为,宜群策群力以图之,国家前途尚大有可为也。纸短言长,笔难尽意。耑此。敬候勋安。

李宗仁拜启
二月二日

51. 刘士毅、邱昌渭致李宗仁电（1950年2月5日）

代总统李宗仁。密。毅、渭支电谅达。雪邨致兰友函蒋公已阅。今日国大代表又联电钧座,请明白表示,《民族报》社论则请监察院依法弹劾钧座违法失职。原文另呈。逆料立、监两院必随有举动,且将扩大至各社团及各民意机关,造成舆论一致攻诘,此即对雪邨致兰友、少谷函与钧座复监察院艳电之答复。蒋公表示决在台湾戡乱到底。仅电奉闻。职毅、渭叩。微。

52. 邱昌渭致黄雪邨电（1950年2月6日）

香港坚道九十八号刘荣材。密。黄雪邨兄。白夫人①带来手书敬悉。自前日起此间各报对德公已开始宣传攻势,亦即对兄致兰友、少谷函反映之一班。监察院弹劾案、国大罢免案均在酝酿

---

① 白夫人,白崇禧夫人马佩璋。

中,刻正极力疏通。蒋公表示决在台湾戡乱到底,而德公则不回不辞,僵局无法打开。倘德公华府之行其结果只有口惠而无实效,时间拖得愈长则愈益不利。此间同志一再商讨,苦无善策,弟更求去不能,大家只有坐以待毙而已。弟昌渭。鱼。

53. 邱昌渭致李宗仁电 (1950年2月6日)

代总统李宗仁:此间已发动宣传攻势,万恳钧座此时切勿稍动意气。钧座复国大代表电,盼由职转交。倘钧意欲职在台拟复,则乞示知,职当遵办。职昌渭。鱼。

54. 刘士毅、邱昌渭致李宗仁电 (1950年2月8日)

香港坚道九十八号。密。代总统李宗仁。此间自报载钧驾将赴华府,因而发动宣传攻势,肆意诋毁,以打击钧座声望。惟值此存亡间不容发之时,除少数别有用心外,大都惕于危亡,易受渲染,故渴望钧驾早赴华府与杜、艾①晤面,亦所以慰国人之望也。职士毅、昌渭叩。齐。

55. 邱昌渭致李宗仁电 (1950年2月11日)

代总统李宗仁。密。丑佳电奉悉。依宪法第五十六条规定,行政院副院长、各部会首长及不管部会之政务委员,由行政院院长提请总统任命之。朱副院长辞职,似应由阎院长转呈方合。但朱与阎意见甚深,故辞呈不经阎而径呈钧核。钧座慰留则可,若径允其辞职,在目前情势下恐更滋纠纷。职意仍请钧座来电慰留,以俟将来行政院整个问题解决时一并解决。当否,乞电示遵。职昌渭。真。

---

① 杜,杜鲁门;艾,艾奇逊。

56. 刘士毅、邱昌渭致李宗仁电（1950年2月13日）

代总统李宗仁。密。（一）监察院弹劾案由曹德宣等五十一人连署提出。根据宪法三五条至四四条及同法四九条理由：（甲）宪法三五至四四条赋予总统职权非常繁重，均不能在国外行使，钧座艳电称在国外批办公文一节不仅错误，且已违法。（乙）在国外批阅公文绝不能视为视事。后依宪法一百条规定，监察院对总统、副总统弹劾案须有全体委员四分之一以上提议，全体委员过半数审查及决议，向国民大会提出。现查监委总额为二二二人，已选出一八二人，已附逆七人，死亡二人，仅约一七三人。四分一应为四三人，过半数应为八六人。目前在台监委约九十人。是此案虽经提出，因人数少，恐难通过。且召开国民大会，法定人数不足，亦难召开。（二）监院复同时决议再电钧座，或回国或不回国，请明白表示，拟俟接钧座复电后，再考虑弹劾案应否交付全院审查。于院长暨觉老曾劝阻无效。（三）监委孙玉琳等提案刘航琛①逾权违法，浪费国币及废弛公务，列举事实与钧座有关者二项：（甲）卅八年十月十五日经李代总统函洽付丁文渊②筹办现代国家社基金港币四十二万元。（乙）十一月廿二日付李代总统机密费港币二十万元。（四）健、殷二公仍在台，日内离此。职等刻正向有关各方疏说中。谨闻。职士毅、昌渭叩。

57. 刘士毅、邱昌渭致李宗仁电（1950年2月14日）

代总统李宗仁。密。（一）监察院第二次致钧座电昨日发出，意在明确知悉钧座究竟即回抑仍继续在美。弹劾案尚未提付

---

① 刘航琛，经济部部长。
② 丁文渊，国立同济大学校长。

梁、孙两电务员暂仍留府。（三）职与任夫仍静候移交中。谨闻。职昌渭呈。寅灰午。

77. 黄雪邨致邱昌渭函（1950年3月16日）

毅公赐鉴：

前奉微电，此即作复，并径呈复蒋公，未审公得阅及否。（复蒋公电另纸抄陈）德公受尽小人之愚致有此谬举。邨事前之言未蒙采择，二月杪亦曾专电申述愚见，告以如蒋公复职，千万不可发表任何声明，并将目前国内外情况剖析详陈，不料逆耳之言，终不足以移其偏听之见。日前谈话更属荒唐不经之语。事已至此，无可挽回，惟有令人浩叹耳。邨今后决闭门谢客不再与闻。惟生活问题以十余年来从不事家人生产，毫无贮积，来日大难，深以为虑，不识公处尚能有何方法予以援手。应辞职前之薪金亦不审是否尚可领取，如有若干，乞转请伯年兄代为领取带港，邨况伯年兄亦得闻其详也。今日之事，以反共为第一，台湾、海南必须求其确保，以留此一线生机，庶可望作复国之根据。大陆情形，近来各地到港者甚多，共党敲骨及髓，以引起全国人民之反感，有与日偕亡之痛。朱惠清到港，亦公开谓共党统治中国决无办法，以前在港靠拢人士，如李宗理、毛健吾等现亦异口同声反对中共，其他可想而知。吾人今日必须委曲以全大体，因之邨认为公与健公在台，如精神上无大痛苦，仍宜悉力共赴，覆巢之下无完卵，此旨不可不察也。兹因季陆先生来台之便，特附书致意，诸维爱照不备。专此。敬颂潭安。

雪邨拜上
十六日

78. 邱昌渭致蒋介石函（1950年3月 日）

窃职猥以庸愚，迭蒙慰勉，仰怀德意，感奋莫名。惟念自受命以来，适当时局难危，虽勉矢公忠，以冀稍尽职责，无如才能短拙，终惭于事无补。再四思维，惟有仍乞俯准辞职。此后倘有驱策之处，自当随时效命。恳切陈词，伏祈垂察为祷。谨呈总统蒋。

职 邱昌渭
三月 日

79. 邱昌渭致李宗仁电（1950年3月19日）

密。德公钧鉴：职辞职已于巧日照准，由王雪艇①继任，定廿二日移交。谨闻。职昌渭呈。寅效午。

80. 黄雪邨致邱昌渭函（1950年3月23日）

毅公再赐鉴：

前函写就多日，因季陆先生未成行，故未发奉。鹤公抵港，昨日始得晤见，曾将邨在美两次书面陈述之意见书及到港后数次电稿呈阅，并将在美情形详述，非欲有所洗刷，但责任不可不明也。德公日来又数次发出怪论，从词句中看出，知为介侯所主张。此人荒谬绝伦，此次在美始得透彻了解。邨之坚决请回，此为极大原因，关系家室盖托词也。今日之事以反共与确保台、琼为要义，吾人能尽力当竭其棉薄，以自救救国，否则亦惟自谢不敏。大敌当前，风雨同舟，不可为无益之争，以自绝于全民。前致洪、黄②函，内容并不如外间所传之激烈，亦奉命所为，并此

---

① 王世杰，字雪艇。
② 洪、黄，即洪兰友、黄季陆。

奉告。三月十五日尊函顷已收到，德公款暂时似不必寄去，以备他日之用可也，乞卓裁之为幸。伯年兄何日可返港。承殷殷关注，但有心感，书不一一。敬颂俪安。

雪邨再拜上
廿三日

81. 白崇禧、邱昌渭等致李宗仁函（1950年3月　日）

德公钧鉴：

迩来中外报章选载钧座在美谈话，凡稍具常识与夫爱护钧座者，闻之咸为惋惜。崇禧等风雨同舟，久共患难，雅不忍以全国民意代表选举造成之崇高地位，一旦毁于左右一二人之手，爰本知无不言之义，披肝沥胆，再为钧座陈之。

自大陆沦于匪后，国民政府只余台湾、海南两个孤岛，凡属忠贞不二之士，经历无限艰辛，投奔来台，莫不以此为最后生息之地，因去此便无活路也。于是，忧时之士，本人类企求生存之念，不分派系，致力团结，故对钧座渴望于病愈出院后即启程回国，以与政府上下相共存亡，庶对外表示一致，对内振奋军民，而钧座鞠躬尽瘁之苦心必更为国人所鉴谅。不谓钧座偏听左右一二亲信之主张，拖延将事，崇禧等虽一再陈词，促请早决行止，倘尊恙尚未康复，则请解除代总统职务，愚昧之见，未蒙采纳。乃时逾三月，内外形势日益险恶，中枢无主群情惶惑，始则焦急，继乃失望，终至愤恨。国大代表以及立监委员多数均曩昔在宁、穗、渝时对钧座表示同情之人，至是均缄默，不能为钧座辩，其愤激者甚且立于反对地位矣。

泊至二月下旬，蒋公复职之议始成定局。崇禧等又电陈钧座，以复职系政治问题，可协商解决，倘囿于宪法成见，则双方均有所持，故切劝钧座对洪秘书长兰友所提具体办法，予以考虑，速作决定。讵钧座不作正面答复，仅云在合理合法原则下，个人地位可以放弃。迨三月一日蒋公复职，崇禧等怵于危亡，心切团结，又急电钧座，此后以副总统地位加特使身份在美访问，藉事休养，万勿发表任何意见，致滋误会。不意此项建议又未蒙采纳。

　　远不必论，犹忆最后在重庆时，崇禧等集议官邸，咸主蒋公复职，钧座仍以副总统地位赴美治病，钧座当即表示完全同意。次晨钧座赴昆明，崇禧又商之吴礼卿①先生，请其赴台湾促驾。昌渭复飞昆明，将崇禧与礼卿先生谈话经过面报钧座，亦均邀首肯。是钧座之愿解除代总统职务，其决定在离渝赴滇之时，而挽蒋公复出由钧座发动，则又早在杭州、桂林、广州之时。今日局势其艰危实百倍于曩昔，钧座何故一反前议，抱住"代"字不放，逮蒋公复职后且仍在美以代总统自居，演双包故事，腾笑国际。夫今日何日乎？国命不绝如缕，人民在死亡线上挣扎，中国之大，只余此一隅自由天地，凡挺身而出不计成败利害，以与匪作殊死斗者，虽匹夫亦必奉为神明。若夫携妻子儿女远居异国，已无兵革之险，而民有覆巢之惧，扶危定倾，稍纵即逝，万众呼吁，归期无定，而惟斤斤于地位得失之争，无论理由如何充足，决不能博取国人同情。崇禧等爱护钧座至深且切，然众口交责难以分辩，愧恶之余，惟闭户鲜出，少与外界接触而已。

　　近日消息传来，钧座似甘受左右播弄，不顾一切，趋向毁灭，故不惜虚构事实发为言论，其轻率浅薄，凡稍具理智之初中学生亦不为之。杜鲁门总统称钧座为代总统，此乃社交常例，犹之现在美国人士仍有称胡佛为胡佛总统者，而钧座即认为系否定蒋总统复职之表示，电讯传来，阅者窃笑。张向华②避难香港，

---

① 吴忠信，字礼卿。
② 张发奎，字向华。

而钧座则谓已令其在粤组织游击部队，迫使向华登报否认。又日前钧座申言谓已取得美国保证，组织第三势力，但未及一日，美联社纽约来电又谓钧座申明否认。此何等事，而忽彼忽此，均出自钧座之口，其轻率如此，何能取信中外，抑有不能已于言者。溯自华中挫败，桂省不守后，崇禧收拾余部，或集结桂越边境，或分散大山丛中，益以数月以来，桂民苦匪横暴，纷起反抗以与我军相呼应，并先后遣派代表向崇禧请助饷械，并未闻言及钧座曾与彼等经常以无线电指挥联络。崇禧思之熟矣，丁兹危难，在中央政府下，军事体系必须一致指挥统属，不容纷岐〔分歧〕，崇禧决本此信念，秉承中央意旨，统率八桂旧部与匪搏斗到底，凡中央以外之指挥命令概难接受，以免分散力量。此崇禧应须向钧座陈明者也。

钧座固仍法统下之副总统也。在未脱离副总统职务前，对现政府有拥护之义务，对台湾七百万民众有尽力保护之责任。乃报载钧座表示对台湾不予理会。钧座此言，真耶伪耶？如其真也，就职责言则为不忠，就道义言则为不仁，就政治言则为不智。试一思之，假使台湾不保，何处再觅反攻基地，数十万忠贞不二之患难同志又向何处逃生。

抑尝闻之钧座以民主相号召，而己则以民主领袖自期许，但民主政治之基本原则，为少数服从多数，民主领袖之成功要素，则为尊重舆论与执行多数人之意见。钧座抵南宁后，左右一致劝阻无效，民意机关迭次电请回渝无效，国民党中常会一再派遣代表赴港挽留亦无效，而钧座凭个人意气，毅然决然由南宁而香港，由香港而美国。迨抵美以后，去国愈远，耳目愈塞，谋仅及于左右一二亲信。台港两方同志虽迭电吁请速决行止，然终不及一二人之私见。当钧驾离港之时，曾申言以四十五日为期。比出院假满，归与不归迄无明确表示，国内人心及社会舆论已日呈不满。钧座不采纳崇禧等忠言，亟谋不自处，而反从事拖延，卒致演成不可挽回之局。若谓台湾舆论系某一派系所制造，则香港报纸刊物近来对钧座不断攻击又系何人指使。国大代表以及立监委员敦请蒋公复职，若谓亦系受人操纵，则又未免抹煞过去之事实。钧座一方申言维护宪法，但同时又与宪制下所有民意机关多数人之意见背道而驰；钧座笃信民主政治，而近日言行只惑于左右一二人之主张，置昔日多数袍泽与国内普遍舆论于不顾。崇禧等无状，诚不敢妄测高深，但以钧座今日所为，既无章法，又鲜风度，一意孤行，至于此极。钧座试静心思之，民主领袖岂如是乎。置身法统而不能护得法统下多数军民之同情与拥戴，尚欲于虚无渺茫之中另辟途径，能乎？否乎？此不待智者而知也。

国难亟矣，通力合作尚虞不济，俎豆相煎必同归于尽。今人心尚未尽失。伏乞悬崖勒马，支持政府，增强力量，共挽危亡，以光复大陆。庶生为自由之民，死为自由之鬼。谨贡愚忱，幸垂察。专肃。敬候钧安。

白崇禧　刘士毅　李品仙
刘　任①　雷　殷　邱昌渭　谨呈

附：邱昌渭致其夫人周淑清函（1949年11月30日）

冰如：

重庆这一幕，实在悲惨之至。阎老西故示镇定，不肯说搬家，同时又要裁员。他要我召集五院秘书长会议，商讨处置办法，我们首先一项即决定迁成都，但他犹豫不决，廿六綦江失守，他才着急。他又要我召集五院秘书长会议，我于是日下午三时即召集会议，决定疏散办法。但总统府一钱莫名，第六局主管总务，该局局长何福荣在香港，副局长关仲芳于廿七日早晨潜偕李宇清飞南宁，留下全府经费银圆券一千零几十元。于是总务无

---

① 刘任，曾任华中军政长官公署副长官兼参谋长。

主而经费又无,直到廿八日下午六时才向财部领到经费,一面发被裁职员之遣散费,一面准备撤退。廿八日上午九时,蒋先生在山洞召见说,紧急的时候要我和刘士毅参军长到山洞官邸去住,蒋经国并电话嘱空军司令派飞机一架备我应用。这时候南温泉已发生战事了,我和刘任夫被遣散之职员们包围了几次,他们领不到遣散费,又怕我们先跑。

廿八日忙了一日,到夜半三点钟才把事情办完。四时我和任夫率领高级职员(王唯石、赵良壁在内)分乘汽车赴白市驿机场。六时到达,九时起飞,十时半降落,下午二时始安抵成都城。

重庆算是丢了,蒋先生于今晨六时离白市驿,据说离敌人只有二十余华里。他这次顶到最后,这种精神博得军民上下之拥护与爱戴,因此把李先生相形愈下了。李先生出巡即一去不返,对军民上下没有交代,住在香港养病,既无章法又无风度,过去对李抱同情与拥护者,今皆反其道而对蒋有好感矣。我不赞成李先生于此时住在香港讲价钱。蒋先生复出后,我即必尽我力量以求摆脱一切,但在李先生未离港时,余不拟赴港。这次最使我不满意者,即李宇清鬼鬼蜮蜮,包了一架民航机,率领全部侍卫人员先赴南宁;关仲芳弃职潜偕李宇清飞南宁,到了最紧要关头使总务无人主持,而又无钱。李先生所用之人,不是贪污,便是无能,将来怎能再来领导政治。

成都又有多久的命运,天晓得。我一切很好,请勿念。我责任所在,决不临难苟免,使中央一般人知道李先生这一群人并不是个个都扯烂污。

吴国桢在重庆告诉我,住台北的人都以为李先生赴港是我的主张。吴说他替我辩护。吴说"这是 No Common Sense of international protocol,老邱至少念过 International law 云云"。我笑谓吴国桢"你真知我……"。

李先生想去美，顾维钧以此意通知（美）国务院远东司，该司司长答以尚须请示，此后即无消息，这算一个软钉子。李先生今日才知道，真是进退两难了。

　　现在蓉港无班机，此函不知何日才到，但姑以付邮，因昨日抵此后即发一电报告安抵成都，但词简未尽所怀，故今补述也。余续告。此祝清吉。

毅
十一月三十日

从孤岛到陪都
——抗战时期流亡学生的回忆

潘君拯

编者按：本篇资料，记叙了抗战爆发后作者与上海国立交通大学的同学从上海流亡到重庆的经历，对于了解抗战时期高校内迁情形以及抗战史研究均有帮助。

一 孤岛陆沉

一九四一年十二月八日，星期日。上海。

清晨，我被低空盘旋的飞机声吵醒。有人在阳台上大喊："飞机撒传单了！"

过了一会儿，报纸来了，大标题是"罗斯福总统……"。看不出什么。

不久，消息传来，日寇偷袭珍珠港。

又不久，更多消息传来，日寇已占领租界，把小钢炮架在外滩，迫令英美炮艇投降。美艇升起白旗；英艇抗命，被击沉。英美侨民被关进集中营。

1946年春，江苏省立上海中学在上海郊区复校，我和几个同学去了。这时我才发现，集中营就设在这里。

二 从十里洋场到世外桃源

1941年夏，我从江苏省立上海中学高中毕业，考入上海国立交通大学机械工程系。

省上中于1934年秋从上海南市迁到郊区吴家巷新址。1937年抗战爆发后,新校舍被日寇占领,校方在法租界租用上海美专部分校舍以及爱麦虞限路一处民宅复课。1941年日寇占领租界后,省上中改名为私立沪新中学。

国立交通大学原在徐家汇,抗战爆发后校舍被日寇占领。交大在法租界借震旦大学部分校舍以及中华学艺社部分校舍复课。日寇进占租界后学校改名为私立南洋大学。1942年夏学校被日伪接管,成立汪伪政权的国立交通大学。

1941年秋,我到交大报到。十月某日,上海见到日全蚀,时间约在上午十时,历时颇久。一时天昏地暗,气温明显下降。学生不上课了,站在操场旁看日蚀。

12月8日,日寇进占租界。9日,学校照常上课,但已有"最后一课"的味道。

这学期草草收场,提前放假,不举行大考,以小考成绩作为学期成绩。

假期里我走访了一些同学,大多数都想离开上海,到内地去,但不想走得太远。

我哥和我去拜访了《西风》、《天下事》等期刊的编辑陶亢德。他也认为战事很快就会结束。

这是当时很多人的看法。

我哥当时是交大土木系四年级学生,只差一个学期就毕业了。他决定毕业后再走。

我不想走得太远,决定先到浙江龙泉浙江大学分校或江西泰和中正大学借读。

当时我家里很穷。嘉兴的住宅让日寇占了,一家人挤在上海,还要付房租。父亲原在上海公共租界圣心医院当医生。抗战爆发后医院让日寇占了,父亲失业了,不得已到浙西自由区县卫生院当医生，收入微薄，不够养活一家七口。幸而当时读书几乎不花钱。高中三年我每学期都拿奖学金，学费就免了。上海《文汇报》设奖学金，全市招考，我考了个第一。《文汇报》停刊后，我又取得慈善家潘诵先生的奖学金。再就是我哥和我向杂志、报纸投稿，赚点稿费。

我的翻译本事就是那时练出来的。一边看原文一边写中文，不打草稿，写完就寄出。

离沪前，我向潘诵先生告别。他给了我300元，这才有了足够的路费。

在沦陷区旅行，要有"良民证"。我打听到"良民证"要到极司斐尔路76号去领，那是有名的"魔窟"。一天下午，我怀着忐忑不安的心情去了。还没有到目的地，就有人等在那里，说可以代办"良民证"，每位2元，货到交钱。我把我哥和我的相片给了他，约定第二天下午取货。第二天下午我如约去了，给了他5元钱，他连声道谢。

然后就是买点东西，如球鞋、牙膏、肥皂、绘图铅笔之类，还买了一只籐箱。

1942年农历正月初七晨，我继母和我离开上海。

先到北站乘火车。进站要检查，要向日本兵鞠躬。鬼子站在旁边，手执上了刺刀的步枪。行李由汉奸检查。

我在籐箱里最上面放了一盒香烟，上车后打开一看，香烟没了。

我们坐火车从上海北站到武康，然后换乘汽车到三桥埠。到三桥埠时已是下午三点左右，找到一家熟人家，坐在客堂里休息，等黄昏后过封锁线。

忽然从门外跑进来一个人，大喊"鬼子来了"，搬了一架竹梯爬上阁楼躲起来。主人把梯子搬走，对我们说："他没有'良民证'。"

幸而鬼子只是路过。

天暗下来了,我们要过封锁线了。

所谓封锁线,其实就是公路。路东是沦陷区,路西是自由区。鬼子在路东一侧设哨所,白天有汉奸把守。

我们到哨所时,里面已没有人,汉奸回据点去了,于是我们大摇大摆地穿越公路。

到莫干山脚下的小镇庾村时,天已大黑了。在饭店吃饭时,周围不少老乡来打听上海的近况。

当晚在庾村过夜。第二天清早穿越莫干山到后坞,途中遇到一名哨兵,坐在山间石路上查路条。

我在离沪前托人办了路条,藏在毛笔杆里,这时取出来给他。他似乎不识字,看到条子就让我们走了。

当天中午抵达小村,我的父亲就在那里。

继母第二天就回上海去了,我住了一星期。

小村是一个美丽的小山村,位于一条小溪的北岸,居民约80户,房屋朝南沿溪排列,溪对面是一片竹林。

一天夜里,村外一片狗吠声,父亲说挑盐的回来了。村里以土产向外界换生活用品。看不到报纸,没有人有收音机,没有商店,没有学校,也没有邮局、银行,过着一种"不知有汉,无论魏晋"的生活。

因为刚过春节,父亲向村民买了一点猪肉。在那里冬笋是很便宜的东西。父亲用砂锅煨了一锅冬笋红烧肉。一天晚上,父亲拿出一瓶三星白兰地,斧牌的。他看到我惊讶的样子,笑着说:"是莫干山看房子的卖给我的。"

莫干山是避暑圣地,上海很多有钱人在此拥有别墅,大部分时间空着,要雇人看管。抗战爆发后主人几年不来,也不给看房子的发工资。看房子的只好变卖主人留下的物品贴补家用。

"这一瓶是开过封的,所以便宜。"

一边喝酒,一边闲谈,把一瓶酒喝完了。

三 赴龙泉途中

动身的时候到了,父亲给了我300元,说:"你运气好,这是一个病人送的。"

从小村出发,沿天目山经递铺、冰坑、於潜到麻车埠,花了三天时间。我不会走长路,脚上磨起了泡。

行李是雇挑夫挑的。

沿途每十里左右有一座茶亭,供旅客休息。挑夫喝碗粥,我喝碗茶。

冬日的天目山真是美极了。大路依山傍水。天是蓝的,云是白的,水是青的,石是赭的,树是绿的。日出后,岚气从松林中冉冉升起。路旁不时传来阵阵香气。看得见的是腊梅,看不见的是兰花,我这才悟到什么叫"暗香"。

到麻车埠后,找了一家小客栈住下。我第一次单身出门,没有经验,离客栈外出吃晚饭时没有记下店名和门牌,饭后不知如何回客栈,幸亏地方小,转了几圈就找到了。从此我住店时第一件事就是记住旅馆的店名和地址。

在麻车埠上班船,是木船,经建德到兰溪。过建德时船夫指给我看严子陵钓台。我说:"离江面这么高,怎么钓?"

在兰溪上岸后,找客栈住了一宿。第二天坐火车到金华。下车后立即找"办理沪港澳撤退各级学校员工登记处"报到。该处设在酒坊巷金华中学。该中学已疏散到郊区,校舍全空着。

办完手续后,我被安排住在教室里,睡地铺,免费供应伙食,一日两餐。

我注意到伙夫在收拾饭桌时,常把吃剩下来的一点萝卜汁什么的喝了。

我把肄业证明书交给登记处,由他们发函,向浙大分校联系借读事宜。我耐心等待。

在金华住了大约一个月。在此期间，沪上同学纷纷到达。有走常州——宜兴——和桥——张渚从太湖西边进入自由区的，有走皖南经河沥溪进入自由区的，也有走沪杭线由太湖南边进入自由区的。五花八门，不一而足。

有上中校友周裕廉和他的弟弟周裕英走后一条路，过封锁时遭遇日寇。兄弟二人在一座石桥上被冲散，行李也丢了。周裕英要饭回上海，后写信到龙泉浙大分校向我打听其兄下落，但没有人知道。

周裕廉大概是死了。

在金华时晴天跑警报，雨天到军人俱乐部看话剧。记得看过曹禺的《北京人》。

金华粽浆店很多，一家挨一家的，卖粽子和豆浆。粽子有白粽、赤豆粽、豆沙粽、肉粽、火腿粽等。豆浆有甜浆和咸浆。因为没有钱，我很少光顾。

浙大分校的复函终于到了。我约了两位同学结伴同行，坐长途汽车，经武义、永康、丽水直达龙泉，一路顺风。

这时已是三月下旬了。

不少同学去了龙泉，也有去重庆或平越的。重庆有交大分校，平越有联合办学的交通大学唐山工学院和交通大学北平铁道管理学院。

四　龙泉三月

浙大分校在龙泉乡下，离县城约12里。校舍地是泥地，墙是竹笆，顶是树皮，十分简陋。

报到时学校已开学。报到后立刻上课。

几十个同学住一个大房间，天天吃笋，起初还新鲜，后来越吃越烦。据说笋是刮肠子的，没有油很难吃。

院会审查,因监委中助我者尚不乏人,致法定人数不足,终难通过。(二)复监院电及嗣后钧座复此间各方函电仍由职等转交,庶有伸缩余地。职士毅、昌渭叩。寒。

58. 邱昌渭致李宗仁电 (1950年2月18日)

代总统李宗仁。密。部份国大代表提罢免副总统案现正分途连署中,同时复要求立法院修改国民大会组织法,减少法定出席人数,俾国民大会容易召集。此计划若成功,则罢免案与重选总统案均可成为事实。刻立法院定本月敬日开会。谨闻。职昌渭呈。巧戌。

59. 刘士毅、邱昌渭致李宗仁电 (1950年2月20日)

代总统李宗仁。密。巧电皓午奉到,当即转致洪秘书长兰友。据探悉皓晚在于院长官邸非正式临时会议。岳军、敬之、觉生、骝先、立夫、天放、少谷、兰友、希圣均出席。讨论结果:(一)决定蒋公复职。理由为前系因故去职,现在原因消灭,故乃继续视事。(二)复职时间尚待决定,但为期不远,约在立法院敬日复会以后。因非常会议诸公寒电盼钧座于敬日前回国,为表示礼貌,故蒋公不便于敬日前复职。(三)应否再去电促钧座返国尚无决定。今日午后将在草山继续讨论,届时一切必有决定。谨闻。职士毅、昌渭叩。哿申。

60. 于右任致李宗仁电 (1950年2月21日)

急。李代总统钧鉴。密。敬闻政躬日善,至慰。犹忆公于竞选时,愤懑之余,曾数极见教,亦兼采拙见。今日形势,更非昔比,合则共济,分则俱伤。此关系于国族亿万年之命运,非复一二人或党与政府之成败也。至祈能早日返国,协助总裁,共谋匡复。时乎不再,惟幸亮察。于右任。马。

61. 李宗仁致于右任电 （1950年2月21日）

台北总统府邱秘书长密转于院长右任先生勋鉴：尊电敬闻，语重心长，曷胜感佩。近来某方面报上言论与来电措词，均足破坏团结，动摇国本，弟为顾全大局起见，未予置辩，故复电中词意和平，此皆一本先生和则共济分则俱伤之旨。兹若能采取一种不与宪法绝对相反之办法，俾无违宪之嫌，则弟为公为私无不乐从，耿耿此心，敬希亮察。弟李宗仁。马。

62. 邱昌渭、刘士毅致何柏林电 （1950年2月21日）

急。香港坚道九十八号何柏林兄。密。日来情势急转，蒋公决于最近复职。盼兄即来台，主持办理移交事务。昌渭、士毅。马。

63. 邱昌渭致黄旭初、夏威①电 （1950年2月21日）

香港坚道九十八号密转黄主席旭公、夏副长官煦苍：（一）顷奉德公哿电②，经将字句修正，其修正文曰：台北总统府邱秘书长，迩来……（以下全文至）宗仁哿等语。刻渭正与各方接洽中。（二）两公有何指教乞电示。（三）蒋公复职已成定局，只日期未决，但亦不远。特闻。昌渭。马酉。

64. 邱昌渭致程思远电 （1950年2月22日）

香港坚道九十八号密转程思远兄：两示敬悉，均已转呈健公。昨德公来电谓，对个人职位无所留恋，嘱弟与各方接洽，寻求合理合法之解决途径。日来正与对方往返磋商中，弟并请

---

① 黄旭初，广西省主席；夏威，字煦苍，华中军政长官公署副长官。
② 李宗仁哿电在邱昌渭所藏函电中未见。

果然，我们几个同学凑份子买了一个蹄膀，炖了一锅笋子红烧蹄膀，味道很鲜美。

学校附近没有商店，没有饭馆，更谈不上邮局、银行。有时有小贩来卖点零食。

城里有许多铁匠铺。此地的剑是自古远近闻名的。

在浙大分校还是晴天跑警报，雨天上课。

拉警报时同学疏散到山里。山里开遍了杜鹃，大红的、粉红的、紫的、黄的、白的，还有白花瓣上洒有红色斑点的，漫山遍野。

一天清晨，我因有事进城早起，忽见同室一位同学因梦魇坐起来大叫。顿时全室大乱，纷纷跳起夺门而出，有的连衣裤鞋都来不及穿。我拦也拦不住。接着，其他寝室的同学也跟着跑。

不久，"跑警报"的回来了。我问他们："你们为什么跑？"他们反问："是不是有警报？"

后来听说，这叫"炸营"，多发生在兵营或学生宿舍。

一天晚上，已经上灯了，忽有一架飞机经学校低空匆匆飞过。学生连跑警报的时间都没有。后来才知道这是从大黄蜂号航空母舰起飞，轰炸东京后飞来大陆的杜立特飞行中队中的一架飞机。后来罗斯福答记者问时说："它们是从香格里拉（Shangri-La）起飞的。"香格里拉是小说《失去的地平线（Lost Horizon）》中一个虚拟的乌托邦。香格里拉从此声名大噪，经久不息。

后来，我在重庆读到参加过这一行动的一名美国兵写的《东京上空三十秒（Thirty Seconds over Tokyo）》的中译本，书名为《我轰炸东京》。

由于这次行动，日寇发动了浙赣战役，西取衢卅，南犯丽水，以摧毁中国沿海的机场。

五月底，金华失守。

鬼子又来了。

只有再往南走。

同学曹诗俊找到一辆便车。我们早一天傍晚进城,准备第二天清早上车。

我们晚饭后动身。走到半路,忽然雷雨交加,洋伞刚撑开就吹嗽叭了,只得蹲在田埂上。这里是梯田,右边平坦,左边低下去约一丈。我看到一团团火球在低田里乱滚。

好容易等到雨停。浑身湿透了,铺盖也湿了,没法进城了,只好回去。

当晚有八、九个同学结伴从城里回校,下雨时手牵着手走。走到一棵大树下时,一声霹雳,为首的同学给击倒,后面的都感到一阵麻木。幸而没有伤亡。

过了几天,学生会一位同学交给我 800 元,叫我跟其他七位同学先走。

这时有一位同学开了一家"蓝猫拍卖行"。为了轻装,也为了多筹一点现款,我卖了一双球鞋,几支牙膏和铅笔。

六月最后一天,一行八人上了路,到福建去。

五　穿越福建

从浙江龙泉到福建松溪有一条大路,途径查田、竹口等地。过小梅的时候,乡民告诉我们此地鼠疫流行。我们未敢停留,虽然小梅是个大镇。

从浙东到闽北,不少地方流行鼠疫,源头在宁波和福州。这是日寇细菌战的后果。

沿途看到一些红军时代遗留下来的标语,如"红军是工农的队伍"。标语是用红颜料写在土墙上的。

我们从龙泉一路步行到松溪,行李是雇挑夫挑的。

记得七月七日我们是在松溪过的。我们写了不少标语到街上去张贴。

在松溪上船。那是一条木船。我们清早上船,中午到西津打尖,买了米和豇豆借店家的锅在街旁造饭,引来很多居民围观。当晚到达东游,睡在戏台上。

第二批内迁的同学十余人,有女同学,运气就不那么好了。

他们到西津就休息了,杀鸡买肉,热闹非凡。第二天船撑出去就遭抢了。土匪在岸边鸣枪示警,然后划过来一条小船,把大船带进一条河汊,把学生赶上岸。一声锣响,老人、小孩都来了,把船上的东西抢个精光。土匪把男学生反绑双手,用绳子把他们串在一起。女学生不绑。然后逐一搜身。最后,一个土匪说:"把男学生放了,女学生留下。"这时一个男同学跪下,其余的受到牵连,也都跪下了。于是匪首说:"把他们全放了。"

这些同学后来到了建瓯,除身上穿的外,一无所有。

有人说:"大概是在西津过夜闯的祸,土匪有眼线,'大鱼'来了。"

在建瓯遇到大轰炸。

到建瓯的第二天,一早警报就响了,但敌机迟迟不来。到了中午,很多老百姓都走出防空洞,回家做饭。突然,飞机来了,九架。

我躲在城门洞下,看到一个人向城门洞跑来。一枚炸弹落下来了,一阵烟雾冲起。烟散以后,一座二层小楼消失了。这个人俯卧在地下,起来接着跑,跑到城门洞里来了。

这天飞机丢的是燃烧弹。城里横直三条大街都给炸平了,一片火海。据说这天炸死三千平民,不少户全家都死了。

有一枚炸弹落得离我最近,当时我俯卧在地,觉得震了一下。抬头看时,城墙在摇晃,定睛看时,还是好好的,大概是脑震荡吧。

这颗炸弹掉在城门外护城河的浮桥上,把浮桥炸断了。幸亏城门是关着的,有一块弹片溅到城门上然后落地,城门上有弹痕。我看到这块弹片时它还烫手,边上已熔化。从它的曲率可以看出,这是一枚重磅炸弹。

轰炸时我看到一位女士合掌盘腿坐在地上,浑身颤抖,可怜极了。

我俯卧在地,身边围着好几个孩子,大概出自寻求保护的本能吧。

飞机走后,我们立刻赶回住所。当时我们借宿在一所小学里,门没有锁。还好,只损失一件行李,是有人打开窗子偷走的。

有人趁火打劫。

没有地方住了,我们渡江到对岸去。在那里我看到树林里有很多军人,头戴钢盔,坐在地上,一声不响。

第二天早晨,我们坐小火轮赴南平。船到中途,螺旋桨轴弯了。船员把轴拆下来,搬到岸上,架起柴火将轴烧红,然后矫直。

在南平我们借住剑津中学。这是一所教会中学,校舍很讲究。

下面就方便了,坐长途汽车可以到长汀。

我们到南平后就散伙了,因为坐长途汽车一次买不到那么多票。

从南平到长汀沿途要换几次车,每次都要等候几天,耽搁了不少时间。

到永安后我去找中学同学陆仰之,当时他在交通银行工作。二话不说,他给了我300元。

我是在1942年8月1日离长汀到瑞金的。

从进福建到出福建,整整花了一个月。

福建的红茶很好,当时因战事运不出去,所以很便宜。我买了两木匣供出口的，里面用锡纸包装，到重庆后送人；另外买了一些散装的，供沿途饮用。

在福建境内，我住过学校，也住过旅店。在旅店墙上看到过《竹枝词》，有些写得还真不错。录两首如下：

<ul style="list-style:none"></ul>

其　一
高山有好水　　平地有好花
当兵身在外　　无钱不想她

其　二
郎去郎孤奴不孤　人来人往尽可夫
阿郎如有真心意　奴情如海泪如河

第一首的作者应是一名军人。第二首是用一名妓女的口吻写的。"河"应读吴音。

写得真好，比那些"诗人"的作品好多了。

离长汀的头一天晚上，我就睡在汽车站地上，发烧了。当时还不知道这是打摆子。

第二天上车。上车前要接受国民党宪兵检查。我们这批旅客上车前宪兵迟迟不来检查，拖延到开车前十几分钟才开始检查。

我质问宪兵："为什么不早检查？"这惹恼了宪兵。

检查到我时，宪兵从藤箱里找出一对剑，说："这是违禁品，要没收。"

这对剑是一位同学在龙泉买的，托我带到内地去送人。

我说："这是买的，可以买就可以带。"

另一个宪兵在旁边大吼："把他带下去！"

这时同学许㮊在场。他向身边一位穿黑中山装的人耳语了几句。这个人走前几步对宪兵说："这是我的朋友。"这样我才没有被带走。

从此我痛恨宪兵。

战士在前线流血，宪兵在后方欺压老百姓，算什么军人。

六　从江西到湖南

到瑞金后连夜上船。又发烧了。

半夜出汗后，我醒了。木船在江中行驶，月色如水，船夫在唱歌。

到赣州后我又病了。这次病得厉害。先是发寒，大热天盖了两床棉被。然后出汗，两床棉被都湿透了。我想，这糟了，一个人病倒在旅馆里，怎么办。

傍晚，顾乃仁和李政道来了。

顾乃仁是浙大分校的学生，在龙泉时已被航空学校录取。同时被录取的还有李崇道，李政道是他的弟弟，上海的中学生，还没有上大学。

流亡学生有一条规矩：每到一地，在车站、码头贴一张告示，"某某于某日到此，住某某旅馆。"以便联系。

我住在"陶陶招待所"，比较干净，据说是蒋经国办的，赣南各县都有。这是我第一次听到"招待所"这个词，蒋经国当时是赣南行署专员。

顾、李二人一进房门看到我就说："走，看医生去。"

他们雇了一辆黄包车让我坐，自己跟着车跑。

车停在一家诊所门口。医生姓王，已吃过晚饭，抱着孩子在门外乘凉，看到病人，急忙把门打开，让我们进去。

医生给我打了针，抽了血供化验，还给了几颗药。

顾、李问："明天能不能上路？"

医生答："要看化验结果。是恶性疟疾就不能走。"

"车一早就开，怎么办？"

"我连夜化验，你们明天清早来看结果。"

李政道给王医生五块钱，这在当时还不够吃一顿客饭。

王医生犹豫了一下，说："那我就收了。否则你们会觉得欠了我什么。"

这是一个好人,能体谅人。他是天主教徒。从此我相信天主教徒是好人。

回程还是我坐车,顾、李二人跑。那时李是个小胖子,跑得直喘气。我真过意不去。

到旅馆后我要还钱,他们不肯要。

他们说,第二天一早他们来告诉我验血结果,如果可以走,他们送我上便车去韶关。那是资源委员会运钨砂的车。

第二天清早,顾乃仁和李政道又来了,送我上车。

这个李政道就是后来得诺贝尔物理学奖的那个李政道,不久后在贵阳又会面了。

钨砂很重,小小的一袋重50斤,一辆车装不了多少,坐在上面空间大得很,挺舒服的,就是怕下雨。

从赣州南下,越过大瘐岭,就到广东了。

在南雄过夜。早上吃早茶,除茶外,有鸡包、叉烧包、伦教糕等点心,花色很多。吃在广州,名不虚传。

到韶关后直奔火车站,在站台过夜。

我们几个学生把行李堆在中间,人围着行李坐成一圈。不时有铁路警察经过,把我们叫醒,叫我们看好行李。

早晨发现,放在圈外的一把破洋伞没有了,那是靠在一根柱子上的。听说粤汉路上小偷活动猖獗,过隧道时小偷将旅客放在行李架上的物品取下掷出窗外,下面有人接应,防不胜防。

当时粤汉路的终点在衡阳,再往北就是前线了。

我们在衡阳换车,沿湘桂路西行。

因为一直在车上,我对湖南没有什么印象,只觉得东西很贵。

七　湘桂线上

坐火车从衡阳出发，到桂林下车。

本来可以直达金城江，因为想到桂林铜鼓山铁路局要点路费，故而中途下车。

在桂林街头遇到交大同学解连生，他是电机系的，苏州人。当时他没有钱，没有证件，正在犯愁。他跟我们一起去了铜鼓山。

到铁路局找到有关人员，对方很干脆："到重庆若干元，到平越减半。"具体数字我记不起来了。

解连生说："我证件丢了。"

"我给你补一张。"当即写了一张证明材料，盖了铁路局的章。

因为忙于赶路，在桂林连七星岩都没有去玩。

在桂林上火车，到金城江下。以后要坐汽车了。黔桂铁路直到1944年才竣工，没有多久就自行炸毁，鬼子又来了。

八　穿越贵州

流亡学生坐火车是不要钱的，如果坐汽车，搭资源委员会运器材的便车也不要钱。但要跟司机搞好关系，特别是跑长途，否则他会在半路把你甩掉的。

我在金城江找到便车后，特意跟司机住进同一旅店。吃晚饭时，刻意坐到司机桌上，跟他攀谈，知道他是扬州人时，跟他攀同乡。我是常州人，跟他是大同乡。

我多要了一个菜，并要了酒，打算请他。

到会账时，他死活不让我付，叫徒弟抱住我，对老板娘说："记在我的账上。"他问了我的房间号码。

第二天我早早起床，收拾好行李，等候上车。过了一会儿，徒弟来了，喊我去吃早饭。当年我十九岁，第一次单身出门，无师自通地学会了"公共关系学"。

车上坐了不少人，除搭便车的外，还有"黄鱼"。司机靠带"黄鱼"赚点外快。

车上有老弱妇孺，学生每天下车后总是先帮他们安排住所，搬运行李，然后再料理自己。这是当时的风气。

过了独山，离墨冲还有几里地，车抛锚了。

司机问行人："这里太平不太平？""不太平。昨天夜里还有枪声。"

司机再把发动机发动。离墨冲还有二里地时，车子彻底完了。司机留徒弟看车，我们到镇上住宿。

这时交大同学施鸿熙跟我同车。

司机帮我们扛一件行李，但我们仍无法搬走全部行李，放在车上又不放心。

这时过来一位道班，他说："我帮你们挑。有扁担没有？""没有。"

他走到路边折了一根树枝当扁担，挑了两件行李跟我们到墨冲。

墨冲很荒凉，中间是公路，两旁有几家店铺。我们找了一家马店住下。

这一带民间运输靠马帮。马店主要接待马帮，包括人和马。

道班把行李放在马店门口，说："都在这里了。"转身就走。我追上去给他钱，他不肯收。又是一个好人。

马店客房里的床单和被子很旧，但很干净。揭开褥子一角，床板上没有臭虫血。

马店供应伙食。我们在一张长桌上吃饭。桌面是白木的，没有上漆，抹得干干净净。碗筷也干净。饭是米饭，菜是豇豆，有点番茄。

墨冲真干净，公路扫得干干净净，没有马粪遗留。店里也很干净。

这里是苗区。苗民真讲卫生，我过去不知道。

有人告诉我到苗区不要吃煮熟的鸡蛋，苗民会放蛊。

什么叫蛊？据说把蜈蚣、蝎子、蜘蛛、黄蜂、哈蟆等五种毒虫放在一起，让它们互相残杀，最后只剩一种。在端午节那天把它放在瓦片上焙干，研成粉末，就成为蛊。剩下来的虫是什么虫，蛊就叫什么蛊。

据说，有些汉人男子入赘苗家，回老家探亲时要说清楚回去多久。行前苗妇在食物里下了蛊。男子如期回来后，苗妇给吃解药；如逾期不归，则男子将被毒发致死。

有人说，养蛊的人家特别干净。

苗家干净是不争的事实，说他们养蛊，恐怕是一种讹传。

在墨冲整整等了两个星期。先由司机托过路的车带信到贵阳，再由贵阳来的车把配件带来，把坏的零件换下。

终于又上路了。

到马场坪后，我们下车走到平越。施鸿熙去报到，他是学管理的。我去看同学。上中校友金志杰、吴天济等都在那里，还有上海交大的秦同洛。

平越四面环山，很大的一个城。

听同学们讲，有一次苗民因抽壮丁纠纷攻城，事先通知学校，学校宣布"中立"。县长逃走了，一个科长避进学校，幸免于难。苗民攻进县政府，把壮丁花名册烧了，但未抢劫。这是官逼民反。

同学们还告诉我，他们曾到苗寨看苗民"跳月"，并在那里住了一宿。每人带一斤盐，半斤给房东，半斤交换些饰物。盐在那里很贵重。小孩哭闹时大人不是给他糖，而是给他一小块盐。招待贵客时用盐碗盛汤。

他们吃的是岩盐。后来我在贵阳看到过这种岩盐，堆在街旁，起初我以为是岩石。店员把盐块砸开，捣碎，研细，以便出售。

从平越回马场坪到贵阳，一路很顺利。

在贵阳，住黔中旅馆，五天一结账。

等便车足足等了一个月。

在贵阳找到中学同学张淳曾，他在交通银行工作，他给了我600元。

在贵阳又遇到顾乃仁和李政道，还有跟他们结伴到重庆磁器口材料试验所去报到的广西大学毕业生林韵新女士。还有中学同学、浙大分校的徐拔和。上世纪80年代初他从美国到南京讲学时我又见到他，才知道李政道的母亲是他的表嫂，当年徐拔和从贵阳去了湘潭浙江大学，李政道和他同住一室。

中秋节是在贵阳过的。徐拔和和我到茶社去打象棋擂台，要花钱的，赢了奖月饼。我们两人都输了。

中秋夜我们几个流亡学生凑份子去上馆子。有顾乃仁、李政道、还有林韵新。

当时贵阳所有饭店卖的酒都叫茅台酒，茅台成了酒的代名词。

便车迟迟没有，钱快花完了，又不好意思再去找张淳曾，我真有点着急。

便车终于有了。头天傍晚开到板桥，离城不过十多里，那里有检查站。

据说板桥茅台最好，到板桥过夜是为了喝茅台。

九　西南公路

从贵阳西去昆明，北去重庆，沿途多险段。向西要过三十六弯，向北要过七十二弯。

西南公路大部是山路，多急弯陡坡，路况很差，全部是沙石路，车辙深，晴天像香炉，雨天像浆糊。大雨以后多滑坡，山上的大石头滚下来压在公路上，阻碍车辆通行；或者一段路面整个滑下去了，公路中断。

据说买来的美国汽车在中国不适用，太娇嫩了。后来通用汽车公司在美国专门筑了一条试验跑道，取名"中国公路"，供试车之用。

在西南公路，汽车上坡时，部分乘客下来推车，徒弟拿着一块三角木，跟在汽车后面，当汽车爬不上坡向后倒退时，赶紧把木块塞在后轮下面，阻止汽车下滑。下坡时更危险，如刹不住车，遇急弯时来不及打方向盘，车子就会冲出路面，坠入深谷。翻车时乘客或被甩出车外，或被车上货物击中，伤亡很大。

同学吴耀祖告诉我，他遇到过车祸，车辆爬坡时倒退越出路面，掉了下去。他在千钧一发之际跳车逃命，皮箱给摔坏了。

在七十二弯，从高处向下看，破车随处可见。据说翻车时乘客容易死，司机不容易死，司机只要死死抱住方向盘就行了。

到了"吊丝岩"，大家提心吊胆。那是一处陡坡急弯，坡很陡，弯很急，车辆很难操纵，因而事故频发。那里又是下坡，旅客都在车上，因而伤亡很大。

过了娄山，进入四川境内，离重庆不远了。

我于1942年10月1日抵达南岸海棠溪。第二天乘轮渡过长江（当地人叫"大河"），到储奇门上岸。

好大一个坡，有滑杆代步。滑竿是一种简易轿子，前后由二人抬。坡大，抬起来很吃力。

上坡后坐公共汽车，由两路口沿嘉陵江西上，经化龙桥到小龙坎。交大分校就在那里。

十　会师重庆

交大分校离沙坪坝很近，规模很小，1940年开始招生，学生不足百人。教师不少是兼职的，其中有诺贝尔物理学奖获得者丁肇中的父亲。丁肇中那时是小学生。

有几位同学当年陪上海交大吴清友教授夫妇直接从金华到重庆，已先我而至，因沿途耽搁，缺了很多课，暑假在补课。

我算是到的早的。

不久以后，分院迁往长江北岸的九龙坡，借用交通部技术人员训练班部分校舍，更名"交通大学"，把"分校"二字拿掉了。

九龙坡原名九龙铺，我们这批流亡学生硬把它改过来了，沿用至今。

当时校外一家店铺都没有，后来才陆续开了几家小饭店和杂货店。

学校在公路边，离长江很近，穿过九龙坡机场跑道和成渝铁路路基就到江边小镇。那里有一个邮政代办所，可寄挂号信和取汇款。

我们常去机场看飞机，有美国的，还有英国的。美国飞机在机首画上鲨鱼牙齿，老百姓说是虎牙，因而陈纳德的航空队叫做飞虎队。美国兵还喜欢在舷窗下面写上字。有一架P40战斗机上写着"Fujiyama Fu Fu To"。当时我不明白这是什么意思。1947—1949年间我在上海学了一点日文，才知道"Fujiyama"是"富士山"，但"Fu Fu To"是什么意思，到现在还不明白。

有一次我看到一架喷火式战斗机停在那里，螺旋桨头部都打弯了，大概是降落时碰到了地面。

成渝铁路路基和铁桥在清末已经筑好，但直到解放后才铺轨通车。当年我们常在晚饭后到路基上散步，从铁桥上将石子丢到河里，根据石子掉到河面的时间来估算桥的高度。

我们夏天在江边洗澡。岸边是岩石和黄沙，很干净。有一年夏天，一位名叫赵树铭的同学，常州人，在江边洗澡时淹死了。按照船民的指点，同学们三天后在下游唐家沱水面找到了他的遗体。

冬天我们过江经李家沱、土桥到南温泉去洗温泉浴。再下去就是渔洞溪，金陵汽车修配厂从南京内迁到那里。

开学后，同学越来越多。有上海交大机械系的万定国、许国志等，他们读四年级。三年级的多些，二年级的更多。当时我在二年级。

除从上海交大来的外，还有从其他大学来借读的。有的后来通过甄别考试，取得交大学籍。

学生住在大房间里。一个房间住 24 个同学，睡上下铺。

吃饭靠贷金。八个人一桌，有桌无凳，站着吃。饭是"八宝饭"：霉米、老鼠屎、沙子，不一而足。有一位同学用早餐时从稀饭桶里捞出来一条蜈蚣。

菜是牛皮菜、藤藤菜、莴笋叶子之类，有一点榨菜。月底如有结余，有一点肉，称为"打牙祭"。

伙食由学生管理。伙食委员会每月改选一次，选出主席、总采买和总保管。每天的采购和保管由同学轮流担任。

我替刚从沦陷区来的同学写申请贷金的"呈文"，报酬是一碗"炝锅肉丝面"。

呈文送上去，没有不批准的。

最糟的是水。伙夫在田头挖个大坑，从中提水，挑到水池里，水很浑浊。同学用它洗脸刷牙。

水土不服，很多同学生病：拉肚子，长疥疮，打摆子。

后来才慢慢适应了。

十一　结束语

古人云："行万里路，胜读万卷书。"此话不假。书是虚的，路是实的，耳闻不如目睹。

从上海到重庆，我大约行了八千里路，在路上前后历时约五个月。

当时在打仗，老百姓生活很苦，但似乎还不缺粮。沿途很少看到乞丐。

听说河南大饥，备受"水、旱、蝗、汤"之祸。"汤"指战区副司令长官汤恩伯。

进福建后，感到菜很淡，店家愿意在菜里多放点糖，也不乐意多放盐。

江西缺盐。蒋介石"围剿"中央苏区时曾采取"断盐"的办法。

贵州吃岩盐，据说缺碘。

四川号称"天府之国"，自古盛产井盐，有自流井和贡井，并称自贡，今设市。

在贵州第一次吃到地瓜，地瓜炒肉片。我问施鸿熙："这是什么？"施答："有点像荸荠，但好像不是。"

当时下江没有地瓜，抗战胜利后才引种，但始终成不了气候，大概受土壤和气候条件限制吧。

贵州、四川一带吃辣椒吃得很厉害，没有辣椒吃不下饭。我刚到重庆时很不习惯，后来才慢慢能吃一点。

从上海到重庆，搭过的交通工具有木船、汽轮、汽车和火车。火车最方便，但筑路费事。当时凌鸿勋在北筑宝天路（宝鸡——天水），侯家源在南筑黔桂路，条件极端困难，路况可想而知。人称湘桂铁路为"像鬼铁路"，黔桂铁路为"见鬼铁路"。

机车和车辆都是进口的，被敌机炸毁一辆或被日寇抢去一辆就少一辆。

后方筑了不少公路，但路况很差。

汽车和汽油都是进口的。当时中国是"石油贫血"的国家，只有甘肃老君庙有一点。汽油是军用物资,极其珍贵。当时有一句口号:"一滴汽油一滴血。"

民间用木炭作汽车发动机燃料,车身旁装一个煤气发生炉,内填木炭,点火后用手摇鼓风机送风,然后用燃烧产生的一氧化碳气体供给发动机。到站后要出灰,洗布袋(滤清器),加料,极为烦琐。徒弟辛苦得很。

木炭车马力小,这也是车祸频发的原因之一。

浙、闽、赣有烧樟脑油的,效果很好。但樟脑油产量低,而且味道难闻。

一路看到的新房子很少砖木结构,更谈不上钢筋混凝土了。有的地方以竹笆为墙,有的用土墙,几乎全是平房。

沿途很少穿新衣的。布匹极端困难,连阴丹士林都算"奢侈品",要课重税。沿海大中城市的纺织厂都叫鬼子占了。

当时全国有几百万将士在抗日,解决他们的被服可不是一件容易的事。

经过这次长途跋涉,我变得更懂事了,更加关心国家大事和世界大事。

个人的命运、家庭的命运是和民族的命运、国家的命运和全人类的命运息息相关的。

我懂得了"与朋友共,敝之而无憾"的道理。乐于与他人分享财物,乐于助人。

我变得成熟了,自信心也增加了。本来我是很腼腆的,在人前说不出话来,也没有主意。

我还学会了和各种人打交道,特别是基层群众。

行万里路真能锻炼人。